清华
学府往事系列
XUEFUWANGSHIXILIE

清华风流人物

QINGHUAFENGLIURENWU

黄延复　吕文浩　徐晋如等/著

济南出版社

图书在版编目(CIP)数据

清华风流人物/黄延复,徐晋如等著. —济南:济南出版社,2011.5(2023.5 重印)
(清华百年丛书.学府往事系列)
ISBN 978 – 7 – 5488 – 0238 – 9

Ⅰ.①清…　Ⅱ.①黄…②吕…③徐…　Ⅲ.①清华大学 – 名人 – 列传
Ⅳ.①K82

中国版本图书馆 CIP 数据核字(2011)第 062465 号

责任编辑	张慧泉
装帧设计	李兆虬　焦萍萍

书　　　名	清华风流人物
作　　　者	黄延复　吕文浩　徐晋如等
出版发行	济南出版社
地　　　址	济南市二环南路 1 号(250002)
发行热线	0531 – 86131731　86131730　86116641
编辑热线	0531 – 86131741
印　　　刷	肥城新华印刷有限公司
版　　　次	2011 年 5 月第 1 版
印　　　次	2023 年 5 月第 3 次印刷
成品尺寸	170 × 240　1/16
印　　　张	13.5
字　　　数	228 千
定　　　价	42.00 元

济南版图书如有印装质量问题,请与出版社出版部联系调换
电话:0531 – 86131736

目　录

第一辑

清华的校长们

周诒春

清华学校时期的功勋校长

周诒春(1883—1958),字寄梅,祖籍安徽休宁,生于湖北汉口。1895年就读于上海圣约翰大学。1907年自费到美国留学,就读于耶鲁大学和威斯康辛大学,获硕士学位。1912年5月任清华学校副校长,1913年10月任校长,1918年1月去职。主政清华学校4年多,着眼于民族教育独立,最先提出把清华由留美预备学校改办成完全大学的计划,并于1916年4月呈文外交部,得到批准。

1921年起在银行界任职。1925年任中华教育文化基金会总干事,创立北京图书馆。1929年任北平协和医学院托事委员会主席。1933年任燕京大学代理校长。1935年任国民政府实业部次长。1937年任中国茶叶股份有限公司董事长。后任贵州省财政厅长。1945年后任国民政府咨议、农林部长、卫生部长。1948年去香港定居。1950年返回北京。1956年任全国政协特邀委员。1958年8月在上海病逝。

周诒春

◎一位贡献卓著的好校长

大家知道,早期清华是由外交部管辖的,校长也多由外交部的人担任。对此,当时社会各界多有非议。从外交部不谙教育、无暇管好学校的角度看也有一定的道理。但从外交部人的世界知识丰富、思想开通来说,社会上的批评也有其不公允的一面。我们看到,清华学校的校长们,大都拥有良好的学历和能力,但不一定有办学的兴趣和热忱,多数以清华为跳板,活跃于政治、外交和军事领域,对清华学校的发展乏善可陈。但是,周诒春是这批人中的例外。1923年,陶行知发表《清华教育的背景》一文,猛烈抨击清华隶属外交部的不当,可在谈到周诒春时,他笔锋一转。

"幸而游美学务处裁撤后,清华主持的人,是学过教育的周寄梅(即周诒春),并不是一位外交官。所以设施一切,略有可观。所谓自动的教育,在外面还没听见过,居然清华先有了。而且他还想逐渐把程度增高,使清华成一个完全的大学。"

早期清华,不仅学生多来自上海圣约翰大学,而且历届领导和相当一部分教师也是来自圣约翰。周诒春不例外,亦是圣约翰人。他1895年入圣约翰读书,表现良好,受到教师颜惠庆及院长卜舫济的器重,1901年以学生身份兼任数理科助教和英文教员。1903年毕业,留校任教。1907年赴美国耶鲁大学,习普通文科;1909年转威斯康辛大学,翌年获硕士学位。留学时期,周诒春曾被选入3个荣誉学会为会员,1908年获演说辩论最优金牌奖。回国后,周诒春与颜惠庆仍保持密切的联系,曾协助颜惠庆编写《标准英汉双解大辞典》(Standard English–Chinese Dictionary)。由于颜惠庆的关系,周诒春于1912年出任清华学校副校长兼教务长。1913年10月继唐国安任清华学校校长。

事情经过是这样:1911年,原道大帝命五子敦亲王拨清华园区,正式成立清政府为派送到美国学习的中国青年而建立的留美预备学堂——清华学堂。4月29日清华学堂正式开学。同年10月辛亥革命武昌起义爆发,学生纷纷请假回家,清华学堂被迫停课。次年3月30日清帝宣统退位,中华民国建立。民国建立后,将清华学堂改名为清华学校,并于5月1日重新开课,任命唐国安为首任校长,周诒春为教务长,10月任命周诒春为副校长。1913年唐国安病逝,周诒春继任校长至1918年。

关于周诒春在清华任职期间的贡献,1921年的《清华周刊》曾评价:"确实我们承认他是有宗旨、有计划、有理想、有希望的人。清华以前享有的盛誉以及现今学校所有的规模、层层发现的美果，莫不是他那时种下的善因。"1931 年的《清华大学廿年纪念》上称"周校长任职四年余，建树极众，历任校长无出其右"。我们来看看，周诒春在清华学校究竟做了哪几件影响深远的事情。

首先，周诒春开始着手清华的"改大"事业。清华为什么要改办大学呢？我们知道，早期清华只是一所留美预备学校，其经费来源是美国退还的一部分庚子赔款。早期清华派出的留学生数额并不多，经费年年有结余。可是 1940 年庚款停付后，清华学校势必要终止。当时社会上不少有识之士认识到，清华

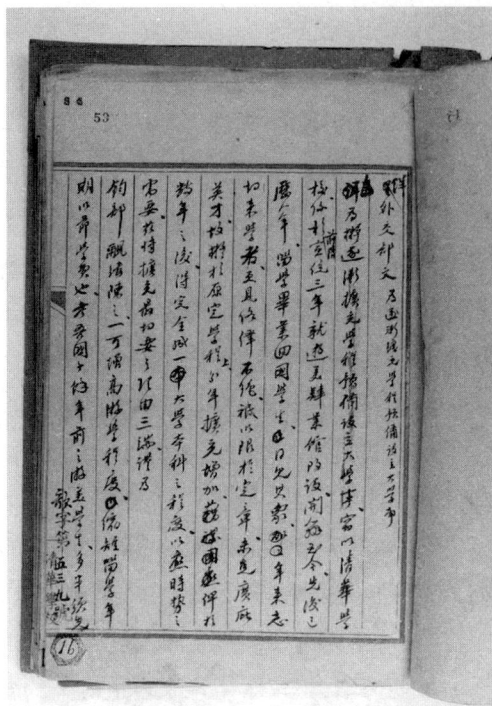

周诒春呈外交部请改清华为大学文

学校应该逐渐减少留美学额，扩充本校，把本校建成大学，以提高留美程度。周诒春正是在这一背景下，着手"改大"事业的。依他的清华发展计划，第一步为物质建设。清华园里著名的四大建筑——图书馆、科学馆、体育馆、大礼堂，就是从 1916 年起在他的主持擘画下动工兴建起来的。第二步为改订招生办法，直接招考高等科各年级插班生，逐渐减收中等科学生，最后取消中等科。第三步为公开留美机会，每年考选国内大专毕业生，隔年考选女生，直接送美深造。第四步为取消高等科，改设大学。1916 年 4 月，周诒春呈文外交部，请逐渐扩充学校，设立大学部，并拟出"理想的清华大学建筑图样"。他认为："清华学校有良好的基础、充足的经费。为图久远计，将清华逐年扩至大学程度，是学校今后发展的当务之急。"清华以后正是沿着周诒春规划的方向发展的，所以说周诒春奠定了清华改办大学的基础。

不仅此也，周诒春对清华良好的校园风气建设也贡献良多。他倡导"着重德智体三育"的方针，以"完全人格为宗旨"，是体育运动的积极提倡者。他认为："同学当具少年峥嵘奋发有为之气，万不可有老暮偬弱之象。"在马约翰等体育教师辅助下，他为后来引人骄傲的清华体育奠定了坚实的基础。每天下午 4 点钟到 5 点钟为清华运动时间，学校的图书馆、宿舍、教室全部关门，学生都要到操场或体

育馆去参加体育锻炼。那时我国学校里的体育教学还不普及,清华却已经走到了这一步。"强迫运动"对于改变我国传统文人不好运动的习惯,起了很大的作用。所以,周诒春一直被视为清华体育传统的开创者。

在智育方面,除了严整的课堂教学之外,学校的课外活动也极为丰富多彩,如讲演会和辩论会举行的次数非常多。其中有学生自己的讲演比赛和请校外名人来校讲演两种形式。从1914年到1917年,共请名人讲演近50次,其中有张伯苓的《中国教育现状》,梁启超的《君子》《欧战》,丁家立的《文学思想实习上之关系》,胡适的《我国文学改良问题》等。学生的辩论会,主题涉及时事、政治、经济、教育、文学、艺术等方面。每次辩论都分正、反两方,观点相互对立。在辩论中谁表现得理由充分、无懈可击、风度自然等,便可获得优胜。周诒春本人是演讲辩论的高手,学生的活动他常常参加,而且亲自主持辩论会或担任裁判员。

针对早期清华学生年幼的特点,学校对学生采取了严格的生活作息管理措施,使学生养成了一种刻苦用功、不苟且、重秩序、爱清洁的优良习惯。周诒春同时又注重民主与自治精神的发扬,即所谓"亲爱而不近于溺,严正而不近于苛。宽严并重,悉臻完善"。他常说:"校中无上下尊卑之分,当有长幼先后之序。"他爱护学生,对学生期待甚为殷切。一位学生回忆说,周校长"诚恳庄肃,对于年幼的学生有如严父,谆谆教导,殷勤督责,教导学生如何持身处事,如何服务尽责,甚至为保持整洁,限定若干日必理发,必沐浴",等等。

当时,清华在社会上有"贵族学校"之称。但周诒春经常教导学生应以课业为重,不追求物质享受。学生身上不许带钱,钱要存在学校银行里,平常零用钱可存少许在身上,但花费每分钱都要记明细账,月底结算完要呈送斋务室,备核盖印后发还。在他身体力行的引导与严格管理下,清华学生勤奋勤俭、朴实无华。社会人士均认为,蓝布衫及粗布鞋乃清华制服。有校友回忆,当时清华校内全体布衣布鞋,无一例外,即便达官富贾子弟,在校园内亦绝不敢公然衣着华服,这已成为一种风气,人人严格遵守。

1914年冬,周诒春邀请国学大师梁启超到清华演讲。梁启超以《君子》为题,引述《易经》中"天行健,君子以自强不息"及"地势坤,君子以厚德载物"勉励同学。周诒春遂将"自强不息,厚德载物"作为清华校训,直至今日。

◎虽被迫离职,仍关心清华

正当周诒春领导下的清华学校蒸蒸日上时,发生了两件对他不利的事情。这两件事如此致命,竟然结束了他和这所心爱的学校的关系,他不得不一走了之。

1917年暑假,周诒春赴美调查学务。10月12日,北京教育界黄正明等6人,将周诒春控告到教育部,同时将以《北京清华学校之黑幕》为标题的文章,刊登于北京的报纸上,列举他的9大罪状:一、校费浩大,任其挥霍;二、用人繁冗,存心安置私党;三、任意发放薪津,结纳显要;四、养尊处优,以公款添置卧室,供其亲族居住;五、取录学生,任意徇私舞弊;六、清华教法离奇,有意偏废国文;七、清华学生成绩不可靠,因他授意教员学监,给显要或亲故子弟加分;八、纵容校医,听其妄杀学生;九、居心媚外,与赵国材设计使清华脱离教育部,而去收买美国使馆之欢心。这些言辞不仅是捕风捉影和故意渲染事实,而且非常感情用事,给了对清华有野心者以落井下石的好机会。

第二件事,是清华董事会质疑他拨付驻美监督处112000余元的动机,要他回国来解释。他回国后,于12月25日书面答复董事会,将事情解释得合情合理,而且一切会计手续完整。但董事会对周诒春的申辩并不满意。周诒春见事不可为,即于1918年1月4日提出辞呈,7日外交部批准。

以上事件都只是表面现象。周诒春去职的真正原因,是1917年亲日派掌握了北京政府,留美派的圣约翰人在外交部已势力消退。此外,外交部内亦有人争清华校长这块肥缺。周诒春被迫辞职。

虽然周诒春离开了清华园,但是清华的师生并没有忘记他,不仅给予他高度评价,而且大家集资600余元,拟建一具大钟以纪念之,因款数不足而未果。后来陆续募集,足1000元后,经周诒春提议,将此款存入银行,每年以息金津贴品学兼优之清寒学生,这就是"周寄梅奖学金"。十多年后,即上世纪30年代初,清华出现连续11个月无校长的局面。当时校内还曾兴起要求教育部派周诒春重返清华园的热潮。

周诒春离开清华后,先后任中孚银行总经理兼北京分行经理、中华教育文化基金会总干事、北京协和医科大学托事会常务委员会主席、燕京大学代理校长等职。1935年吴鼎昌出任国民政府实业部部长,邀请他担任次长。从此周诒春离开北平,长期居留南方。1937年12月,吴鼎昌转任贵州省主席,周诒春随同吴鼎昌任省委员兼农村合作委员会委员长,旋又兼财政厅长。周诒春寄身实业界、政界多年,但他内心仍向往教育事业。没想到,一个偶然的机会使他与清华重续因缘,这就是赞助创办贵阳清华中学。

1937年夏,中日战起,北方青年趋避西南。清华大学研究生和毕业生王万福、唐宝鑫等人,看到途中不少流亡中学生,便拟议成立中学予以收容。这些青年虽然具有极大的热情,但缺乏经济实力。他们找到老校长周诒春,请求支持。周诒春对此举极为赞赏,一面大力募集经费,一面在贵阳勘定校址。经过他和几名青年创办人的艰难拼搏,贵阳清华中学于 8 个月后成立开班。

贵阳清华中学的教育目标,一如当年的清华学校,为德智体美群 5 项;也采用清华大学的"自强不息,厚德载物"为校训;校歌用清华校歌的谱,歌词略有修正。后来因日军轰炸贵阳,学校迁至郊区优美的花溪。周诒春为这所学校倾注了很多心血。他每星期日到校去一次,视察学校或与师生谈话,风雨无阻。当年他痛离清华,今天在贵阳又能实现自己的办学理想,故虽然每天忙得不可开交,心情反而愈加舒畅。1943 年夏,《大公报》记者王芸生在贵阳清华中学等地访问后发表的《贵阳之夏》一文中写道:

"清华中学乃周寄梅先生所创办,蒋委员长月前到贵州,曾参观此校,赞为全国中学之模范。的确不愧此誉。校长唐宝鑫先生,青年英俊,治事精勤。……周寄梅先生任董事长,不啻全校之慈母。唐先生对我说:'周先生这次从重庆回来,很高兴,又为学校募到几万元。但经我告诉他,有十几位教员求去时,他就大发牢骚,要亲对各位教职员讲话。有这样一位董事长,我这位校长蛮好当哩。'我知道,这天中午周先生即约清中教职员在校讲话。但到日夕我去送他返贵阳时,看他与清中一群教职员告别,问着几位教员'你们还走吗?'答复是'不走了'。"

1940 年 9 月,昆明清华校友总会为周诒春 60 寿辰将到而发起征文活动,其中有言:

"母校前校长周寄梅先生于民国元年来母校担任校长,前后六七年旬,对于校务诸多擘画,清华之发展当时实树其基。年来因政府借重,舍学入仕,然于清华事业仍多赞助,于同学之提携尤富热忱。"

1941 年 5 月,重庆、贵阳两地校友会又发起征募 60 万元奖学金活动,以陆续庆祝母校建校 30 周年、月涵校长(梅贻琦)服务母校 25 周年和周诒春先生 60 大寿。这些,都是清华人对周诒春这位功勋校长不凡业绩给予充分肯定的明证!

(吕文浩)

曹云祥

清华大学主要奠基人之一

曹云祥(1881－1937),字庆五,浙江嘉兴人。教育家、管理学家。上海圣约翰大学毕业,后赴美留学,获哈佛大学商业管理硕士学位。1930年任中国工商管理协会会长,大力宣传科学管理,被誉为"中国的泰罗"。

1922年春任清华学校校长,1927年底去职。担任校长5年多,实现了将清华由一个中等程度的留美预备学校改办为完全大学的计划。报请北洋政府外交部批准《清华大学工作及组织纲要(草案)》,将清华学校改组成大学部、留美预备部、研究院3部分。1925年5月大学部正式成立,设17个系。这是清华历史发展的一

曹云祥

个转折点,清华的教育和学术独立向前跨了一大步,并为清华升格为正式大学奠定了基础。同时主持办起清华国学研究院,延致通儒,如王国维、梁启超、陈寅恪、赵元任四大导师,使中国文化与西方文化相沟通,大大提高了清华的学术地位和影响。

◎功过参半

曹云祥在清华做了 5 年多(1922 年 4 月—1927 年底)的校长,是清华学校时期所有校长中任职最久的一位。在任职期间,他为清华的发展做了许多努力,如大学部的正式成立、国学院的兴起、教授治校制度初具雏形等。

可是,由于这时清华的情况已经发生了很大变化,清华早期的毕业生陆续回校任教者日渐增多。这些留美回来的学生们,大多不满清华的落后状态,以改革清华的各项制度、提高清华的学术地位、反对官僚政客控制学校、实行教授治校等主张,形成了一个颇具声势的"少壮派"。而曹云祥尽管任用了清华第二批留美学生张彭春为教务长,并支持"少壮派"对清华的改革,却仍然官气十足,而且在行政部门大量安插自己的亲信。这样,在清华内部就形成了"少壮派"和校长曹云祥及其亲信的保守派势力相对抗的局面。

1926 年 6 月,教务长张彭春因受到保守势力的攻击而辞职,从而引发所谓"挽张去恶"的风潮。在"少壮派"教授们的支持下,学生们在校内游行请愿,高呼"打倒清华恶势力"、"改造清华"等口号,要求"与清华前途发展有妨碍者 3 人辞职"。被要求辞职的 3 人,便是曹云祥安排的亲信——时任清华机要部主任、斋务处主任和大学专门科筹备主任,被清华学生称之为"清华三恶"。

这一风潮发生以后,清华校内就展开了改造清华的运动。留美归来的年轻教授们,要求按照美国大学的机制来改造清华,反对少数行政寡头治校。曹云祥被迫接受了教授治校的原则。但是,随后不久,"少壮派"教师就利用教授会,迫使曹云祥辞职。

曹云祥被赶走以后,1928 年初,外交部派严鹤龄再度代理清华校长。不及 3 个月,奉系军阀进入北京,派保定军警执法处处长温应星担任清华校长。又不到 2 个月,国民党势力伸入北京,北洋军阀倒台,清华学校的最后一任校长也就此去职。

曹云祥(后排右)与泰戈尔等人合影

◎宽饶学生

当时，北大国学研究所、清华国学研究院，都为了"以现代科学方法重新研讨整理国故"，招聘具有真才实学的高级研究教授。在蔡元培、曹云祥两位校长考虑当中的对象，起初仅有章太炎、梁启超、胡适、叶德辉（被歹徒杀害）、罗振玉、王国维等几位大学者；即使像吴宓、李济这样卓有成就的学者，也未被聘任"研究导师"（才学出众的李济仅受聘为讲师），可见规格之高、标准之严。

1923 年 10 月 10 日，清华学校举行国庆大会，特邀担任清华国学讲师的梁启超发表演讲。梁启超以《我对双十节的感想》为题，对民国来十余年的乱象大张挞伐，并将其原因归之于国民党乃至孙中山，认为国民党只知破坏不知建设、只知捣乱不知合作，须负一大部分责任。

曹云祥著作

亞卜闓博爱的箴言目次

著者序

大同教的沿革

（一）優待外人之責任

（二）眞思想之價値和力量全在行爲中表現

（三）上帝爲一偉大仁慈的醫生施給眞正的診治

（四）東西人民有互相聯絡之必要

（五）上帝領會一切，不爲一切所領會

（六）戰爭的悲慘原因和每人努力求和平的責任

（七）眞理之光

当时就读于清华学校的王造时（他是 1936 年著名的全国各界救国联合会"七君子"之一），正好是这次讲座的 1000 余名听众之一。对于梁启超的这种批评，王造时并不能接受。他强捺怒火，回到宿舍后，挥笔写就一文《梁任公先生讲学的态度与听讲的态度》。

梁启超获悉此文以及作者的身份后，气急败坏，紧急约见清华校长曹云祥，以辞去清华国学讲座相要挟，要求处理王造时。曹云祥无奈，只得把王造时找去严加训斥，要他写悔过书，并由他陪同向梁启超请罪，否则，便要以侮辱师长的罪名将王造时开除。但这次交涉并无成效。

几天后，曹云祥还是要王造时考虑他所提出的办法，即当面向梁启超悔过请罪。但这次交涉仍无成效。王造时辞别曹云祥后，暗自思忖，觉得自己很冤枉，于是和几位同学商量，决定向曹云祥校长讨回公道。

又过了两三天，曹云祥第三次为此事约见王造时。王造时再次重申，他对这件事始终不认为有错,始终不承认是侮辱师长。

但此事清华学校并未进一步深究。曹云祥提议的委员会公断的方案未曾实施,到此也就不了了之。后来王造时推断:"我想必定是梁、曹两位先生宽大为怀,饶我那时年轻。"

◎重视国学

1925 年 7 月,清华大学设立国学门。当时的校长曹云祥,在开学典礼的致辞中感叹:"现在中国所谓新教育,大都抄袭欧美各国。欲谋自动,必须本中国文化精神,悉心研究。所以,本校同时组织研究院,研究高深之经史哲学。其研究之法,可以利用科学方法,并参加中国考据之法,希望研究院中寻出中国之魂。"他提出,国学研究是要"寻出中国之魂",即中国文化的精神。这也是当时许多国学研究实体与人物的共同想法。

值得关注的是,在开学那天,国学门特聘梁启超作了题为《旧日书院之情形》的学术演讲。当时的国学人物,提出"融会中外,博通古今"的口号;在充分吸收外来学术文化的前提下,重铸本土学术与教育之魂。他们从宏观战略的高度上,提出了中国传统学术对重建中华文化与中华之魂的意义,足可以为今人所借鉴。随后,清华大学与北京大学、中央研究院等从事国学研究的实体,取得了一批令世人瞩目的优秀成果。

国学在当时的兴旺,并不是偶然的。它是中国人民在近代以来的文化选择与文化反思的过程中形成的必然产物,也是文化自觉意识的呈现。像中国这样有着几千年教育资源的国度,国学教育理所应当占有重要的地位。

(穆子月)

罗家伦

尴尬的清华大学首任校长

　　罗家伦(1897－1969)，字志希，笔名毅，祖籍浙江绍兴，生于江西进贤。五四运动健将，著名教育家、思想家。先后就读于复旦公学、北京大学，此后在美国普林斯顿大学、哥伦比亚大学等校留学。1928年9月,31岁的罗家伦成为国立清华大学第一任校长。之后，罗家伦曾任武汉大学教授、中央大学校长、国民党中央党史编撰委员会副主任、国民政府驻印度大使等职。1949年去了台湾，任国民党中央党史编纂委员会主任委员等职。主要著作有《科学与玄学》、《中华民国开国50年文献》、《革命文献》、《国事百年诞辰纪念丛书》等。

　　在清华校史上，有几位校长是被赶走的，罗家伦就是其中之一。如果考虑到罗氏办事的宏大气魄和果断作风对于清华的巨大贡献，考虑到罗氏在此之前在五四新文化运动中的出色表现，总是令人不由自主地为之惋惜。

◎人才可敬可惋

　　历史是无情的，罗家伦好像生来就注定和清华没有"缘分"。正值清华的多事之秋来校任职，大刀阔斧，卓有成效，却遇上中原大战阎锡山控制华北，所以罗家伦不得不走。罗家伦为清华费尽心

罗家伦

力,却出力不讨好,学生对他不满,进
而发动驱罗运动;教授们站在一旁,袖
手旁观。罗家伦终于伤心地走了,以后再
也不肯回来。

罗家伦

在罗家伦去职后的几年,清华校
内刊物上还不时能看到多多少少讽刺
他的文字。而且这么多年以来,清华校
友似乎还没有人写过关于罗家伦在清
华时期的纪念性文章。

不过乔冠华自传里有一句话,大
意是说:我们当时虽然赶罗家伦,但罗
还是有点本领的。罗家伦的文章不少,
大都见解透辟,感情充沛,文辞秀丽婉转。这样一位有本领的人,为何在清华受
到这般不相称的"冷遇"?

我们还要看到,罗家伦在离开清华后,不久即出任中央大学校长,任职 10
年,使中央大学得到了惊人的发展,一时佳评如潮。为什么偏偏他在清华就不能成功呢?

◎成绩有目共睹

1928 年 9 月 18 日,罗家伦就任国立清华大学首任校长,发表题为《学术独
立与新清华》的就职演说。他对清华的设计是:"我们的发展,应先以文理为中
心,再把文理的成就,滋长其他部门。"先成立文、理、法 3 个学院。文学院分中国
文学、外国文学、哲学、历史、社会人类 5 系;理学院分数学、物理、化学、生物、心
理 5 系;法学院设政治、经济两系。罗家伦到北平后,深感中国土地广袤,地理知
识缺乏,即增设地理系。在工程方面先成立土木工程系,着重在水利。

罗家伦认为:"罗致良好教师,是大学校长的第一个责任。"为提高清华的教
授水准,他采取了重发聘书的措施。1928 年 10 月 29 日送出教授聘书 18 份,为
期 1 年。原来学校有 55 名教授,这等于解聘了 37 名。与此同时,他延揽了一大
批学有专长的著名教授,如历史学家蒋廷黻,政治学家张奚若、萧公权,哲学史
家冯友兰,化学家张子高等,多达几十人。这些人的到校,大大增强了清华教授
的阵容。

十多年后,在贵阳清华同学会的演讲中,罗家伦提到这一点时还特别得意,

他说:"我心里最满意的,乃是我手上组织成功的教学集团。"大家知道,清华大学后来的校长梅贻琦有一句名言:"大学者,非有大楼之谓也,有大师之谓也。"我们发现,上世纪 30 年代清华黄金时代的名教授,大多数是在罗家伦任上聘请来的。有些名教授,还是罗家伦亲自请来的。据说,罗家伦曾亲自到天津南开大学去请蒋廷黻。而蒋廷黻并不是特别愿意离开南开。但蒋廷黻若是不答应去清华,罗家伦便坐着不走。熬了一夜,蒋廷黻终于答应了。

罗家伦不愧是五四新文化运动的闯将。他来清华后,在就职演说中便坚定不移地说:"我想不出理由,清华的师资设备,不能嘉惠于女生。我更不愿意看见清华的大门,劈面对女生关了!"清华大学在罗家伦手里终于实现了男女同校。

罗家伦的另一个很大的贡献,是废除董事会,改归教育部,并整顿基金。这 3 件事,实际上是相互关联的。

我们知道,清华原来不归教育部管辖,而归外交部管辖。国民政府成立后,清华名义上归外交部和大学院共管,由两个主管机关派人数相等的成员组成董事会。清华基金的保管,在北洋政府时代是由外交部总长、次长和美国公使 3 个人负责;国民政府成立后,则改为外交部总长、大学院院长、美国公使 3 人负责。基金保管的机构还是在外交部手里,大学院院长蔡元培一贯以君子待人,并不去争。

罗家伦在就任清华校长之前,曾随北伐军北上。他当时的职务是战地政务委员会委员,并代表大学院兼管该会教育处。该会可以代表中央接收机关,调阅档案。1928 年夏初,他进入北平后,发现了汤姆生会计事务所清查清华基金账目的报告。其中,陈箓龙烟铁矿的股票 20 万元,而会计估计只值大洋 1 元。其余的这类废纸还很多,都抵了基金的现款。清华的基金,在外交部管理者的挥霍、投机、公债生意之下损失极多,其账目长期以来就是一笔糊涂账。

1929 年 4 月,罗家伦到南京开董事会,提出自己的行政报告和下学年扩充计划,结果件件被否决。他感到十分愤懑,决心以辞职来换取清华基金的安全与独立,和清华隶属系统的正轨化(即改属教育部)。他认清,这两个问题是要一道解决的。4 月 11 日,罗家伦提出辞职。在此之前的两天,他亲自拟了一个 1 万多字的长篇谈话,把清华基金的积弊,根据会计事务所查账的报告,一齐宣布出来;又把清华在共管制度下的困难,也一并宣布出来,寄给上海各报,请他们在其辞职呈文公布的那一天同时发表。上海各报果然在那一天全部登载。这一招给外交部以沉重的打击。

关于清华基金解决的问题,罗家伦在离开北平时,已与美国公使马慕瑞谈妥:基金既不归保管委员会管,也不归清华大学校长管,而交给由中美人士共同组成的有良好信誉的中华教育文化基金董事会代管。后来,在会议上顺利地通过了这一方案。清华的基金从此得到安定和增长。

关于清华改归教育部的问题,按照正常手续,应当在行政院会议上作决定。罗家伦担心教育部和外交部两部部长不肯正面冲突,而拟出一个调和的办法。他一不做二不休,竟把这一问题拿到了两部部长都不出席的国务会议上去;并事先请国务委员戴季陶和陈果夫以他们的名义向会议提案,要求将清华大学直接归教育部管辖。他又活动了蒋介石、谭延闿及孙科等要人,得到他们的支持。因而在1929年5月第二十八次国务会议上,该提案很顺利地通过了。

这次辞职以后,罗家伦回到杭州省亲,同时游览西湖美景。在杭州,他遇见一位藏书家杨老先生,愿意出让其"丰华堂"的全部藏书,其中善本书极多。他想把这批书全部买下来,以充实清华图书馆,于是当即电请图书馆主任洪范五南下,去商量价钱购书。结果以34000元的菲薄价钱,买下了近4万本珍贵图书。"丰华堂"杨氏藏书至今大部分还在清华图书馆里收藏着,这批书是清华图书馆最珍贵的古籍藏书。

1928年5月17日,罗家伦接到国民政府第二次慰留令,6月12日回到清华复职。

◎迫于形势离去

罗家伦对清华大学作出了不少重大贡献,但是他与本校的教师、学生关系都不大好。他带来的清华新组织条例,大大地削弱了教授会、评议会的权力。从罗家伦本人以及国民政府的立场上来看,这算不上是什么过失。但是我们要考虑到,清华以前是中国本土教育系统之外的一所留美预备学校,师生们受西方自由主义思想的影响很深,这首先便损害了在该校中已形成并运作多年的教授治校传统。

罗家伦虽然自称在国民党内不属任何派系,但他思想上带有浓厚的政治色彩,而且有意借重这层关系。这是历来主张学术独立于政治之外的清华人所无法容忍的。

罗家伦来清华之后,的确给清华园带来了一股强劲的"革命"气息,如他本人在校着戎装,在学生中推行军训等,但这都是不得人心的。军训持续半年以后,实在无法继续下去,只好作罢。罗家伦当时才30岁出头,年轻气盛,好展才华,给人的印象不大好。

这些因素,都是清华师生不欢迎罗家伦的原因。当然,直接促使他去职的主要原因,还是1930年中原大战蒋介石失利,阎锡山控制华北,罗家伦是国民党人,失去了靠山,不得不走。

(吕文浩)

梅贻琦

清华终身校长

　　梅贻琦(1889—1962),字月涵,天津人。著名教育家。1904 年南开中学第一期学生。1908 年入保定高等学堂。1909 年考取第一届庚子赔款留美名额,在清华"史前史"时期就与学校发生了关系。1915 年在美国获得电机工程硕士学位以后,回国到国立清华大学任教,最初任数学、英文教员,后长期任物理学教授,1926 年任教务长,1928 年代理校长,1928 至 1931 年任留美监督。1931 年任清华校长,直到 1948 年。在他任校长的 17 年里,清华得到长足发展,全校设有文、理、工、法、农 5 个学院,26 个系,在校师生 2400 多人。抗日战争期间,清华与北大、南开三校合并为西南联大,梅贻琦以清华校长、联大校务常委负实际总责。1945 年日本投降后,回北平筹备复校。晚年居住在美国和台湾,并在台湾新竹用清华基金筹办清华原子科学研究所,后扩展为新竹清华大学。

　　梅贻琦毕生的事业在清华,他和清华的感情极深,常以"生斯长斯,吾爱吾庐"来比喻他和清华的关系。当年的清华法学院院长、著名经济学家陈岱孙曾中肯地指出,梅贻琦可以说是清华大学的主要创建人;只有到了梅贻琦手里,清华才从一所颇有名气而无学术地位的留美预备学校,跻身于

梅贻琦

国内名牌大学之列。

　　由于梅贻琦新中国成立前夕去了台湾,长期以来在大陆上是一位颇为敏感的人物,尽管周恩来总理曾表示欢迎梅贻琦回来,认为"他没有做过对我们不利的事,回来还可以让他当校长"。

　　近些年以来,人们越来越多地了解到了梅贻琦的卓越贡献,并给予他很高的评价。1989年,北京清华大学举行梅贻琦诞辰100周年纪念会,并在清华园树立梅贻琦铜像。1995年,梅贻琦基金会正式成立,"梅贻琦奖学金"每年用于奖励清华大学品学兼优的学生。

梅贻琦

◎南开高才,留学美国

　　梅贻琦,1989年出生在天津一个境况正趋衰败的家庭。父亲曾中过秀才,后沦为盐店职员,甚而失业。但父亲咬定牙关,供养他们兄弟姐妹读书。梅贻琦自幼熟读经史,许多典籍章节他都能信口背诵。他的同仁曾回忆说,有一次梅贻琦表示:"假如我们之中有谁背诵任何中国古经传有错漏,我可以接背任何章节。"

　　1904年,15岁的梅贻琦进入天津南开学堂,成为著名教育家张伯苓的得意门生。1908年,梅贻琦以全校第一名的成绩毕业。因系第一班"状元",毕业后,母校门前掘一水井,井旁曾立有一块木牌,上面按成绩优次刻上应届毕业生名字,梅贻琦名列第一。他以后被保送至保定高等学堂就读。由于家境清贫,亲友都劝他父亲待他毕业后为他寻个事做,以贴补家用。但梅贻琦本人却另有志向。

　　1909年,梅贻琦在保定高等学堂攻读刚满1年,便毅然报考清政府用美国退还的"庚子赔款"设立的首批"直接留美生"。在全国630名考生中,他以第六名的成绩被录取。1910年,他进入美国东部的吴士脱理工学院电机系学习。

　　在美留学期间,梅贻琦刻苦攻读,学优人和,是留学生中最受人欢迎的"fellow"之一。1914年夏,梅贻琦从该校毕业,获工学学士学位,并入选Sigma Xi荣誉学会(美国一种专为奖励优秀大学生的制度,获奖者由各大学推荐,奖品为一枚金质钥匙,故又称"金钥匙奖")。在此期间,他还担任留美学生会书记、吴士脱世界会会长、《留美学生月报》经理等,对增进阅历、锻炼办事能力起到了良好作用。他还在美国皈依基督教,此后终身未渝。

◎从教务长到留美监督

1915 年 9 月,梅贻琦应清华校长周诒春礼聘,回国到母校执教。到校以后,他很快便以渊博的学识、严谨的学风和高尚的人格,博得全校上下一致的赞誉。1926 年春,他被教授会推举担任学校的重要领导成员之一——教务长。

1926 年正是清华发展的关键时期。清华原来只是一所具有中等程度的留美预备学校。历代校友包括社会人士,对中国教育的这种不独立状况很不甘心,决心通过自身的努力,把清华办成一所不受外力干预的独立大学。1925 年,清华创办了大学部和国学研究院,使清华同时存在着包括原留美预备部在内的 3 种学制。而发展和协调这 3 种学制,就历史地落在了梅贻琦的双肩上。他上任的第一件事,就是立即把尚处在草创阶段的大学部进行切实的整顿。

梅贻琦于 1926 年 4 月 19 日上任,5 月 14 日就宣布了他的改革计划,把学制与课程、教师的聘任与安排等均确定了实际改革步骤。经他一整顿,新设立的大学部便真正成为了一所现代大学的雏形。这期间,他还兼任国学研究院主任,虽为外行,管理却有条不紊,显示出卓越的学术行政能力。

清华早在民国初年周诒春当校长的时候,体育活动方面就表现得非常活跃。1928 年,梅贻琦明确告诉学生:"须知体育之目标,不单是造就几个跑多快,跳多高,臂腿多粗的选手,不单是要得若干银盾、锦标,除此之外,也许可以说在此之上,还有发展全人格的一个目标。"

同年夏,梅贻琦在校长空缺时任代理校长。不久,国民政府派罗家伦接任校长,而他被派往美国出任留美监督。罗家伦在呈董事会的报告中赞誉他:

"梅君为人廉洁诚实,曾任清华教授和教务长多年,对于留美监督处弊端,知之最详。在他未去之先,商同家伦,曾将留美章程及监督处办事章程大加修改,认真考查学生学行,减省用费,并裁减监督职员名额和经费。"

梅贻琦个性沉静,寡言、慎言。他的话不多,却字字如珠玑,一掷千金,一言九鼎。他说:"为政不在多言,顾力行何如耳。"叶公超用"慢、稳、刚"3 个字形容他。学者陈寅恪评价说:"假使一个政府的法令,可以和梅先生说话那样谨严,那样少,那个政府就是最理想的。"

◎开创旧清华的黄金时代

在上世纪 20 年代中、后期,清华形成了一套比较彻底的"教授治校"制度,就是校务会议、评议会、教授会民主讨论、决定校内的重大方针政策以及举措。这种制度,在一定程度上当然削弱了校长的权力。自 20 年代末至 30 年代初,清华校长屡屡更迭,任期都很短,与校长不承认清华的这种"土制度"有关。这一时期,罗家伦、乔万选、吴南轩等校长,接连被师生们驱赶或拒绝进门。翁文灏、叶企孙先后代理校务,两人都不想惹麻烦,又先后辞职。就这样,经过反反复复,清华终于选定了一位最合格的校长——梅贻琦。

梅贻琦恂恂儒雅,为人谦顺祥和,处事有条不紊。更重要的是,他尊重清华"教授治校"的民主传统。他常称自己"无为而治"、"吾从众",这并不是他没有主见,而是充分尊重教授们的治校意见。他往往在大家热烈的讨论中折中定夺,让大家都能满意。这也就是梅贻琦治校成就卓著的一大秘诀。因此他也才能连任校长如此之久,使清华的事业日渐发达。可以说,在他手里,开创了旧清华的黄金时代。

1940 年 9 月,在昆明的清华师生,为梅贻琦服务母校 25 周年举行了一次公祝会。梅贻琦在答词中有一段很中肯又有趣的话,形象地说明了他作为校长的地位。

"清华这几十年的进展,不是而亦不能是某人的缘故。是因为清华有这许多老同事,同心协力地去做,才有今日……现在给诸位说一个比喻,诸位大概也喜欢看京戏,京戏里有一种角色叫'王帽',他每出场总是王冠整齐,仪仗森严,文武百官,前呼后拥,像煞有介事。其实会看戏的,绝不注意这正中端坐的'王帽',因为好戏通常并不是由他唱的,他只是运气好,搭在一个好班子里,那么人家对这台戏叫好时,他亦觉着'与有荣焉'而已……"

这是多么谦逊的教育家气度,多么民主的治校风范!

1931 年 12 月,梅贻琦正式到校视事。他在全校集会上发表就职演说,提出自己办学的理念:"所谓大学者,非有大楼之谓也,有大师之谓也。"他还说过:"昔日之所谓新旧,今日之所谓左右,其在学校,应均予以自由探讨之机会,情况正同。此昔日北大之所以为北大;而将来清华之为清华,正应于此注意也。"所以梅贻琦上任后,便将延揽一流师资看做为"努力奔赴第一事"。他在原有师资的基础上,先后聘来顾毓琇、闻一多、张荫麟、潘光旦、维纳(美籍)、华敦德(美籍)、哈达玛(法籍)等进一步充实师资队伍。20世纪30年代清华园内大师荟萃,极一时之盛。

清华的文、理两学院历史悠久,基础很好,而工学院则是后起之秀,这与梅贻琦的大力建设紧密相关。梅贻琦在原有土木工程系的基础上,添设机械、电机两系,组成清华工学院,自兼院长。并从1934年起,与资源委员会合作开设航空讲座,进行航空实验,建立亚洲最大的风洞等。这既是清华航空系的前身,又是旧中国航空教学和科研的开端。这一时期,为清华以后的工科发展打下了坚实的基础。

那时候的风气是工科至上。政府一再明令发展理工,抑制文法。学生们为了出路好,也乐于往工学院里挤。梅贻琦虽然花了很大力气建设清华工学院,但他并不轻视文法。

1933年,清华开始实行文法学院大一不分院系、工学院大一分院不分系的措施。这种制度,旨在加强学生的基础,拓宽学生的视野,避免过早进入专门研究的弊端。在这种制度下,学生可以较多地照顾到个人兴趣,转系也不难。这是对清华通才教育传统的一个重大发展,事实证明是合情合理的。清华以后名家辈出,与这种"底子厚、后劲大"的制度息息相关。

在为数不多的论著中,梅贻琦充分表达了自己的通才教育思想:"学问范围务广,不宜过狭,这样才可以使吾们对于所谓人生观得到一种平衡不偏的观念。对于世界大势文化变迁,亦有一种相当了解。如此不但使吾们的生活增加意趣,就是在服务方面亦可以加增效率。"

他对即将出国留学的学生说:"诸君在国外的时候,不要忘记祖国;在新奇的社会里,不要忘掉自己;在求学遇到困难问题的时候,务要保持科学态度,研求真理。"

群育是梅贻琦德育观中有特色的部分,这源于他对人类文明和中国传统文化的深刻认识。他说:

"文明人类之生活,不外两大方面:曰'己',曰'群'。而教育的最大目的,不外使'群'中之'己'与众己所构成之'群'各得其安所遂生之道,且进以相位相育,相方相苞,此则地无中外,时无古今,无往而不可通也。"

这一时期,清华还开创了与国外进行学术交流的先河。1933年,学校首先与德国约定互派研究生,设置科学讲座,先后约请冯·卡门(Th.Vonkarman)、维纳(N. Wiener)等国外第一流学者来作长期或短期讲学。

总之,从1931年到任至抗日战争爆发起,在不到6年的时间里,而且是在华北局势动荡不安的情况下,梅贻琦在校政,教学,学术研究,学风,人才建设等诸多方面,擘画精详,成绩卓著,开创了清华历史上的第一个"黄金时代"。

梅贻琦曾在日记中表达了自己的中间立场:

"余对政治无深研究,于共产主义亦无大认识。对于校局,则以为应追随蔡子民先生兼容并包之态度,以恪尽学术自由之使命。"

梅贻琦任校长之前,清华师生赶校长、赶教授是家常便饭,校长在任时间都不长。有人问梅贻琦有何秘诀,梅贻琦说:"大家倒这个,倒那个,就没有人愿意倒梅(霉)!"

◎主持西南联大的日子

1937 年七七事变时,梅贻琦正在庐山参加蒋介石召开的"谈话会"。8 月中,南京教育部决定成立长沙临时大学,由北方 3 所名牌大学(清华、北大、南开)联合组成。经过短期筹备,临大于 10 月 26 日举行开学典礼,11 月 1 日正式上课。南京失陷以后,临大又迁往昆明,成立西南联合大学。临大和联大都由 3 所大学的校长张伯苓、蒋梦麟、梅贻琦组成的常委会管理。

在这 3 位校长当中,南开校长张伯苓年龄最大、资格最老。在长沙临大期间,他曾去湘参加组建工作,但不久就转去了重庆,在当时政府中另有职务,终联大之期基本上不去昆明。北大校长蒋梦麟参加了临大和联大的初期工作,虽然在联大成立后的初期他仍在昆明,在后期也不时来往于昆明、重庆两地,但即便在昆明时他也避免过问校事。

张伯苓、蒋梦麟二校长之间似乎有一种默契,让 3 人当中年龄最轻且为人谦和、诚笃、公正的梅贻琦校长统管学校的全部行政工作。他们公推梅贻琦为常委会主席。所以,梅贻琦实际上既是清华校长又是联大校长。而梅贻琦也确实不负众望地把 3 校的兼容并包、坚韧自强、严格朴素的学风融为一体,创造了中国战时教育的奇迹。

他把清华的"教授治校"制度带入联大,实行民主决策。他对国民党政策的某些反动措施经常敷衍,经常"变通执行"。与其他学校相比,联大始终为一所民主自由空气较浓重的学府。特别是后期,联大成为"民主堡垒",也与梅贻琦的开明态度有关。

抗战时期物价飞涨,联大师生生活十分艰苦。梅贻琦为解决生活困难,利用清华工科院系的人力和设备,在清华校友中募集资金,开办"清华服务社"。该社设机械工厂、机械木材厂、农场、碾米场等一系列生产部门。清华服务社的创收，不仅补贴清华教师，还补贴联大教师。按说，这是清华单独开办的事业，创收不给别校教师是有充分理由的。然而，梅贻琦为联大的稳定与合作，还是毅然决定补贴联大所有教师。

避地西南，每每想起远在北平的清华园被日军当成伤兵医院，房屋及图书设备损坏严重，梅贻琦总是非常难过。自 1939 年起，每个校庆日（清华校庆为 4 月份最后一个星期日），他总要作一篇《抗战期中之清华》的报告，向校友报告故园情形及一年来的全校师生工作，情感真挚，动人心弦。1940 年 9 月，他在纪念自己执教 25 周年公祝会上的答词中说：

"……不过在这风雨飘摇之秋，清华已好像一个船，漂流在惊涛骇浪之中。有人正赶上负驾驶它的责任，此人必不应退却，必不应畏缩，只有鼓起勇气坚忍前进。虽然此时使人有长夜漫漫之感，但我们相信不久就要天明风停，到那时我们把这船好好地开回清华园，到那时他才能向清华的同人校友敢告无罪。"

◎再创新业，积劳成疾

1948 年 12 月，梅贻琦怀着复杂的心情，离开了他万分依恋的清华园，在南京、上海做短暂逗留后，又去了香港。1949 年 12 月，梅贻琦飞抵纽约。1955 年以前他一直住在纽约。1950 年起任"华美协进社"常务董事，这是中华教育文化基金会的驻美机构。清华在美的一大笔庚款基金，就由它管理。

从 1951 年起，梅贻琦在纽约组织"清华大学在美文化事业顾问委员会"，以清华的基金利息协助在美华籍学人研究。在此期间，他还托原清华大学经济系教授萧家魁先生，在回国时带去一封致北京清华大学的亲笔信，表示可以用清华基金资助母校图书、仪器。因当时环境关系，这封信并未及时交给学校，后来遗失。

梅贻琦顶住各种压力，牢牢地掌握住清华基金的管理、使用权。他并不是"守财奴"，而是要用这笔基金办作合适的事业。1955 年 11 月梅贻琦返台，开始用清华基金筹办"清华原子科学研究所"，并订出"复校"步骤。先恢复研究院，以原子科学为主，设立 3 至 5 个研究所……梅贻琦亲自率员，几乎踏遍全岛，最后选定新竹县赤土崎为校址。为慎重起见，他曾 7 次前往勘察，才终作出决定。

当复校规划和校址确定以后，梅贻琦便全身心地投入到这一繁重而艰巨的工作中。1955 年 3 月，他决定恢复《清华学报》，聘在美及在台众学者为编辑。自 1956 年 1 月起，兴建第一批校舍，是年秋，招收第一班原子科学研究生，暂借台湾大学上课。1957年第一批校舍完工后，秋季开始在新竹上课；同年聘陈可忠为校务长，招考第二批研究生，并开始兴建物理馆及加速器实验室。1958年5月物理馆落成，原子炉基地破土动工。1959年秋兴建核子科学馆和放射性同位素实验室……这种建设速度，被台湾学界称为"魔术师般的神速"。

但新竹复校，从零做起，谈何容易？1958年7月梅贻琦在出任台湾"教育部长"后，仍兼领清华诸事，其劳累可想而知。加倍的繁剧工作，终于使梅贻琦"健康大损"。他病倒了，病情不断恶化，终于在1962年5月溘然长逝。他一生两袖清风，没有积蓄，连丧葬费都是由校友集资，在那个物欲横流的社会里，真是难能可贵。

（黄延复　吕文浩）

第二辑

清华的教授们

梁启超

不朽的巨匠

　　梁启超(1873—1929),字卓如,号任公,又号饮冰室主人等,广东新会(今属江门)人。中国近代学者,资产阶级启蒙宣传家。1889 年中举人,康有为拜门弟子。1891 年就读万木草堂,跟从康有为宣传改良维新。1895 年春赴北京会试,参加组织"公车上书"。次年主持北京《万国公报》和上海《时务报》笔政。1897 年任长沙时务学堂总教习。1898 年 6 月在北京参加戊戌变法。受光绪帝召见,赏六品衔,负责办理京师大学堂译书局事务。9 月变法失败,逃亡日本。后成为君主立宪派首领。民国初年支持袁世凯,改建进步党,与孙中山夺权。1913 年,进步党"人才内阁"成立,出任司法总长。反对袁世凯称帝,与蔡锷策划武力反袁。1916 年袁世凯死后,出任财政总长。不久后退出政坛。1922 年起在清华学校兼课。1925 年应聘任清华国学研究院导师,兼任北京图书馆馆长。1927 年离开清华研究院。1929 年病逝。著有《饮冰室合集》。

梁启超

◎"自强不息，厚德载物"

梁启超同著名学府清华关系密切。他第一次了解清华的人和事，是在 1914 年冬。他厌倦了官场的气氛，决定暂时退下来。为了能专心搞一点学问，他选中了北京西郊风光旖旎的清华园，

梁启超

在这里"赁馆著书"，就住在著名的工字厅里。清华秀丽的风景和浓郁的文化氛围，激发了他的灵思，他很快就著成了《欧洲战役史论》一书。书成后他为清华师生赋诗一首，诗里除了赞美清华的环境之外，还表露出对于政界的厌倦，对于过去岁月的悔恨，以及希望能专注于学术的愿望。诗中说道："清华美风物，昔游记攸理。愿言赁一庑，庶以客孤笈。"可见，清华留给他的第一印象是相当不错的。这也许就是清华后来办研究院国学门时，他接受聘请的原因之一。

这年冬天，当时的清华当局，考虑到梁启超在青年当中的巨大影响，决定延请他为清华学生作一次讲演。梁启超欣然首肯，他为清华同学作的讲演题目就叫《君子》。他征引《易经》中"乾"、"坤"二卦的卦辞"天行健，君子以自强不息"，"地势坤，君子以厚德载物"来勉励清华学子，希望他们能做这样的"君子"。这次讲演之后，清华校方决定将"自强不息，厚德载物"定为校训，在以后设计的校徽上也镌上这 8 个字。历届校友无不拳拳服膺。

梁启超正式受聘清华，是在他的晚年时期。而他的卓越才名、他在学术上深厚的造诣早已闻名遐迩。

◎"太公垂钓后，胶鬲举盐初"

梁启超幼年聪颖，他的故乡广东新会至今流传着这样的故事。有客到访莲涧（梁启超的父亲），先生上前奉茶，客人欲试一试他的聪明如何，就出一句"饮茶龙上水"命他对，先生不假思索，应声答道："写字狗扒田。"上联是新会俗语，下联对的也是新会俗语……接着又出了一句"东篱客采陶潜菊"命他对，他随口答以"南国人怀召伯棠"。

这个故事据说发生在梁启超六七岁时。他 10 岁到县城向周惺吾先生求学。

这一年开始应童子试。当时内河的轮船还没有通航，到广州应府试的考生往往合伙买舟而往，多由家中长辈陪同。某一天吃饭时，有一个人指着盘子里的咸鱼，命梁启超吟诗。梁启超应声曰："太公垂钓后，胶鬲举盐初。"满座动容。从此神童之名就传播开去了。

梁启超的这两句诗，用事熨帖。太公钓鱼、胶鬲举盐，均是大家熟知的典故；太公、胶鬲都是古代著名的贤相，而两人都出身微贱，后来又都为明主所赏识。诗句可见少年梁启超的抱负之大。

梁启超

梁启超 12 岁应试学院，补博士弟子员。他的老师周惺吾感慨地说："我已经没有什么可以教他的了。"梁启超参加学院考试，主考是学政叶大焯。考完试，其他考生均已拜别，只有梁启超留下来，向叶大焯请求说："我的祖父今年 70 岁了，不久就要过生日，想请先生为写一篇寿序，一来可以满足我伯父、父亲的孝思，一来也好在宗族亲友面前夸耀。"

叶大焯矍然动容。他本来就很赏识梁启超的才学，此时更感佩于他的孝心，就举古代早慧的 12 岁幼童为例，勉励梁启超"勤夫未学，以臻于远大"。前辈的勉励鼓舞了梁启超，次年他就开始研究训诂，而对八股文、试贴诗这些科场文字渐渐失去了兴趣。

梁启超自幼主要是秉承家学，兼受外传。家庭影响对他的个性形成作用很大。他的父亲莲涧性情方正，热心公共事业，也对梁启超寄予了殷殷的期望。当然，莲涧望子成龙的心思中，也并不是没有功利的目的。梁家很贫穷，后来梁启超出了名，莲涧跟他要钱置地，梁启超没有办法办得到，莲涧就以自杀来威胁。当时，梁启超的学生看不过去，一齐凑了 1200 块大洋给他。莲涧用这钱回家买地，才过上了养尊处优的地主生活。

梁启超的母亲性情贤淑，对他从未有过疾言厉色的时候。但有一次，不知何故梁启超说了一句谎话，被母亲觉察，当即就狠狠地责打了他。从此，梁启超就把为人要诚实记在了心里。

1890 年春，梁启超晋京会试，当年 8 月拜广东同乡康有为为师，这是他一生事业的重要发端。梁启超正当少年，又是举人，对于当时显学训诂辞章颇有所知，本来很是年轻气盛，却为康有为在陆王心学和史学西学上的深厚造诣所深深折服,于是和陈通甫一齐拜在南海门下。如果说在这之前,梁启超所措意的不过是传统所谓的"小学"的话,这个时候他已经开始接触到经世济国的大学问。

这一年梁启超没有考中进士。他和陈同甫一起,请康有为到广州长兴设馆讲学。讲学的所在,就是后来闻名于世的万木草堂。康有为在这里著述《新学伪经考》《孔子改制考》,均由梁启超从事校勘、分纂工作。后来戊戌变法以"康梁"并称,他们的合作其实从这个时候就已经开始了。

康有为当年以一布衣上书皇帝,颇遭人忌。1895年,梁启超与康有为一同入京参加会试,梁启超又不幸下第。事情很有戏剧性。这年正考官是徐桐,副考官是李文田、唐景崇。徐桐告诫李、唐二人说,广东省卷子中有才气的必为康有为,即不准录取。李文田批改到梁启超的卷子,以为是康有为的,就弃置一边,还批上"还君明珠双泪垂,惜哉惜哉"的话。发榜时,前5名照惯例最后填写。后来只剩前5名了,徐桐夸耀道,弃置的卷子里,一定有康有为的。某同僚笑着说,还剩5名,安知就没有康有为呢?等到正式填前5名时,康有为果在其中。徐桐又惊又恐,吩咐家人,倘有康有为来,就拒而不见。

会试落第,并未令梁启超消沉下去。在京师,他与康有为等人联合发起"公车上书",组织强学会,并结识湖湘举子谭嗣同。由于深受夏曾佑、谭嗣同的思想影响,这时,他在学术方面同康有为开始产生分歧。梁启超认为康有为的"伪经考"太过武断,后来就再也不提了。康有为爱引证经书,用神秘说来论证孔子,梁启超也颇不以为然。梁启超认为,孔子学派后来分成了荀子、孟子两大支流。荀子继承了孔子的小康学说,而孟子则继承了大同学说。汉代的讲经者不管是今文学家还是古文学家,都是荀子的一脉。这同康有为的思想已经相去甚远。

1896年,戊戌变法的前两年,梁启超到上海任《时务报》主笔。《时务报》是旬报,由黄遵宪、吴季清、邹殿书、汪穰卿及梁启超5人创办。该报为的是"广译五洲近事,详录各省新政,博搜交涉要案,俾阅者周知全球大势,熟悉本国近状",希望通过这来"开民智以雪国耻"。《时务报》实际上从事了为变法进行思想启蒙的工作。梁启超的文章,政治色彩越来越浓了。报务之暇,他还兼治佛学,同时每天向马眉叔(即中国第一部语法著作《马氏文通》的作者马建忠)先生学习拉丁文。他以为学问不足,是不能够担当救国济世的重任的。

1898年戊戌变法失败以后,梁启超流亡日本,经由日本又到美国檀香山。海舟中及滞留檀香山期间,是他集中作诗的时期。他自称"余素不能诗,所记诵古人之诗不及二百首,生平所为诗不及五十首。今次忽发异兴,两日内成十余首,可谓怪事"。但是他毕竟有作诗的天赋,甫一出手便自不凡。诗人最主要的素质,是要有对于社会和历史的真切关怀,第一等诗词产生于第一等的襟怀。诗以言志,梁启超既抱经世救国的雄心,他的诗也显得卓越超迈。

在《夏威夷游记》一文中,梁启超说:"余虽不能诗,然尝好论诗,以为诗之境界,被千余年来鹦鹉名士(余尝戏名辞章名家为鹦鹉名士,自觉过于尖刻)占尽矣,虽有佳章佳句,一读之,似在某集中曾相见,是最可恨也。故今日不作诗则已,若作诗,必为诗界之哥伦布、玛塞郎然后可。"那么如何才能成为诗界之哥伦布、玛塞郎呢?梁启超说:"第一要新意境,第二要新语句,而又须以古人之风格入之,然后成其为诗。"这事实上即是他后来倡导"诗界革命"的总纲领。

翌年底,梁启超正在太平洋舟中。19世纪的最后一天,他经过本初子午线,恍然记起穿过这条线,就见到新世纪的太阳,于是作了一首《二十世纪太平洋歌》。从这时候起,"任公"一号才闻于世。其诗如下。

亚洲大陆有一士,自名任公其姓梁。尽瘁国事不得志,断发胡服走扶桑。扶桑之居读书尚友既一载,耳目神气颇发皇。少年悬弧四方志,未敢久恋蓬莱乡。誓将适彼世界共和政体之祖国,问政求学观其光。乃于西历一千八百九十九年腊月晦日中夜半,扁舟横渡太平洋。其时人静月黑夜悄悄,怒波碎打寒星芒。海底蛟龙睡初起,欲嘘未嘘欲舞未舞深潜藏。其时彼士兀然坐,澄心摄虑游窅茫。正住华严法界第三观,帝网深处无数镜影涵其旁。蓦然忽想今夕何夕地何地,乃是新旧二世纪之界线,东西两半球之中央。不自我先不我后,置身世界第一关键之津梁。胸中万千块垒突兀起,斗酒倾尽荡气回中肠。独饮独语苦无赖,曼声浩歌歌我二十世纪太平洋。

在《饮冰室诗话》中,梁启超议论时贤,谓夏曾佑、蒋智由、黄遵宪为"诗界革命三杰"。其实,梁启超本人的创作是在后三者之上的。

梁启超极年轻而知名于全世界,享名之早举世罕见。在檀香山时,有华侨女子何蕙珍向来倾慕他的才名,希望能为其奉帚。梁启超的态度始则冷淡,继以热情,以致"由敬重之心,生出爱恋之念来,几乎不能自持"。但他终能"发乎情,止乎礼",并且很坦率地把一切都告诉了仍在国内的夫人。当时梁夫人的意思是,梁家可以接纳何蕙珍,并准备告诉梁启超的父亲。梁启超回信说:

"前信所言不过感彼诚心,余情缱绻,故为卿絮述,以一吐其胸中之结耳。以理以势论之,岂能有此妄想。吾之此身,为众人所仰望,一举一动,报章登之,街巷传之,今日所为何来?君父在忧危,家国在患难,今为公事游历,而无端牵涉儿女之事,天下之人岂能谅我?我虽不自顾,岂能不顾新党全邦之声名耶?吾既一言决绝,且以妹视之。他日若有所成,复归故乡,必迎之家中,择才子相当者为之执柯;

设一女学校,使之尽其所长,是即所以报此人也。"

梁启超当时还有《纪事诗》24首,全咏此事。其中第六首这样说:

眼中既已无男子,独有青睐到小生;

如此深恩安可负,当筵我几欲卿卿。

然而,他所处的地位、他与原配夫人的感情,均不容他作此想。所以第十二首说:

匈奴未灭敢言家,百里行犹九十赊。

怕有旁人说长短,风云气尽爱春华。

最终,对于国家民族的责任感战胜了儿女私情。第二十四首说:

猛忆中原事可哀,苍黄天地入蒿莱;

何心更作喁喁语,起趁鸡声舞一回。

梁启超在海外先是办《清议报》,这个刊物隐然以汉代清流为标榜。《清议报》的宗旨是倡民权、衍哲理、明朝局、厉国耻,一言以蔽之,为了广民智、振民气。《清议报》出至100期停刊。

1902年正月初一,梁启超新编的《新民丛报》在日本横滨创刊。"新民"一词出自《大学》:"大学之道,在明明德,在新民,在止于至善。"梁启超在《新民丛报》上撰文,文风平易畅达,不时夹杂着俚语韵词及外国语法,许多学人争相效仿,号称新文体。因为梁启超的这些文章大多是发表在《新民丛报》上,故称"新民体"。《新民丛报》发行以后,清政府虽严厉查禁,却不能动摇它在当时人们心目中的地位。这份报纸,事实上也是在进行思想启蒙。

在创办《新民丛报》的头一年,梁启超开始使用"饮冰子"的别号,后来又称"饮冰室主人"。《庄子》里说:"今吾朝受命而夕饮冰,吾其内热欤?"中国的革命者,往往借"饮冰"来表明内心的炽热。比如苏曼殊居日本时,就曾饮冰四五斤。梁启超的许多著作,后来都编到《饮冰室文集》当中。文集里有政论文,有史学著作,有思想专论,可谓包罗万象。

这个时候的梁启超精力过人,他除了笔耕不辍地创作,还参加了新党的缔造工作。新党同孙中山的革命党,在许多重大问题上存在着分歧。刚开始时,梁启超追随康有为,对于孙中山敬而远之,但后来并没有因为两党之争而闹意气。孙中山逝世时,梁启超还亲去吊唁。当他听说孙中山病重时,还以英语或粤语、普通话大喊"和平"、"奋斗"、"救中国"等语,极为感慨,说:"这抵得过一部著作,足以给全国人民极深的印象。"而在反对袁世凯称帝的战争中,他也是坚持站在革命将领、自己学生蔡锷等人一边的。

◎"切勿犹疑以今日之我宣判昨日之我"

梁启超早年热心救国,所作多为经世之文;而宦海升沉,他渐渐认为自己对于政治只是有"兴味",著述才是"事业"。(1925 年 8 月 16 日与其女梁令娴书:"我近来政治兴味并不减少,只是并没有妨害著述事业。")学而优(有暇余)则仕,仕而优则学,这是儒家的传统精神。儒家认为,学习是为了"修身齐家治国平天下"。但是,天下有道则仕,无道则隐;当自己的社会理想得不到实现之时,儒者往往用著述来自娱。昔孔子之道不行,归述《春秋》;梁启超倦于政事之后,在天津隐居,博览著书。

1925 年清华大学部办研究院国学门,胡适向清华推荐 3 位学者,其中两位经清华延请均同意执教。一位是王国维,另一位则是梁启超。梁启超到清华后所著讲义,几乎都成为近代学术史上的名著。其时,他还被聘为国家图书馆——北京图书馆的馆长。

梁启超在学术界和教育界有如此崇高的地位,按说是可以恃才傲物的,而事实正好相反,他自始至终保有一份真诚的谦虚。他向校长推荐陈寅恪,校长因为陈寅恪没有学位、没有著作而表示碍难。梁启超则说:"我梁某人的著述可以算是等身的了,但还不及陈先生寥寥数百字来得有价值。"如此,清华才聘陈寅恪来校任教。又有一次,别人问清华研究院国学门四大导师以谁为首,梁启超马上说是王国维先生,还说:"我们所做的学问王先生均能发现,而王先生的独特创见是我们无法企及的。"

梁启超在清华是想专心搞一点纯粹的学问,而他的确也在短短几年内取得了极大的成就。不过,外务总是搅得他难以安宁。1927 年大革命时期,有许多国共两党以外的势力想另组政党,天天要求梁启超当领袖。他都回绝了。他不相信,一种西方的意识形态可以救中国。他在私下里曾说,对于现代的经济病态,他有一个方子,"这方子也许由中国先服了,把病医好,将来全世界都要跟我们学。"(1927 年 5 月 5 日《给孩子们书》)

梁启超自称"'学问欲'极炽",他在晚年病重时仍手不释笔,从事《辛稼轩年谱》的编定工作,乃成绝笔。1929 年他逝世之时,海内学人同声哀悼,美国《史学界消息》(个人简讯)这样评价他。

在一本小自传《三十自述》里,梁先生说:"我十八岁初到上海,第一次拿到一本地图册之前,我不知道世界上有五大洲。"然而就是这个年轻人,以非凡的精神活力和自成一格的文风，赢得全中国知识界的领袖头衔，并保留它一直到去世。表现在他的文风和他的思想里的这种能够跟得上时代变迁的才华，可以说是由于他严格执行他自己常常对人引用的格言："切勿犹疑以今日之我宣判昨日之我。"

梁启超以著作报国，达40年历史。生平之著述总额不少于1400万字，列古今中外著作家之第一等。在《清代学术概论》一书中，他认为自己"破坏力确不小，而建设则未有闻"。又比较他与本师康有为的区别说：

"启超与康有为有最相反之一点：有为太有成见，启超太无成见，其应事也有然，其治学亦有然。有为常言之：'吾学三十已成，此后不复有进，亦不必求进。'启超不然，常自觉其学未成，且忧其不成，数十年日在彷徨求索中。故有为之学在今日可以论定，启超之学则未能论定。然启超以太无成见之故，往往徇物而夺其所守，其创造力不逮有为，殆可断言矣。启超'学问欲'极炽，其所嗜之种类亦繁杂。每治一业则沉溺焉，集中精力，尽抛其他。历若干时日移于他业，则又抛其前所治者。以集中精力故，故常有所得；以移时而抛故，故入焉不深。彼尝有诗题其女令娴《艺蘅馆日记》云：'吾学病爱博，是用浅且芜。尤病在无恒，有获旋失诸。百凡可效我，此二无我如。'可谓有自知之明。启超虽自知其短，而改之不勇；中间又屡为无聊的政治活动所牵率，耗其精而荒其业。识者谓启超若能永远决意政治，且裁敛其学问欲，专精于一二点，则于将来之思想界，当更有所贡献，否则亦适成为清代思想史之结束人物而已。"

但无论怎样，无论是在政治界、革命界，还是在学术界、思想界、文化界、教育界、出版界、新闻界，梁启超都已经是不朽的。他对于社会、历史的真挚的关怀，对于真理、学问的热烈追求的精神，为后来的学者树立了光辉的典范。他所留下的精神财富，远不止于一部卷帙浩繁的《饮冰室合集》。

（徐晋如）

王国维

"万梅花里一胡床"

　　王国维(1877—1927)，字伯隅、静安，号观堂、永观，浙江海宁盐官人。清末国学大师，在文学、美学、史学、哲学、古文字学、考古学等方面均成就卓著。世代清寒，早年屡应乡试不中，于戊戌之际弃绝科举。21岁至上海《时务报》馆充书记校对，利用公余到罗振玉办的东文学社研习外交与西方近代科学。1901年在罗振玉资助下赴日本留学。次年因病从日本归国，后又在罗振玉推荐下执教于南通、江苏师范学校。1906年随罗振玉入京，任清政府学部总务司行走、图书馆编译、名词馆协韵等。1911年辛亥革命后，逃居日本京都，以前清遗民处世。1916年应上海著名犹太富商哈同之聘，返沪任仓圣明智大学教授，并继续从事甲骨文、考古学研究。1922年受聘北京大学国学门通讯导师。翌年与罗振玉等应召任清逊帝溥仪之南书房行走。1924冯玉祥发动北京政变，驱逐溥仪出宫。引为奇耻大辱，愤而与罗振玉等前清遗老相约投金水河殉清，因阻于家人而未果。1925年受聘任清华研究院导师，门生弟子遍充几代中国史学界。1927年6月，国民革命军北上时，留下"经此世变，义无再辱"遗书，投颐和园昆明湖自尽。

王国维

◎王国维自杀之谜

1927 年 6 月 2 日，时值端午节前两天。在北平颐和园的鱼藻轩前，一个矮瘦的男子，身着长衫，头戴瓜皮帽，脑后还不合时宜地拖着一条长辫。他徘徊走动着，望着幽深瓦蓝、

王国维故居

水波不兴的昆明湖。突然，他好像下定了某种决心，跨过栏杆，倏然跃向湖中。一阵水响以后，湖面恢复了平静。待到园丁闻声赶来将其打捞上岸，这个人已经永远停止了呼吸。这位在端午节前二日，效屈子大夫怀沙之举的人，就是当时已驰名中外的大学者王国维。王国维时受聘于清华学校研究院国学门，担任导师。清华师生闻讯，同声震悼。校长曹云祥赶来，说王先生之所以自沉，"盖先生与清室关系甚深云"。在王国维衣服的口袋中，有留给其子王贞明的遗书，云：

"五十之年，只欠一死。经此世变，义无再辱。我死后，当草草棺殓，即行槁葬于清华园茔地。汝等不能南归，亦可暂于城内居住。汝兄亦不必奔丧，因道路不通，渠又不曾出门故也。书籍可托陈、吴二先生处理。家中自有人料理，必不至不能南归。我虽无财产分文遗汝等，然苟能谨慎勤俭，亦不至饿死也。五月初二日，父字。"

问题出在遗书中"世变"二字。后人颇多猜测。早在 1923 年，王国维就因为是"海内硕学"，经人推荐，被清逊帝溥仪封为南书房行走，是一个五品衔的官儿。王国维自沉时，溥仪下诏，给了他一个"忠"的谥号。这就使许多人相信，王国维是为殉清而死的。但是殉清既不在辛亥之年，又不在冯玉祥手下把溥仪赶出宫之时，这是什么缘故呢？

又有人认为"既有长子之丧，又遭挚友之绝"，说是其亲家罗振玉在经济上的逼迫弄得他只好跳湖。但这毕竟是局外人的猜测。王国维死时，罗振玉曾亲赴清华参与治丧。

最为知识分子所接受的说法，当然是陈寅恪在《工观堂先生挽词并序》中所说的。

"……凡一种文化，值其衰落之时，为此文化所化之人，必感苦痛。其表现此

文化之程量愈宏，则其所受之苦痛亦愈甚。迨既达极深之度，殆非出于自杀无以求一己之心安而义尽也……"

另外，古典文学研究专家浦江清从王国维的生平思想出发，认为王国维是为了哲学上的解脱而采取了自杀手段。这一说法，也为许多知识分子所认同。

而据中国社科院张遵骝先生所云，王国维之自沉，直接原因的确是在罗振玉的身上。倒不是罗振玉对王国维有什么经济上的逼迫。当时的情形是，溥仪托王国维卖掉一些文物，但这批文物却被罗振玉暗中私吞。王国维感到对不起溥仪，只好自杀。

陈寅恪是知道此事的，所以他在《挽王静安先生》一诗中说："越甲未应公独耻，湘累宁与俗同尘。"又说："赢得大清干净水，年年鸣咽说灵均。"在后来的《王观堂先生挽词并序》中，他只是借题发挥，以表现他对于文化的态度而已。

王国维书法碑石

一个人自杀的原因，常常不是形而上的。但他之所以最终走到自杀这一途，和他平时的思想关系很大。王国维在他短短的一生当中，取得了惊人的成绩。35岁以后，他专治经史、古文字学、考古学，成就卓越。对于甲骨文和殷周史的研究，开辟了这些学术的新纪元，也为中国的学术赢得了世界性的声誉。但是，王国维早年却以其文学上的才华为世人所关注。他是近代著名的词人兼词论家，也是中国最早引进西方美学的美学家。其所著《红楼梦评论》、《人间词话》，已成为近代文论的经典之作。从他早期的美学论文及文艺创作中，的确可见他深受叔本华悲观主义哲学的影响，这种影响左右了他一生的行为。

◎王国维的哲学思想

王国维是在他 21 岁时，接触到叔本华、尼采哲学的。这年发生了震惊中外的维新变法。还在 1896 年的时候，梁启超、汪康年、黄遵宪等人就在上海创办《时务报》，作为变法的启蒙。王国维因同乡许同蔺的关系，进入《时务报》任书记，这是他一生事业的开端。此前因"家贫不能以资供游学"，他只能呆在海宁老家，而无法接触到他所向往的新学。王国维在《时务报》时薪金微薄，工作繁忙，但他仍入了东文学社学习日文、西欧文字。

东文学社是清末任学部参事的罗振玉所办，目的是培养翻译各国农学报刊的人才。王国维因考试不及格，本来已该退学，但某次校董罗振玉从东文学社一名学生的扇子上，看到有王国维所题"千秋壮观君知否，黑海西头望大秦"之语，大异其才，遂决意要"力拔于庸众之中"，委托他管理东文学社的庶务，还免去各样使费的款额。后来，王国维一生追随罗振玉，他留学日本、研究甲骨文、精研经史，这些都是罗振玉给他提供了物质条件。他和罗振玉后来还成了儿女亲家，一辈子几乎都是在依靠着罗振玉。

在东文学社，王国维通过日本老师田冈佐代治了解了康德、叔本华，这就产生了学习英文和哲学的强烈愿望。王国维之所以对康德、叔本华唯心主义哲学一见倾心，这同他个人经历以及他对于生命、文学的理解分不开。

王国维出生在浙江海宁一户清贫之家，父亲王乃誉弃儒从商，对他课督甚严，期望也相当高。王国维的字"静安"，就出自《大学》中"静然后能安"。他不曾享受过无忧无虑的童年，相反，由于生母过早逝世，他表现出了与其年龄不相称的老成，15 岁时就被举为"海宁四才子"之首。然而，与生俱来的孤寂感如同梦魇一般挥之不去。他的一首咏海宁潮词云：

"辛苦钱塘江上水，日日西流，日日东趋海。终古越山灏洞里，可能消得英雄气？说与江潮应不至，潮落潮生，几换人间世。千载荒台麋鹿死，灵胥报愤终何是！"

真正通读康德、叔本华的著述，是 1903 年他在通州师范学堂任教时期。因康德《纯粹理性批判》文深理涩，他对叔本华、尼采的哲学措意更多。发表于 1904 年的《红楼梦评论》，就是他运用叔本华的哲学、美学与悲剧论，论述《红楼梦》的根本精神、美学价值与伦理学价值的一次成功尝试。

这一时期，王国维醉心于哲学研究，他痛感中国哲学、美术（当时对于文学艺术的通称）不发达，以至于有"生百政治家不如生一大文学家"的愤激之语。他说：

"披我中国之哲学史，凡哲学家无不欲兼为政治家，斯可异已！孔子大政治家也，墨子大政治家也，孟、荀二子皆报政治上之大志者也。汉之贾、董，宋之张、程朱、陆，明之罗、王无不然。岂独哲学家而已，诗人亦然……呜呼！美术之无独立之价值也久矣。此无怪历代诗人，多托于忠君爱国功善惩恶之意，以自解免；而纯粹

美术上之著述,往往受世之迫害而无人为之昭雪者也。此亦我国哲学美术不发达之一原因也。"(《论哲学家美术家之天职》)

在《屈子的文学精神》一文中,王国维提出儒家与老庄分属哲学上的贵族派与平民派的观点,也是受西方的影响。

然而,经过痛苦的思索反省,他逐渐认识到:"哲学上之说,大都可爱者不可信,可信者不可爱。"因此,他开始在哲学与文学当中徘徊。他反思自己:

"以余之力,加之以学问,以研究哲学史,或可操成功之券。然为哲学家,则不能;为哲学史,则又不喜,此亦疲于哲学之一原因也。"(《三十自序二》)

◎矛盾、偏执与绝望

当然,使得王国维决意把注意力转移到文学,还是因为填词的成功。1906年4月,王国维集近两三年所填词61阕成册,名曰《人间词甲稿》,付梓刊行。

词是唐代诞生、宋代流行的一种音乐文体,属于乐府范畴。它在产生的初期,词句很通俗,多写男女私情。经南宋诸家的努力创作,它由乐府形态变成另一种类型的诗,也就离音乐甚远了。清代的常州词派,继承了南宋词家的风格,讲究寄托,要求言之有物,做到"沉郁"。而王国维认为,词的乐府形态时期——唐五代、北宋的词才是正宗。他认为,词应当讲"意境"。他自以为:

"余之于词,虽所作尚不及百阕,然自宋以后,除一二人之外,尚未有能及余者,则平日之所自信也。虽比之五代、北宋之大词人,余愧有不如,然此种词人,亦未始无不及余之外。"(《三十自序二》)

常州词派的张惠言等人论词,一概从"寄托"着眼。即使是一些纯写男女之情的词作家,如温庭筠,也被认为是句句皆有寄托,也就是说,皆有政治性的隐喻。所以王国维痛诋说:"固哉,皋文之论词也!"(《人间词话》)王国维的一些观点主要是针对常州派词论家陈廷焯的《白雨斋词话》而来的。

王国维还托名"山阴樊志厚"为《人间词》撰写了一篇序,里面说:"夫自南宋以后,斯道之不振久矣。元、明及国初诸老,非无警句也,然不免乎局促者,气困于雕琢也。"又认为,《人间词》"不屑于言词之末,而名句间出,殆往往度越前人"。

客观地说,王国维的词温婉亲切、天然大度,但词的意味是乐府的而不是诗的。因此,只可算做近代诗史上的一次逆流。从这里,不难看出王国维的固执与自负。好多年以后,他的学术事业转移到经史之学,并已在清华园执教时,日本学者青木正儿来拜访他。青木正儿提到王国维的《宋元戏曲大考》做得好,想接下来做一部中国近世的戏曲史。王国维很不客气地说,宋元的戏曲,是活文字;宋元以后的戏曲,是死文学。青木正儿当然很尴尬,对于王国维的偏颇,他算是有所领教了。所以他就感慨说,宋元的戏曲,早已经销声匿迹了;宋元以后的戏曲,还活在舞台上。那么,谁是死文学呢?

顺便说一下,王国维平生为学,讲究的是"博"、"专"、"细"3个字。他在写《宋元戏曲大考》时,桌上堆满了这方面的资料;有客来访,他总会把话题转移到这方面。这种治学的精神,还是令人钦佩的。

王国维在词学、戏曲方面推崇原始形态的观点,在很大程度上受了当时白话文学、平民文学思潮的影响。这是西学东渐以来,中国知识界的一种普遍心态。今天看来,偏颇之处是难免的。

王国维的固执与自负,从根本上说,还是源自他内心深刻的孤独感。这种孤独感,固然同他的幼年生活经历有关,一半也是因为他所殉身的文化。王国维比较认同老庄关于人性自由的观念,他不满于历代儒家强调事功,而忽视个人价值的缺陷。为了寻觅一种个人的解脱,他很自然地把希望寄托给叔本华哲学。他早年的一首《坐致》是这样讲的:"坐致虞唐亦太痴,许身稷契更奚为!谁能妄把平成业,换却平生万首诗。"《尚书》中"地平天成"的政治功业在他看来不值一哂,个人价值的实现才是最重要的。

然而,这样一个注重事功的民族,有谁能够理解他呢?王国维一直认为,中国人最缺乏宗教与文艺,要改造国民性,必须引进宗教文艺,前者作用于下层人民,后者作用于知识阶层。但是,现实无情地粉碎了他的理想。这样,他的孤独感就更加深重,诗词亦多凄苦之音。他的一阕《浣溪沙》最为后人所传诵。

"天末同云黯四垂,失行孤雁逆风飞。江湖寥落尔安归?陌上挟丸公子笑,座中调醯丽人嬉。今宵欢宴胜平时。"

一方是作者孤寂的主体形象,一方是沉醉的众庶。王国维终于因为绝望,而转向关注自身的生存状况。

郭沫若在《鲁迅与王国维》一文中论述说,这两位大师在早年是极为相似的。后来之所以会分判二途,依笔者看,就在于王国维因绝望而消沉,鲁迅却因绝望而奋起。且看王国维二十多岁时所作的一首绝句:"梦中恐怖诸天堕,眼前尘埃百斛强。苦忆罗浮山下住,万梅花里一胡床。"这是何等的清幽冷绝,充满孤寂之致。

王国维引前人诗句,论为学的3个境界。

"古今之成大事业、大学问者,罔不经过三种之境界:'昨夜西风凋碧树,独上高楼,望尽天涯路。'此第一境界也。'衣带渐宽终不悔,为伊消得人憔悴。'此第二境界也。'众里寻他千百度,蓦然回首,那人却在灯火阑珊处。'此第三境界也。"

这段话流传极广,但实际上第三种境界充满了惆怅与孤独的情怀,这一点前辈研究家均未注意到。

中国传统的社会伦理道德体系,在关于个人价值的问题上是极不完善的。一个文学家的价值,一般均要依附于他的政治功业才能为时人所推许。一方面,王国维身沐新学,向往着成为文学大匠而为时流所重;另一方面,他又无法摆脱传统加诸其身的桎梏。传统文人所谓的"遇"的问题,同样困扰着他。这个问题,说穿了就是希图得到统治者的赏识。

机会终于来了。凭着罗振玉的关系,王国维从溥仪那里得到南书房行走的五品衔。其时溥仪已经退位,但在遗老的心里,却依然是皇帝,是主子。溥仪对王国维也许并不是特别重视,但王国维却是认真的。他为溥仪学自行车感到不安,并且痛骂溥仪的洋教师庄士敦,说是"庆父不死,鲁难未已"。

对于封建统治体制,王国维是矛盾的。他虽不满于其压抑人性的一面,自己却不自觉地参与对这一垂死社会形态的维护、赞美。他意识不到,由清改民国,与历朝历代的江山易姓有根本的分野。他执著地坚持着五伦的理念。1917 年 7 月,张勋率辫子军入京,宣布溥仪复辟。后为段祺瑞等人所粉碎。王国维作《游仙》诗云:"如盖青天侍杵低,方流玉水旋成泥。五山崎海根无著,七圣同车路总迷。员峤自沉穷发北,若华还在邓林西。含生总作微禽化,旋鹤飞鸮自不齐。"表现出对于复辟之事不成的哀婉。

一直至死,王国维都拖着清朝遗老象征的辫子。每天早上,漱洗完毕,夫人就为他梳头。有一次,夫人不耐烦了,就嘀咕着说:"人家的辫子全都剪了,你留着做什么?"他的回答很有意味,说:"既然留了,又何必剪呢?"

这种执著发展到了极端,就成了偏执。1924 年底,因北京大学考古学会发表《保存大宫山古迹宣言》,对清帝破坏此古迹提出批评。王国维冲冠而出,为清室辩解,并决然辞掉通讯导师职务,同时撤回已送该校的稿件。在溥仪被冯玉祥部下鹿钟麟等人赶出宫时,王国维曾与柯劭忞相邀投水殉节,但因家人严防未成。陈寅恪《王观堂先生挽词》中"南斋侍从欲自沉,北门学士邀同死",指的就是这件事。

王国维在自沉之前数日,为门人谢国桢题扇面,两首是唐人韩偓的诗,两首则为陈宝琛的前落花诗。韩偓诗中有"外国云从海上来"之语,陈宝琛诗中也体现出文化衰亡的哀叹。所题诗句,反映了王国维自沉背后的深沉心理结构。

（徐晋如）

杨树达

学术地位不逊郭沫若

杨树达(1885—1956),字遇夫,晚年自号积微翁,湖南长沙人。中国现代著名语言文字学家、史学家,有人认为他的学术地位要超过郭沫若。1897 年入长沙实学会学习,同年考入时务学堂。1900 年转求实书院。1905 年官费赴日本留学。1911 年回国返湘,主要从事中等教育工作。1920 年到北京,先后在几所大学执教。1921 年任北京高等师范学校国文系主任。1925 年任清华中文系教授。期间还曾在武汉大学任教。1937 年回家乡,任湖南大学中文系主任、文学院院长。1941 年受聘为教育部教授。1945 年参与发起组织九三学社。1947 年受聘为中央研究院院士。1949 年与吴玉章、马叙伦等组织中国文字改革协会,任理事会副主席。新中国成立后任湖南师范大学中文系教授,兼任湖南省文史馆馆长。1955 年当选为中国科学院哲学社会科学学部委员。在语言文字学方面的著作有《词诠》、《中国语法纲要》、《马氏文通刊误》、《积微居甲文说》、《积微居金文说》等。在历史学方面对《汉书》用力极勤,著有《汉书窥管》。

杨树达

◎负笈求学路

杨树达幼年早慧,5 岁时即由祖父炳南公教识字,至 7 岁由父亲翰仙公教学训诂文义后,便曾想:"取训义相同之字聚集为一编,岂不大佳乎?"这种天然的自发的治学欲望,正是他几十年后获得超人成就的关键所在。当治学成为融入人生的"本能"时,一位学术大师就会不可避免地出现;而杨树达以 7 岁之龄有如此自觉,不能不说他是做学问的良材。而其父翰仙公亦因材施教,不让他学做应试之八股文,而是注意培养其分析说理的能力,作论说之文。甲午以后,"国人愤慨,力图自强之策"(同上),有识之士开始积极推广实学。于是杨树达在父亲的影响下于诸经、古文之外开始兼习数学。

1897 年 4 月,湖南提学使江标创设实学会,教授算学、地理和英文。杨树达因家贫不能承担学费而不得入学。开学之日,他前往观看,看到算学老师所讲之开方术,笑着说:"此不甚易乎?"老师大惊,单独给杨树达出题,他一一作答,应对无误,于是得以破例免费入学。由此亦可见杨树达之聪慧。

同年 10 月,维新派人士在长沙设立时务学堂,杨树达应考亦被录取。在这里,他受到梁启超、谭嗣同、熊希龄等进步人士的教诲。尤其是梁启超主张民权革命,令当时学者思想大变,对杨树达有着极其深刻的影响。在随后的 30 余年里,他一直与梁启超保持着密切的关系。当杨树达于上世纪 20 年代执教清华后,更是一如既往地认真地听取同在清华任教的梁启超的教导。这种对梁启超的敬仰,反映了杨树达少时对新事物的追求和渴望,也是他始终坚持"救国在学"、"以学救国"的根源与动力所在。

杨树达不仅聪慧过人,还非常刻苦。他没有别的嗜好,而把全部时间都用在了读书上。1900 年秋在入学求实书院后,他坚持"心有所会,则笔之于书"。这种旁人以为过于"琐碎麻烦"的治学方式,杨树达却"以为至乐"。在记读书日记的过程中,他既打下了坚实、深厚的国学基础,又培养、锻炼了自己对

杨树达(后排右抱小孩者)一家人合影

杨树达墓地

古书的判断、分析能力。自 1900 年始,杨树达一直做读书笔记达四五年,共得笔记六七册,这不能不说是少年学子的一大奇迹。正因为知识广博且勤于思考,杨树达于 18 岁就开始在阮元《诗书古义》的启发下,依照其体例编起《周易古义》来。此书日后获得广泛好评,表明杨树达早早地就在学术上有了较高的造诣。

1905 年,为了报国图强,杨树达考中湖南省公派赴日本留学的名额,开始了长达 6 年之久的留学生涯。他先入东京宏文学院大冢分校,后转入京都第三高等学校,进修外国语言学。

在日本求学期间,杨树达发愤攻读,不但精通了日语,而且专研了"欧洲语言及诸杂学"。通过学习外国语言,他找到了研究中国语言的途径。他说:

"少年时代留学日本,学外国文字,知道他们有所谓语源学……因此我后来治文字学,尽量地寻找语源。"(《积微居小学述林自序》)

正是因为杨树达掌握了"他山之石",他才能够知己知彼,以西学治国学,这也正是他强于清代学者的地方。晚清段玉裁和王念孙,对于汉字研究可谓登峰造极,然而,由于杨树达掌握了治学方法上的优越性,故不但超过了段、王,而且至今仍无人能望其项背。留学生涯使他的视野开阔,杨树达努力摆脱前人所受的桎梏,力求不受别的东西的束缚。杨树达治学绝不在文字本身中兜圈子,而是运用现代汉语及其他一切都可以使用的材料为工具,利用金文、甲骨文和古声韵的研究成果为手段,用开放的视角来对待学术研究。这一切都是杨树达摆脱桎梏的充分体现。

1911 年辛亥革命后,杨树达回国返湘,主要从事中等教育工作。他先就职于湖南省教育司,兼任湖南省图书馆编译,楚怡工业学校教员。1913 年任湖南省立第四师范、第一师范、第一女子师范国文法教师。1919 年发起健学会。翌年参加"驱张(敬尧)运动",与毛泽东有所接触。

当时全国政局混乱,军阀争战不断。杨树达痛感战争所带来的灾难,决意通过诠释《老子》以传播"弭兵恤民"之意。所成《老子古义》一书,实乃其"以学救国"之夙愿所寓。杨树达不但在那样恶劣的环境中勤奋治学,而且积极投身于教育界的革命行动当中。其时,湖南督军张敬尧统治粗暴,他镇压爱国群众,封闭进步报刊。杨树达作为湖南教育界代表之一,进京向国务院请愿,临行前他表示:"义无反顾,事在必行,吾意决矣。"(王啸苏:《记杨遇夫先生二三事》)

1920 年 8 月,杨树达离开湖南,到北京任教。他先后在北京师范学校、北京法政专门学校、北京高等师范学校执教,于次年任北京师范大学国文系主任,并曾任教育部国语统一筹备会辞典编辑、教育部主编审员等职。

◎执教清华园

1925 年,应清华学校之邀,杨树达辞去北师大的教职,于是年 9 月起任清华中国文学系教授,从此开始他执教生涯的崭新历程。

当时的清华精英聚集,人才辈出。梁启超、王国维、陈寅恪、赵元任、朱自清等著名学者皆在此任教。杨树达到清华以后,可谓如鱼得水,既拥有了研究学术的良好环境与氛围,又可以和诸多师长同人互相切磋治学的方法。因此,杨树达在清华期间著述极丰。这一时期新撰及续成的专著和文集,总计有 14 种之多:《词诠》(1928 年)、《中国语法纲要》(1928 年)、《周易古义》(1928 年)、《战国策集解》(1928 年)、《古书之句读》(1928 年)、《高等国文法》(1930 年)、《马氏文通刊误》(1931 年)、《积微居文录》(1931 年)、《论语古义》(1933 年)、《汉代婚丧礼俗考》(1933 年)、《中国修辞学》(1933 年)、《群书检目》(1934 年)、《淮南子证闻》(1936 年)、《积微居小学金石论丛》(1936 年)。

这些著作当中,如《词诠》、《中国语法纲要》、《高等国文法》等,早已作为中国现代学术经典而载入学术史册。其中《词诠》一书集《马氏文通》以来虚词研究之大成,至今还是检查古汉语虚词的工具书。《中国语法纲要》是仿英语语法而写的一本白话文语法书,目的是为教学的需要而分析白话文的语法结构。《高等国文法》是作者积多年教学与研究的经验写成的一部博采众家之长的古汉语语法著作,其中还订正了《马氏文通》里的一些错误。

　　杨树达在教学之余能有如此多的著述,实在是一件了不起的事。余嘉锡曾惊叹:"吁,多矣哉!非兼人之力不致此!"(《积微居小学金石论丛序》)

　　是的,杨树达的确有"兼人之力"。其治学之用功勤奋,早已为同人所熟知。事实上,除非病到非睡在床上不可,他一天都不会停止学习和撰文。他把自己的书房取名为"积微居",就是要勉励自己充分利用哪怕5分钟、10分钟的点滴时间,刻苦研究,积少成多,以成学问。

　　正是因为他的锲而不舍、持之以恒,杨树达能够将"二十四史"第二部、班氏的《汉书》从头至尾地背诵,用力极勤,并著成《汉书窥管》一书,当时学界推尊其为"汉圣"。因为有这样扎实的学术功底,进行著述自然就不是难事了。

　　杨树达虽然学识渊博,却从不固步自封,而是虚怀若谷,一有机会就访问学者名流,相与论学。他对曾星笠、吴检斋、沈兼士、余嘉锡、陈寅恪、章太炎诸先生总是佩服不已。

　　他在写《淮南子证闻》时,认为《淮南子》中"庖丁用刀十九年而刃如新剖硎"的"'硎'当读'型'。'型',《说文》:'铸器之法也。''新剖硎'即如新自型剖出耳"。故谓"《庄子·养生主》中之'若新发于硎','发'当读如'剖',发剖双声,义同《淮南子》"。

　　当时有人对杨树达的新义提出疑问。曾星笠则以为杨树达之说虽可成立,但"《吕览》作'若新磨研',《说文》:'研,礦也。''礦,石硙也。'《庄子》旧注盖依《吕览》读'硎'为'研','若新发于硎',故旧注以为即新磨于研也。发与磨,古亦双声"。

　　杨树达知道后,极为叹服,说道:"并时承学之士,无与抗手。以湘学论,近数十年来,一人而已。"既可见他对曾星笠由衷叹服之深,又表露出其不囿于己见的坦荡胸怀。

　　杨树达治学,不求名利,只是为了发扬光大中华民族的优秀传统文化,纠正他人贬己媚人的错误。他在谈到著述《马氏文通刊误》的目的时说:"盖马氏必以他国文法填入中文,不免削足适履,失却中文本来之面目,于是陋者乃极诋文法在中国为不必要……呜呼,此吾书之所以不能不作也!"这可以看做是他弘扬国学的宣言!

　　杨树达的著述固然丰富,而其教学也同样成功。他先后任清华学校大学部国文系教授,清华大学中文系、历史系教授,讲授中国文字学概要、国学要籍、修辞学等课程。(期间,于1928年到1930年他还曾到国立武汉大学文学院任教。)

　　杨树达善于把学术研究和教学密切结合起来,他后来回忆说:

　　"每开一门课程就有这门的著述,这样在自身学术思想发展的同时,可以启发学生的思维,教给学生治学的新方法,而不是仅凭记问之学为师。"

曾和杨树达共事于清华的罗常培说：

"他能教导和启发学生进行独立性的思考和从事创造性的劳动。他坚决反对墨守前人的陈说，同时却又极力主张在前人已有的基础上建立自己新的见解和理论。"(《悼杨树达(遇夫)先生》)

杨树达的弟子王显回忆说：

"(先生)教我们不要注重死记硬背，而要善于归纳分析，找出条例；不要躺在已有的陈说上，而要推陈出新，有所前进。先生对于某些古书虽然滚瓜烂熟，但从没显示过有这种强记的专长；对于王念孙虽然景仰备至，但从不讳言王的失误，书中驳正王说未安之处是屡见不鲜的。这种言教、身教，确实使我铭记而不能忘。"(《悼念杨师》)

杨树达不但在著述、教学中尽心尽力，堪称师表，而且在民族气节上毫不含糊，显示了中国学人爱国的光荣传统。1931年九一八事变后，有一次，日本派遣所谓"支那学"学者来清华拜见杨树达，被他坚决拒绝；他还曾当面斥责日本特务头子桥川时雄。面对日益纷乱的时局，杨树达发出了"逸兴飞来思不禁，放怀天地一长吟。幸无叹老嗟卑句，犹有提戈跃马心"的豪言。中国文人学者自古即有国乱时杀敌报国的雄心。面临国难，杨树达亦随时准备带"吴钩"以杀倭寇。

因而，1937年七七事变发生后，杨树达看到蒋介石的国民党军队不会抗日，便毅然南下，从此离开执教达12年之久的清华大学，结束他在北平的学术生涯。

◎湖湘桑梓情

抗日战争爆发，杨树达离开北平，回到家乡长沙，进入国立湖南大学，任湖大中文系主任、文学院院长。在湖大，他以"春秋一经设教，欲令诸生严夷夏之防，切复仇之志，明义利之辨"，撰写《春秋大义述》，以抨击当时的国民政府，表示对汉奸、走狗的极大愤慨。

当时正逢国难，杨树达的生活非常贫困。作为一个堂堂大学教授，竟也经常"饥肠无米"。在这样极端艰难的时刻，他立志"荒山忍饿写图经"，而不向反动政府乞怜。国民党的反动政客曾托人劝他入"国社党"，被严词拒绝。杨树达虽然年过半百而不能持枪杀敌，但他积极鼓励青年学生们不忘爱国。他劝学生说："不须读史嗟文谢，争扫神州看后人。"爱国之情溢于言表。

杨树达自觉地以研究学术为爱国之途。在抗战的8年当中，他仍然学不厌，教不倦。此时期著述有：《春秋大义述》(1940年)、《淮南子证闻》(续成，1940年)、

《论语疏证》(1943 年)、《文学形义学》(1944 年)、《甲骨文蠡测撷要》(1945 年)。

杨树达把这 8 年的主要时间与精力,放在了金文和甲骨文的研究上。虽然当时书籍资料极缺,研究条件奇差,但他仍依靠自己的努力与勤奋,取得了丰硕的成果。为了解释一个字,杨树达不惜"千思百虑",因而在其释字的论文结尾,常可以看到"昨被中寂觉,忽得其义,晨起,因疾书之"、"今晨起,秉烛书之"(《积微居小学述林》卷二)之类的话。杨先生不顾自己年老体衰而废寝忘食的研究精神,是后辈学子永远的榜样。

1941 年,杨树达受聘为教育部部聘教授。1945 年参与发起组织九三学社。1947 年受聘为中央研究院院士。1949 年与吴玉章、马叙伦等组织中国文字改革协会,任副主席。

1945 年 8 月,抗日战争取得胜利。杨树达欣喜之余,更是争分夺秒进行学术研究。从 1946 年 5 月到 1949 年 5 月,他研究金文的成果已达到"释 139 器,作论文 150 篇";而他在甲骨文方面的成就,也达到了国内数一数二的地步。胡厚宣在《五十年甲骨学论著目》序言中说:"杨树达以 60 余岁的老先生,最后写文章最多,不失为 50 年来甲骨学研究中最努力的一个。"这充分表明了杨树达对甲骨文研究所作的努力与贡献。

新中国成立以后,杨树达更是以巨大的热情投入到学术研究之中,主要是从事甲骨文和金文的研究,著有《积微居甲文说》、《积微居金文说》等。1952 年,因中国高校院系调整,他转入湖南师范大学任教授。他以近 70 岁的高龄,仅花了50 多天时间便完成《盐铁论校注》,这实在是一个奇迹。先生自己说:"夕照从来分外红。"这正是他晚年依然全力工作的真实写照。

尽管当时杨树达已兼任湖南省文史研究馆馆长,当选为中国科学院哲学社会科学部委员,还被选为湖南省第一届人民代表大会代表,并特邀参加全国政协第二届第三次会议,社会活动非常忙碌,但他还是以惊人的效率工作着,一直到生命的最后一刻!他的侄子、著名学者杨伯峻回忆说:"(先生)一直到临死前 3 天,才听医生和家人的坚决要求,完全卧床静养。"(《追悼杨树达先生》)杨树达视学术为自己的生命,实是自少年时代起,至易箦时变始终未曾影响分毫!

1956 年 2 月 14 日,杨树达先生因病与世长辞,终年 71 岁。先生的精神生命,已融入中华学术长达数千年的洪流之中,将永远奔腾不息,浩荡向前!

杨树达的学术地位非常崇高,有人甚至认为要超过郭沫若。章太炎曾云:"湖南前辈于小学多黵餖,遇夫(杨树达)独精审,智殆过其师矣。"

(草　肃)

郑桐荪

文理会通的典范

　　郑桐荪(1887－1963),名之蕃,字桐荪,别号焦桐,江苏省吴江市盛泽镇人,郑佩宜兄。数学家、文史专家、诗人、书画家。早年肄业于上海震旦公学。1908年考取清华庚款赴美留学,毕业于康乃尔大学数学系。1911年回国,在福建马尾海军学校、上海南洋公学等校任教。1920年至清华学校任教。1923年至1924年任清华教务长。1928年至1935年在上海震旦女子文理学院讲授中国诗词。抗战期间在西南联大任教,抗战胜利后又回清华,直到1952年退休。他是清华算学系创办人之一与首任主任,曾担任多门基础数学课程教师,著有《四元开方释要》、《微分方程初步》和数学史专著《墨经中的数理思想》,参与编纂《数学名词》。退休后通读二十四史,于历代兴废、山川变革,乃至名胜古迹、遗闻轶事颇有研究。著有《禹贡地理新释》、《元明两代京城之南面城墙》及《吴梅村诗笺释》、《宋词简评》等文学专著。曾写有诗词数百篇,但多已散失。新中国治理黄河,曾作七言百句诗《河清歌》。对于国画、书法亦有研究。1963年10月因肺炎病逝于清华园。

郑桐荪

◎韬光养晦

郑桐荪先生的家乡在江苏吴江。盛泽镇为江南名镇，自古即文人荟萃，才俊代出。郑桐荪幼年家道小康，并且很幸运地有一个开明的父亲。他的父亲式如公，旧学功底既深，又对当时所谓的"新学"很措意，创立了镇上第一所新式学校，故其子女选择了上新式小学而不是读私塾的道路。郑桐荪的胞妹郑佩宜亦能诗能文，豪迈不让须眉，后来嫁给南社著名诗人、社会活动家柳亚子。在郑佩宜订婚前，式如先生曾致信柳家长辈，称赞柳亚子是"今之顾黄，亚之卢孟"，就是说柳亚子是现代的顾亭林（顾炎武）、黄梨洲（黄宗羲），亚洲的卢梭、孟德斯鸠，他的思想、学识可见一斑。

郑桐荪先生早年也曾参加过科举考试，但是没有被录取，从此就不再在举业上打算了。这以后，他考取上海震旦公学，转入复旦大学。在复旦他是学文科的，但到 1907 年考取江苏省留美官费，入康乃尔大学读书时，就改习数理了。在康乃尔大学 1910 级年册里，有他的照片和传略。传云：

"郑之蕃。中国，江苏，吴江。预备学校：复旦大学。年 22 岁。大学文科。在康乃尔 3 年。Teefy（郑之蕃英文名的昵称）在校享有殊荣，被称为活动的大学图书馆目录，别号'哲人'。他也热爱流行的音乐，临睡时就开始哼出他喜欢的歌曲。环球学生会会员。"

可见，他在青年时期是一个精力充沛、兴趣广泛的人。

郑桐荪早年学成归国，先后执教于福建马尾海军学校、安庆安徽高等学校、上海南洋公学、北京农业专门学校等，1920 年才应聘回清华。他是清华第一个讲授高等数学的中国籍老师，也是清华算学系创办人之一与首任主任。

那时周培源正在清华念书，教他们年级微积分课程的教员是一个美国人。这个人对于微积分的基本概念——极限根本解释不清楚，而教学态度又极为恶劣，同学多不满其为人。周培源把这些情况向郑桐荪先生反映，郑先生只是轻描淡写地说："我没来清华之前，在其他学校就讲授微积分这门课。"周培源又去找学校教务长，请求撤换该教员，而改由郑桐荪来教。教务长是留美归来的教育学博士，在国内外具有声望。但他听了周培源的话后，唯有苦笑，说："他是美国人，学校没有办法更动他的教学工作。"

原来，当年的清华学校虽然是由北洋政府主办，外交部管理，但学校教学大权掌握在美国人手中。其时学校的权力机构是教员会议，由美国人、科举出身的以及留美回来的中国教师组成。举行会议时用汉语和英语，由留美教员做翻译。在会议中，科举出身的老先生一般很少发言，而美国教员讲话最多。他们在事实上把握了这个会议，从而掌握了学校的教学大权。郑桐荪深知个中详情，但他原是隐者的性情，在这样的情形之下便不得不韬光养晦了。

一个人的人格，往往反映在他的言行、诗文当中。郑桐荪是一个"恂恂如也"的君子，言行上谨小慎微。他的寓所客厅里挂着一副对联："知足常乐，能忍则安"。这种思想显然是不合时宜的，它是庸人的哲学。在现代社会中，这种思想代表了一种逃避和懦弱。郑桐荪的诗也很淡，没有太多的诗味。他的家人评价说"他的绝句佳著，可与龚定庵(即龚自珍)颉颃"，这就纯粹是溢美之词了。

须知，科学的头脑需要冷静，而文学的头脑则唯望其敏感。一个人，可以在学术层面上同时兼通文理(文理会通主要即在此方面而言)，却绝无可能既是一个科学家，又是一个文艺创作家。

郑桐荪在本质上是一个隐者，但他毕竟深受中国传统儒家思想的熏陶，在学术研究的过程当中注重教化。他留心发掘我国古代数学研究的成就，向学生进行爱国主义教育。他在讲授《四元开方释要》时，从《天元四元开方发明小史》讲起，说道：

"天元四元，中国宋元间发明之算法也。

"据载籍之可考者而论，'天元'一术，始见于秦九韶之《数书九章》与李冶之《益古演段》。

"创四元之术者，为元之朱世杰。其法按天地人物立成四元，以元气居中，立天元一于下，地元一于左，人元一于右，物元一于上，盖元即西方代数学之未知数，而四元式即方程式也。"

但当遇到强权凌辱之时，郑桐荪先生也决不退缩。抗日战争期间，郑先生任教于西南联大数学系，抗战胜利后又回到清华园。这时，由于内战绵绵，人民生活窘迫，清华师生积极投入到"反内战"、"反饥饿"的爱国斗争当中。连一向专心教书、不问世事的郑桐荪，也同其他9位教授一起，于1948年4月5日联名宣布罢教，要求改善教职工待遇。他们的爱国行动，在师生中引起了巨大的反响。当天晚上，清华学生代表开会，一致决定罢课3天表示支援。

◎简单朴素

郑桐荪生性恬淡。他在清华大学初任教时，因为只有硕士学位，而当时清华教师多为博士，所以往往在一些物质条件上受到不公正的待遇。但他从来没有表示过不满。而对待学生,尤其是初出家门的新生,他竟关怀备至。

他的一位学生曾回忆说,郑老是当时全系最年长的先生,又是教工科数学的唯一之人,却能在最短的时间内记住学生的名字。有一次,这位学生在学校门口的邮局旁边遇到他。他用带浓厚的苏州口音的国语问学生从哪里来,在北方生活习惯不习惯,并建议学生多吃梨以防口鼻干燥。这虽是小事,但却令该学生铭记终生。

某一年,数学系有一位研究生悬梁自尽。此人京中既乏亲友,性情又很孤僻,大家都不知其故。他的家乡没有通邮,也无法同其家人联系,所有丧仪均由郑桐荪出面办理,还为死者在清华北门建了一个墓碑。这位远离家乡的孤魂,虽不得正其首丘,但他若地下有知,也该感激郑先生的古道热肠。

郑桐荪先生其实并非一般热血性情之人,但他却能对热血的诗人表示同情并与其保持良好的友谊。他在安庆工作时,就结识了南社著名诗人、当时中国文坛的风云人物苏曼殊。他们与另一位同人沈燕谋一起,合编了《汉英辞典》与《英汉辞典》。苏曼殊的许多遗著,也多赖郑桐荪得以保存。苏曼殊的后事,就是由柳亚子和郑桐荪一起处理的。

作为一名教育家,郑桐荪热心于培植人才,提携人才。上世纪 30 年代,他以前的学生赵访熊从美国写信给他,问有没有可能回清华教书。他立刻回信答应帮忙。当时国内工作很难找,赵访熊不久就接到留美监督处赵元任的来电,传达了清华聘其为数学系专任讲师的决定。事情能够如此顺利,同郑桐荪先生的热情推介是分不开的。

最让人佩服的,还是郑桐荪识人的眼光。他择婿的标准,既不是门第,也不是财富,他看中的是才学。他选中陈省身为其东床,其时陈省身尚未成名,而郑桐荪深知他必成大事。陈省身后来成为闻名世界的数学大师。

郑桐荪的胞兄郑咏春英年早逝,留下妻子儿女,举家失怙,从此郑桐荪就担荷起寡嫂弱侄的生活。郑咏春的遗孀孤子由苏州城迁回盛泽老家,祖业地产尚能维持温饱。但郑桐荪更加关心孩子们的学业。他命大侄女郑葆来北平上学,让她先进培华女子中学,后上了燕京大学。而侄子郑重倜不是他力主,就将中途辍学,当了绸布店学徒。郑葆初来他家,郑桐荪夫妇对其眷爱之情过于亲生。当年冬天,郑夫人特为郑葆定制了一件以最好的狐狸腿毛为衬里的皮袍,袍面则购自京城著名的绸缎庄"瑞蚨祥"。

郑桐荪夫妇生活极为简朴。平时郑桐荪先生身着敝旧的长袍,布鞋布袜;在课堂上讲的却是现代数学,形成强烈对比,被人誉为中国学人特有的儒家风范。

郑夫人有一件不知穿了多少年的丝绵袍,袍面早已磨损得纸一样薄,丝绵已处处露头,还是舍不得换。某日午后,几位教授夫人相约来玩,其中一位李冈夫人暗中带了一把剪刀,趁郑夫人不察,把那件破丝绵袍剪了个大洞,说:"这样你总不能不做一件新的棉袍了吧?"惹得大家哄堂大笑。

如果你以为郑桐荪家是小知识分子的"抠门",那就不对了。旧中国的教授工资一般较高,清华教授生活尤其优渥,只是郑家勤俭为本,不尚奢华而已。郑桐荪夫妇待人却很大方,对仆人亦十分宽厚。跟一般人家比起来,他们所付的报酬多而仆人工作的时间少,逢年过节必发双俸,以示优待。

◎潜心文史

郑桐荪天生就是学者。他的知识结构很完善,对历史掌故相当熟悉。对于中国的朝代和历代帝王的称号,更是了如指掌。同时他又颇爱研究字画,在北平期间,闲暇时常到南城琉璃厂转转,也收罗了不少珍品密刊,可惜"文革"时全部遭到没收或毁弃。

对于做学问,一般有3种态度。第一种人指着这生计,这种人只是学匠而非学者。第二种人为追求真理,这种人只有学术界的大师才能做到。第三种人是为了自娱,所谓的"为有益之事,遣无聊之生"。这是中国古代学者最常见的态度,郑桐荪也正属于这一类型。他晚年退休以后,便潜心文史、作诗填词。

他的文史研究,主要是继承了清人的学术传统,以史解诗,以诗证史,两者相得益彰。他最有名的一篇文学论文《吴梅村诗笺释》,文前提及吴翌凤笺注本虽简概实用,但有关清室秘事则避而不谈,故就他所发现的数首诗之隐义汇集阐释。他指出,吴梅村集中涉及清室凡6事,即皇太后下嫁事;董小宛入宫事;顺治帝出家事;皇太后与多尔衮有关系事;孔四贞聘选东宫后来悔约事;郑成功攻金陵事。他笺释的方法,是剖析诗中典故,再同史载实事相参证。如吴梅村《七夕感事》。

天上人间总玉京,今年牛女倍分明。画图红粉深宫恨,砧杵金闺瘴海情。

南国绿珠辞故主,北邙黄鸟送倾城。凭君试问雕陵鹊,一种银河风浪生。

对此郑桐荪的解释是:

"第一联言入宫。第二联上句言小宛思念冒辟疆,以花蕊夫人悬挂张仙像为喻;下句言不忘南土。第三联上句亦言入宫,绿珠喻小宛,故主喻辟疆;下句言冒,诿谓小宛已亡。末联用庄子雕陵鹊事,意谓顺治之娶小宛系强夺而来。此所以有'一种银河风浪生'之结语,盖以银河喻天家也。"

但是这还没有完,郑桐荪又引证冒辟疆的《影梅庵忆语》、章唐容的《清宫述闻》、汤若望的《回忆录》,多方参证,指出董小宛初为权贵高杰夺取,后又为顺治之弟博穆博果尔所掠,最终才为顺治所纳。只有这样理解,才能明白什么是"一种银河风浪生"。

郑桐荪的《宋词简评》讲义,论述了宋代词作的源流走向,基本上是一种风格论的批评。这篇文章的结构,有一些像钟嵘的《诗品》,掇取代表作家,分其派别,略论其风格。柳亚子曾说,郑桐荪关于辞章之学的文章,可与王国维的《人间词话》相比,可惜许多已散佚。不过单就《宋词简评》而言,那还是不能跟王国维那见地极新而体系森严的皇皇巨著相比的。因为他是柳亚子的大舅子,老柳就未免大为溢美。

郑桐荪先生 1963 年病逝于北京协和医院。他早年留美,接受了西方先进的知识与教育思想,而他本人身上,又铭刻着传统文化的印痕。他一生兢兢业业,培植桃李。他虽与柳亚子有郎舅之谊,但他本人完全不同于柳亚子的恣睢。基本上,他是一个隐逸派人士。他一生踏踏实实做人,踏踏实实做学问,为中国教育事业贡献了终身的力量。

他是一个令人尊敬的长者,一个勤奋严谨的学者。

(王　蔷)

陈寅恪

"最是文人不自由"

陈寅恪(1890—1969),原籍江西义宁(今修水),杰出的文史泰斗和国学大师。著名诗人陈三立之子,湖南巡抚陈宝箴之孙。1902年随兄东渡日本,入巢鸭弘文学院。1905年因足疾辍学回国,后就读上海吴淞复旦公学。1910年起,先后在德国柏林大学、瑞士苏黎世大学、法国巴黎高等政治学校和美国哈佛大学学习,先后达10余年。1925年回国。翌年与梁启超、王国维等应聘为清华国学研究院导师。1930年国学院停办,任清华大学历史、中文、哲学三系教授兼中央研究院理事、历史语言研究所第一组组长、故宫博物院理事等职。1937年抗战爆发,日军直逼平津,其父陈三立义愤绝食,溘然长逝。治丧完毕,随校南迁,颠沛流离。次年秋随西南联大迁至昆明。1942年春出走香港,取道广州湾至桂林,先后任广西大学、中山大学教授,不久移居燕京大学任教。抗战胜利后,应聘牛津大学讲学。1949年因眼疾加重回国,再度任教清华园。同年来到广州,任教岭南大学。后院系调整,移教中山大学。新中国成立,当选中国科学院哲学社会科学部委员、中国文史馆副馆长、全国政协常委等职,并继续任中山大学教授。十年动乱期间遭到残酷折磨,身心备受摧残,珍藏多年的大量书籍、诗稿也被洗劫一空。1969年在广州含恨逝世。

陈寅恪

◎学贯中西

陈寅恪的父亲是清末"同光体"江西诗派的领袖陈三立,与谭嗣同、吴保初、丁惠康等人并称为"清末四公子";而祖父则是光绪年间维新时期力荐康梁,并参与变法的湖南巡抚陈宝箴。近代湘地多出革命家,应与陈宝箴等人开湖南之风气有关。陈寅恪的母亲是陈三立的继室,他的舅舅乃是南社著名诗人俞明震。无疑,在这样的世家环境里,陈寅恪养成了他高贵的品性。陈寅恪少时就读于南京家塾,还师从过湖南湘潭宿儒周大烈,因为家学渊源,且本人天赋聪颖,记忆力强,又很勤奋,他从小就能背诵四书五经,广泛

陈寅恪

阅读历史、哲学、文学典籍,打下了扎实的中国传统文化功底。

1902 年,陈寅恪跟随异母兄长陈衡恪(字师曾,民国初年著名艺术家,其诗文、书画、篆刻无一不精)从上海吴淞口出发,漂洋过海,到日本东京求学。这是他第一次睁开双眼看外面的世界,这年他仅 12 岁。两年后,他第二次赴日本,进入东京巢鸭弘文学院读高中。次年秋天因脚气病回国,旋插班考入上海吴淞复旦公学。1909 年他由复旦公学毕业,次年考取官费留学,赴德国柏林大学攻读语言文学;不久又转至瑞士苏黎世大学,继续攻读语言文学专业。1912 年陈寅恪归国,在上海家中自修。翌年他第四次游学,入法国巴黎高等政治学校社会经济部读书,1914 年回国。1918 年冬他得到江西官费资助,第五次远涉重洋,头 3 年进入美国哈佛大学随蓝曼教授学梵文和巴利文, 后 4 年转至德国柏林大学随路德施教授攻读东方古文字学,同时向缪勤学习中亚古文字,向黑尼士学习蒙古语。留学期间,他已具备阅读 8 种文字的能力。

由于国内时局动荡,官费常常停寄,而家中又无多余财力在经济上支持他,因此陈寅恪在国外的留学生活是十分艰苦的。据其三女陈美延回忆说:

"当时,我父亲的经济来源断绝,但父亲仍然坚持学习,他每天一早去买少量最便宜的面包,然后就到图书馆去度过一天。他还常常整日没有正式进餐。"

由于德国人不喜欢吃猪内脏,所以猪内脏的价格特别便宜。陈寅恪为了省

钱，每次去饭馆吃饭，总是要点最便宜的炒腰花。

还有一次，陈寅恪和表弟俞大维请赵元任夫妇去看歌剧。当他把他们送到剧院门口后，转身就要回去。赵元任感到非常奇怪，就问他为何不一同看歌剧？陈寅恪解释说："我们两人只有这点钱，不够再买自己的票了。若要自己也去看，就要好几天吃干面包了。"

陈寅恪在国外18年，专注于文史研究中最冷僻的然而也是很基础的语言文字之学，这是对于中国古代"小学"的扩展。中国古代的治学，有"大学"与"小学"之辨。所谓"大学"，是指经义之学，侧重于对儒家思想的发挥。而所谓"小学"，则包括音韵、文字、训诂3方面。这是学术研究中考据的基础。季羡林先生曾列出陈寅恪残存的其早年留学德国期间的64本学习笔记的清单，其中关于语言方面的计有藏文、蒙文、突厥文、回鹘文、吐火罗文、西夏文、满文、朝鲜文、法卢文、梵文、巴利文、印地文、俄文、希伯来文等多种。这里面有许多是已经死亡的文字，然而却是研究中古中亚细亚历史所必备的工具。陈寅恪仅仅为着满足他的学问欲而不厌其烦地学习，他在国际知名大学多年，却从未获得任何一个学位，他把"学者为己"的精义发挥殆尽。与那些出国留学只求混个硕士、博士头衔装点门面、欺世盗名的人相比，实在是高尚多了。

陈寅恪幼年负笈东洋，足迹遍及三大洲，文化信仰却始终不变。年轻的时候，他一身长袍马褂的打扮，绝不因身在国外就入乡随俗。要知道，他的祖父是因为支持变法图强而被清廷革职的，而且"永不叙用"。到1937年的时候，他的父亲更是出于对民族的热爱，对日寇的满腔仇恨而绝粒赴死。祖父、父亲的人格魅力，必定早已深深影响了他。而江西人的拗劲儿（同是江西人的王安石，是历史上有名的"拗相公"），也一定浸透到了他灵魂的深处。他在哈佛的时候，与吴宓、汤用彤是著名的"哈佛三杰"。后来他去了柏林，绝不涉足舞场烟花之地，与傅斯年一起，被戏称为"贾府门前的石狮子"。

当时正在哈佛执教的赵元任，受清华聘任即将回国，哈佛就提出让赵元任找人接替，并暗示"陈寅恪如何"。赵元任写信到柏林，陈寅恪回信说："我对波士顿的怀念，只有醉香楼的中国龙虾。"终于，在接到清华研究院国学门导师聘任书后，陈寅恪也回国执教，从此与清华结下不解之缘。

◎清华导师

陈寅恪来清华，是经了另一导师梁启超的举荐。传说当时的校长曹云祥对陈寅恪并不了解,听了梁启超的举荐,就问道:"他是哪一国的博士?"梁启超回答:"他不是博士,连硕士也不是。"曹云祥又问:"那他有哪些著作?"梁启超又说:"他也没有著作。"曹云祥就说:"既不是博士,也没有著作,那就难了。"梁启超很是生气,发怒道:"我梁某人也没有博士学位,著作可算等身了,但总共比不上陈先生的寥寥数百字有价值。"又说,"你不聘他,那好,既然你不请,就让他留在国外吧。"

接着,梁启超又向曹云祥详细介绍了陈寅恪在国外的求学和研究情况。他告诉曹云祥,其实柏林大学、巴黎大学的好几位知名教授都对陈寅恪非常推崇,哈佛大学也希望他去任教。曹云祥这才知道陈寅恪的来历非同一般,便急忙命人向他发出邀请。

这一说法流传甚广,但也有人怀疑其真实性。他们提出,当时陈寅恪仅在国内报上发了"寥寥数百字"的《与妹书》,无论如何是看不出他的实际学术水平来的。梁启超之所以要这样说,正是为了报答当年陈宝箴父子对他的知遇之恩。但不管怎样,梁启超为清华找到了极好的教授。1926 年 7 月,即清华研究院国学门开创 1 年以后,陈寅恪来清华报到。梁启超也一直很尊重他,经常谦虚地向人介绍说:"陈先生的学问胜过我。"

此外,时任清华研究院办公室主任的吴宓也是推荐者之一。吴宓和陈寅恪曾同在哈佛留学,两人是老相识。吴宓对陈寅恪非常推崇,认为他是"全中国最博学之人"。陈寅恪初到清华时,吴宓曾赋诗赠他。

> 经年瀛海盼音尘,握手犹思异国春。
>
> 独步羡君成绝学,低头愧我逐庸人。
>
> 冲天逸鹤依云表,堕溷残英怨水滨。
>
> 灿灿池荷开正好,名园合与寄吟身。

这首诗作,不仅道出了吴宓对陈寅恪的仰慕之情,更道出了他对陈寅恪在清华学术事业前程似锦的衷心祝愿。

当时清华《研究院章程》规定,教学方式分"普通演讲"与"专题研究"。"普通演讲"即课堂讲授,为国学基本知识课程,学生必修或选修,由各教授就个人专长而开课。"专题研究"是学生在教授指定的研究范围内,就自己的志趣及学力所近,自由选定研究课题,经与学校确定后,可定时向自己选定的授业导师请教。

1926 年 9 月,新学年开始,陈寅恪正式在清华国学研究院上课。他开出的普通演讲,有《西人之东方学之目录学》、《佛经翻译文学》等;而指导学员进行专题研究的范围有《年历学——包括中国古代闰朔、日月食等》、《古代志与外族有关系者之比较研究》、《摩尼教经典与回纥文译文之研究》、《佛教经典各种文学译文之比较研究》、《蒙古满洲之书籍及碑志与历史有关系者之研究》等。大家不得不钦佩陈寅恪渊博的学识及过人的治学眼光，他的研究在许多方面都是开拓性的。

不过，他的讲课效果并非很好。他的口音较重，内容生僻，又在旁征博引之际不时夹杂外语，过语言关对学生而言的确是一个畏途。以至于他晚年在中山大学历史系开课时，坚持下来听课的只剩下不到一半，倒是那些慕名而来的教授获益匪浅。上世纪40年代他在英国牛津大学讲学，能听懂他的演讲的只有伯希和、沙畹等少数几位知名汉学大师。于是，在清华园内就流传着对他的一个美称："教授之教授"。

但他在课堂上还是尽量做到了风趣幽默，侃侃而谈。他讲的都是自己的心得和卓见，因此内容并不完全相同，学生们对同一功课可以听上好几次。他的记忆力又极佳，从《连宫洞》、《琵琶行》到《长恨歌》，皆信口道出，甚至把史料、引文的出处，作者是谁，哪个版本，多少页等，都向学生交代得一清二楚，伴随而来的阐发甚是精当，令人佩服不已。

即使在清华这样一所相当欧化的学校，陈寅恪也不脱传统士人本色。1930年清华国学研究院停办以后，他被聘为中文、历史、哲学合聘教授。上世纪30年代的学生刊物中记载了对他的印象，称他是"相貌稀奇古怪的纯粹国货式的老先生"，说他冬天穿很厚的棉袍，拎着用布包着的书（蓝布包中文书、黄布包外文书，绝不相混），一高一低地走着。那个时候，吴宓只要有空，必去听他的课。他在清华最主要的消遣，就是跟着俞平伯到工字厅听唱昆曲。

也许因为陈寅恪从小就目睹了一个清贵世家衰微的过程，他在很年轻的时候就有了强烈的忧患意识及忧惧感。1919年春，吴宓在哈佛中国留学生会作《红楼梦新谈》的演说，这是中国最早的《红楼梦》比较文学研究。陈寅恪题词云：

> 等是阎浮梦里身，梦中谈梦倍酸辛。
>
> 青天碧海能留命，赤县黄车更有人。
>
> 世外文章归自媚，灯前啼笑已成尘。
>
> 春宵絮语知何意，付与劳生一怆神。

字里行间，透露出一种哀婉凄凉之情。这首诗中体现出来的精神，同王国维《红楼梦评论》的旨趣隐然相合。也许，这是他同王国维交谊深厚的内在原因之一吧。他曾跟王国维"寒夜话明昌"，共同的文化旨归把他们的心联系在了一起。

陈寅恪生在世家，故1927年王国维自沉以后，他作《王观堂先生挽词》，里面有"元佑党家惭陆子"之语。他晚年更有《寒柳堂纪梦》流传。以至于世人长期以来认为，他是一个"遗老遗少"型的人物。这也正是他的外表给人的印象。然而，实在的情形远不是这样简单。

早些年里,《王观堂先生挽词》的序言中有一些话被多处引用。引用者意在表明,陈寅恪最本真的东西,就是对传统文化及封建伦理观念的坚执。此说很多专家不敢苟同。在这篇序言里,陈寅恪说道:

"……凡一种文化,值其衰落之时,为此文化所化之人,必感苦痛。其表现此文化之程量愈宏,则其所受之苦痛亦愈甚。迨既达极深之度,殆非出于自杀无以求一己之心安而交尽也……"

序言中还说:

"夫纲纪本理想抽象之物,然不能不有所依托,以为具体表现之用。其所依托表现者,实为有形之社会制度,而经济制度尤其最要者。"

这简直说的就是"经济基础决定上层建筑"。看来,陈寅恪在上世纪50年代说"宣统三年在瑞士就读过《资本论》原文",应是实情。

在这里,我们还需要问的是,陈寅恪究竟是赞同王国维的主张,还是赞同他的文化理念? 当1929年清华为王国维树立纪念碑时,陈寅恪撰写了碑文,云:

"……士之读书治学,盖将以脱心志于俗谛之桎梏,真理因得以发扬。思想不自由,毋宁死耳。斯古今仁圣所同殉之精义,夫岂庸鄙之敢望?先生以一死见其独立自由之意志,非所论于一人之恩怨,一姓之兴亡。呜呼! 树兹石于讲舍,系哀思而不忘。表哲人之奇节,诉真宰之茫茫。来世不可知者也。先生之著述,或有时而不章,先生之学说,或有时而可商。唯此独立之精神,自由之思想,历千万祀,与天壤而同久,共三光而永光。"

两相对照,应该说,陈寅恪更关注的是"独立之精神,自由之思想"。他不见得认可王国维的政治主张,但认同他的文化理念。陈寅恪的《阅报戏作二绝》第一首云:

弦箭文章苦未休,权门奔走喘吴牛。

自由共道文人笔,最是文人不自由。

这首诗,传递了他早年的哀叹,也成了他一生最好的注脚。作为一个留学国外多年的现代知识分子,他接受了西方的自由理念,然而,在"莽莽神州浩劫深"(吴宓《辛亥感事诗》)的祖国,他却得不到自由。这样,对自由的执著追求同中国专制文化系统的冲突,就成为他悲剧人生的深层原因。

◎何患无辞

很多人知道陈寅恪,大概是在读到郭沫若的《李白与杜甫》之后。这部已远远

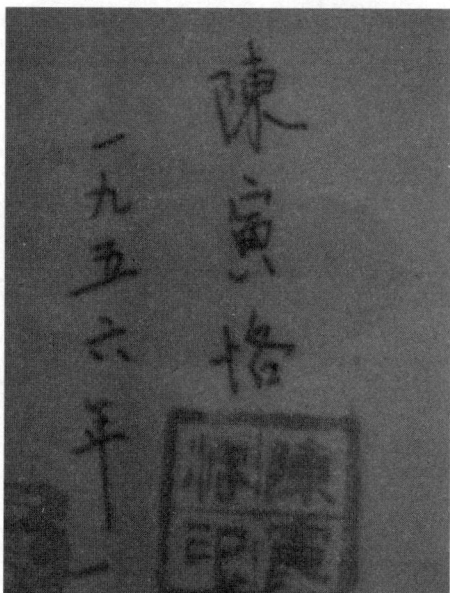

陈寅恪的字与印

陈寅恪(左)与王力(右)合影

超出学术著述范围的名作，多次毫不留情地批驳陈寅恪关于李白身世的观点。文中不止一次地出现"陈氏不加深考，以讹传讹"，"他的疏忽和武断，真是惊人"这样感性化的尖刻语言。

其实，郭沫若早在 1958 年写给北京大学历史系学生们的一封信中，就已经提到了对陈寅恪的态度。这封在《人民日报》刊发时定名为《关于厚今薄古问题》的通信，最后说：

"资产阶级的史学家只偏重史料，我们对这样的人不求全责备，只要他有一技之长，我们可以采用他的长处，但不希望他自满，不能把他作为不可企及的高峰。在实际上我们需要超过他。就如我们今天在钢铁生产等方面 15 年要超过英国一样，在史学研究方面，我们在不太长的时间内，就在资料占有上也要超过陈寅恪。这话我就当陈寅恪的面也可以说。'当仁不让于师'陈寅恪办得到的，我们掌握了马列主义的人为什么还办不到？我才不相信。一切权威，我们都必须努力超过他！"

郭沫若的话，很能代表当局对陈寅恪的态度。尽管当时对于中国绝大多数人而言，都不知陈寅恪为何许人也，但对于研治文史的学者则完全不同。陈寅恪已经成为文史两行的高峰，成为当时各大院校文史研究者终身企慕的榜样。郭沫若是史学权威，但他的话中很明显流露出一种"陈寅恪情结"。大概令他难以接受却不得不正视的，正是陈寅恪在史料掌握上的丰富程度。等到历次政治运动起来的时候,对陈寅恪的批判主要集中在他所谓的"唯心主义历史观"及"为史料而史料"的学术态度上。

但事实情况是,陈寅恪在研究唐代政治史、武则天等问题时,早就开始在用唯物的思想作分析。直到1988年5月,广东中山大举行"纪念陈寅恪教授国际学术讨论会",才有季羡林先生这样说道:

"近来我有些偏见,对理论毫不感兴趣,因为碰钉子太多了……我不是否定马克思主义,我是否定教条的马克思主义。现在的理论太多了,如果搞一点考据有人则瞧不起你。陈先生从未标榜自己是马克思主义者,但在会上的报告中间,占一半的先生认为陈先生有朴素的唯物主义、朴素的辩证法,这就与马克思主义有相通之处,这可能高了,但我说不出高在哪里。世界学术史上,不管社会科学、人文科学还是自然科学,一个学者如果是实事求是的,有良心的,他就必然是唯物主义者。一个标榜自己是马克思主义者,他可能是马克思主义者,也可能不是;他不标榜自己是马克思主义者,但可能是唯物主义者。我们总讲陈先生实事求是,实事求是就是唯物主义。"

然而,今天得出的这个看似再简单不过的结论,在以前就显得扑朔迷离。当人们的一切思路均跟着政治的方向转时,任何的对于理想的执著坚持,均可能为坚持者带来死亡的威胁。陈寅恪在他传奇的一生中固执地坚持文化操守,以他崇高的人格向世人庄严宣告他从未"曲学阿世",他永远是真理的捍卫者。

◎兀兀余生

命运对待这位绝世奇才太不公平了。上世纪30年代末,他的视网膜已经严重驳离,他想赴英国就医,但因欧战爆发,未能成行,一直等到1945年他接受牛津大学的邀请赴英。虽经过两次手术,但耽搁太久,终未能治好。晚年的陈寅恪只能依靠助手来查阅资料,记录他口述的文字,以完成他的著作。在这个时候,他长年坚持的"独立之精神,自由之思想",给予了他无穷的力量。

1949年以后,陈寅恪已受聘于广东岭南大学任教。此前他一直颠沛漂泊。1952年中国高校院系大调整,岭南大学和别的几所大学合并入中山大学。在这个他的诗里称作"炎方"的地方,陈寅恪最后完成了《论〈再生缘〉》、《柳如是别传》等几个大部头著作。此外,从1949年到1952年,陈寅恪还在《岭南学报》、《南国》等学术刊物上发表13篇学术论文。他一生有一半著作写于生命中最困难的时期。

新中国成立以后的知识分子,一直面临着被改造的问题。陈寅恪当然不可避免地成为重点对象。在那个人妖颠倒的时代,尽管陈毅、陶铸都曾力图保护他,然而厄运终于降临到陈寅恪的身上。他长期遭到残酷折磨,身心备受摧残,珍藏多年的大量书籍、诗稿也被洗劫一空。1969年10月7日,他不堪屈辱,终于撒手人寰。仅仅过去1个月,与他相濡以沫、半世相随的妻子唐筼也随之而去。

然而,即使是在生命的最后一段历程,陈寅恪亦未忘关注国运。1959年,中国与印度发生边界争端,关系开始恶化。时任印度总理尼赫鲁在决定使用武力之前,专门组织了一个包括历史、外交、神话、宗教方面的权威学者在内的写作小组,以信函的形式,从历史与地理沿革的角度,向中国政府提出领土方面的要求。当中国中央政府派人征询陈寅恪的意见时,他迅速提供了有关清朝官员的日记、奏议等详实而确凿的史料线索,以驳斥印方观点。

但具有讽刺意味的是,到了1960年,陈寅恪"反右倾"时被内定的"中右"成分仍然保持。1963年,广东省委准备在陈寅恪身上体现其落实知识分子的政策。而中山大学历史系的策划者,却仍将其归入"敌我矛盾"边缘那一类"危险"的人物之列。民间传说,陈寅恪在临终前,校方最后一次派人上门查看。陈寅恪断断续续地表达了两个观点,一是珍宝岛从来就是中国的领土,二是承认自己是"资产阶级反动学术权威"。历史总是在荒谬中完成它的运作。

今天,当我们穿越时空的隧道,拨开历史的迷雾,再次阅读陈寅恪的著作时,他的音容笑貌愈发鲜明。他鲜活的思想、独立自由的意志,将激励着一代又一代的学人,为了真理而前进。

(徐晋如)

杨振声

"处处占风气之先"

　　杨振声(1890－1956)，字今甫，亦作金甫，笔名希声，山东蓬莱水城村人。现代著名教育家、作家。1915年考入北京大学国文系。1918年与进步同学组织"新潮社"，创办《新潮》杂志，任编辑部书记。翌年参加五四运动。同年赴美国哥伦比亚大学留学，获博士学位，后入哈佛大学攻读教育心理学。1924年回国，历任武昌大学、北京大学、燕京大学、中山大学教授，清华大学教务长、文学院院长兼中文系教授。1930年任国立青岛大学校长。任职期间，民主办学，广罗人才，结合中国历史传统和实际情况，吸收国外先进经验，一时间学者名流云集，人才济济，灿若群星，迎来该校第一个黄金时代。他不辞劳苦，亲自开设"小说作法"课。1933年受教育部委托，主编《高小实验国语教科书》和《中学国文教科书》；与沈从文合作编辑天津《大公报》文艺副刊。1938年任西南联大常委兼秘书长，后任西南联大叙永分校主任。1946年负责北大北迁筹备工作；与沈从文、冯至合作编辑《现代文录》，主编《经世日报》文艺周刊。新中国成立后仍在北大任教，兼任北京市文联创作部部长。1952年调任长春东北人民大学中文系教授兼中国文学史教研室主任。1956年病逝于北京。杨振声唯一的遗嘱是将其全部藏

杨振声

书(2379 册)捐给吉林大学图书馆。他一生勤于创作著述,"处处占风气之先",够得上是一位人物。

◎"新潮社"骨干

杨振声考入北京大学中国文学系后不久,即与傅斯年、罗家伦、毛子水等人相识。1918 年秋,几位同人凑在一起,拟筹组"新潮社"。10 月 13 日举行第一次筹备会议,讨论会刊定名为《新潮》,其性质即实行"以现代人的语言,来表达现代人的思想,所以全部用语体文而不登载文言文"(罗家伦语)。傅斯年为了反讽的原因,写了一篇文言文来作《新潮》的发刊词,大概也有向人昭示自己并非不能文言的意思。11 月 19 日,杨振声参加第二次筹备会议,当选为第一任编辑部书记。

1919 年 1 月 1 日,《新潮》月刊正式出版,成为继《新青年》之后,公开主张文学革命的第二个刊物。这一期杨振声没有参与编辑,不过他在第一卷第三号上发表小说《渔家》、第一卷第四号上发表小说《一个兵的家》,已经显露出自己在小说创作上的才华。

5 月 3 日晚,杨振声来到北大三院大礼堂,参加首都各校代表大会。这次大会决定,4 日上午在天安门召开大会。第二天,伟大的五四运动爆发了。杨振声兴奋地上街游行示威,并与许德珩等人一道,火烧赵家楼,被军警逮捕。与杨振声一同被捕的,还有 30 余名学生。

杨振声被释后,5 月中旬任学生联合会代表,同其他 3 人一起到警察总署交涉,要求京师警察总监吴炳湘归还扣留学生印发的报纸,结果又被囚禁了一星期。

五四爱国运动取得了极大成功,杨振声及新潮社诸同人均成了一时俊彦。那个时候,五四运动的老人——陈独秀、鲁迅、胡适等,均不把他们当学生看,而引之为同辈人。

同年,杨振声以优异成绩考取留美官费,与冯友兰等人一同赴美。1920 年春,入哥伦比亚大学攻读心理学与教育学。7 月 19 号给胡适写信说:

"哥大心理学尚好。声现学生理学与教育生理学,将来再学儿童心理学、成人心理学、社会心理学与教育心理学等。唯对于物理、生理、算学等的根本智识,苦不充足。不从根本下手,终是自己敷衍自己也。"

他是这样想的,也是这样认真去做的。1923 年获得哥伦比亚大学博士学位以后,又入哈佛大学深造教育心理学,次年夏天归国。

杨振声故居

◎《玉君》及其他

在杨振声创作的文学作品中,最有名的便是中篇小说《玉君》。1924年杨振声学成回国,任武昌大学教授。他在武汉致书胡适,谈到创作这篇小说的情况:

"我这里病蚕抽丝似的想抽成这本没长进的小说。好在已自己抽到三分之一了,若不至中途丝断,下月初或可抽完。"

1925年初又给胡适去信,谈《玉君》的修改情况:

"教悉。关于《玉君》的批评,十分启发,感谢不尽。末章决计如教修改。张妈与赵大娘的会话也删去。其中先生代改名字,亦于此致谢。《玉君》写到后面,便时常想到速速了结,以便预备下学年教书吃饭的问题,所以就不免草率了。"

然而实际上,他对待作品的严谨程度是惊人的。该年2月,现代社出版《玉君》,列为"现代文艺丛书"第一种,封面全白,蓝篆"玉君"两字,旁署"作者杨振声",围以长框,纹如古砖。(后朴社再版,列为"现代丛书"之一,以毛边道林纸印,篆文题签,封面上绘武士骑骆驼,胁下挟一美女,弄得很像《天方夜谭》。)

卷首《自序》最后一段说:

"先谢了邓叔存先生,为了他的批评,我改了第一遍。再谢谢陈通伯先生,为了他的批评,我改了第二遍。最后再谢谢胡适之先生,为了他的批评,我改了第三遍。"

文中提到的邓叔存即邓以蛰,陈通伯即陈源,均当时文坛著名人物。

事实上,此作后来在朴社本再版时,正文改动仍随处可见,可以说是做了第四次修改。

《玉君》这部小说，在西方现代小说与中国古典小说之间找到了很合适的度。对于那个时代敏感而忧伤的青年来说，是独具魅力的。

1926 年"三一八"惨案之后，杨振声又在《现代评论》杂志第三卷第六十八期上发表小说《阿兰的母亲》。4 月 1 日徐志摩主编《晨报副刊·诗刊》，杨振声与朱湘等均参与此事。

在《晨报副刊》上，杨振声发表《中国语言与中国戏剧》一文，文中指出汉语音节的特点使得中国语言最为美听，专一朝着曼声歌唱的方向发展。他认为，中国戏剧最适宜的还是歌剧。这篇文章后被余上沅编入《国剧运动》一书中，列入"新月丛书"之一。

◎策划改革

旧中国高教界有一句话很流行，就是"北大大，清华清"。"北大大"，是说北大兼容并包，什么思想都有；"清华清"，则是说清华的教授不问政治，埋起头做学问。1927 年，随着北伐军的节节胜利，清华当局是最恐慌的。因为北伐军高唱着"打倒列强，除军阀"的歌向北挺进，而清华是美国退还庚款创办，又是国内著名的留美预备学校，校内纷纷谣传国民政府将解散清华。或者即使不解散，整个北平教育界也将为北大人所把持。后来罗家伦接管清华，局势才平静下来。

罗家伦掌校以后，还带来了杨振声与冯友兰等人。杨振声担任教务长、文学院院长兼中文系教授。他觉得，清华的教学方式很不符合中国国情。就像蒋廷黻所说的，中文系的杨树达先生是《前汉书》《后汉书》的专家，他能分辨各种版本及注释的真伪、年代，但要问他汉朝四百年发生了哪些事，就讲不出来。因此文学院需要改革。他同朱自清有较多的接触，一同策划中文系的改革。经过学科调整以后，清华国文系同其他大学最不同的一点，就是他们注重新旧文学的贯通与中外文学的融合。

但是，罗家伦来清华推行的是党化教育，把党义课列为必修，还要求学生每天必须出操，一年级学生且更要军训。这些都同清华的自由风气不合。当时沈有鼎正在清华读书，老也不去出操，眼看就要被开除。张岱年本来已考上清华，但听说清华有出操及军训，马上退学入北师大，直到毕业后才来清华任冯友兰助教。罗家伦迫于形势，只好取消了出操制度。

当时，清华早期的教务长张彭春来清华作了讲演。他说，本来我是不想来的，可是你们教务长一身武装，我一看，吓坏了，不敢来。底下的学生笑成一团，弄得杨振声很是尴尬。

罗家伦的党化教育，同清华所奉行的独立之精神、自由之思想也是相悖的，更不符合清华"教授治校"的传统，因此不久他就离开了清华。杨振声也于不久离开。

◎青岛大学"饮中八仙"

1929 年 6 月 13 日，教育部部长蒋梦麟聘蔡元培、傅斯年、杨振声、何思源等 9 人为国立青岛大学筹备委员会委员，由何思源任主任，至青岛参加筹备委员会会议。翌年 4 月，杨振声正式出任国立青岛大学校长，延请闻一多为文学院院长兼中文系主任，又聘梁实秋等人为教授。教课余暇，杨振声、闻一多、梁实秋等 8 人常在酒店聚饮，号称"饮中八仙"。

不久，青岛大学发生了一起绝大风波，斗争的矛头直指闻一多、梁实秋。事情起缘是这样的。九一八事变以后，举国惶惶，平津学生罢课南下请愿。青岛大学亦深受影响，有多名学生罢课，不参加考试。闻一多坚决主张开除这些学生。而一般学生遭"左派"势力煽动，一齐向学校当局要求解聘闻一多、梁实秋，说学校不应由"流派"(此指新月派)把持。

一些学生还作了打油诗讽刺闻一多："闻一多，闻一多，你一个月拿四百多。一堂课四十五分钟，经得住你呵几呵。"还在黑板上画了一只乌龟与一只兔子，旁写：闻一多与梁实秋。

这件事的背后，有党派在支撑。为维护教育的独立，杨振声等人愤然辞职。不但闻一多去了清华，杨振声也重新回清华任教。

◎杨振声的文艺观

1935 年，鲁迅先生在《中国新文学大系·小说二集》"导言"里说：

"(汪敬熙、罗家伦、杨振声、俞平伯等)他们每作一篇，都是'有所为'而发，是在用改革社会的器械——虽然也没有设定终极的目标……杨振声是极要写民间疾苦的……杨振声的文笔，却比《渔家》更加生发起来，但恰与先前的战友汪敬熙站成对蹠；他'要忠实的主观'，要用人工来制造理想人物。而且凭自己的理想还怕不够，又请教过几个朋友，删改了几回，这才完成一本中篇小说《玉君》。那自序道——若有人问玉君是真的，我的回答是没有一个小说家说实话的。说实话的是历史家，说假话的才是小说家。历史家用的是记忆力，小说家用的是想象力。历史家取的是科学态度,要忠实于客观;小说家取的是艺术态度,要忠实于主观。一言以蔽之,小说家也如艺术家,想把天然艺术化,就是要以他的理想与意志去补天然的缺陷,他先决定了'想把天然艺术化',唯一的方法是'说假话','说假话的才是小说家'。于是依照了这定律,并且博采众议,将《玉君》创造出来了。然而这是一定的:不过一个傀儡,她的降生也就是死亡。我们此后也不再见这位作家的创作。"

在这里,鲁迅深刻剖析了杨振声的文艺观。不过末了说"此后也不再见这位作家的创作",却不符合事实。1932年11月,杨振声又发表了小说《抢亲》。1934年1月,又在《大公报》文艺副刊发表小说《报复》。这期间,尽管小说创作较写《玉君》时为少,然而评论、杂感的文字却多了起来。

◎决意留在大陆

上世纪30年代,杨振声特别关注教育,因为他本身就处在教育领导的核心。受国防会议之托,他与朱自清、沈从文协作,在北平主编《高小实验国语教科书》和《中学国文教科书》;自己还曾亲自到北平师范大学实验小学执教。1937年7月2日,在《大公报》发表《各县裁局改科后教育行政所受的影响与可能的补救》。

国民政府对杨振声很是倚重。此年7月7日抗日战争爆发,29日北平失守,清华师生随即迁入城内。8月,杨振声与梅贻琦、叶公超、张奚若等人同车南下,抵南京后,任教育部代表,与北京大学校长蒋梦麟、清华大学校长梅贻琦、南开大学校长张伯苓等组成长沙临时大学筹备委员会,任筹备委员兼秘书主任。以后在长沙临大、西南联大时期,他均担任重要领导职务。

杨振声曾是五四运动中北京大学的学生领袖,五四风云人物,他半生投身教育,至老仍有"火气"。1947年,他与沈从文、俞平伯等人署名发表《北京大学教授宣言》,登在进步刊物《观察》第二卷第十四期上,认为:"青年学生所呐喊的'反内战、反饥饿',正是代表全国人民一致的呼声,我们应该同情。"翌年6月,他们与北平各院校教授朱光潜、俞平伯、冯至、钱伟长等103人发表《抗议轰炸开封宣言》,呼吁停止破坏文化机关及轰炸古城,万勿"置民族生存及文化前途于不顾"。

1949年以后,杨振声拒绝了国民党飞机的接飞,而留教北大。当年5月4日,他在《进步日报》发表《我整在时代的后面》,在《人民日报》发表《五四与新文学》,对比今昔,为新中国的新气象欢欣鼓舞。

1952年全国高校院系调整,杨振声被调往东北吉林大学。1956年因病逝世。1987年,人民文学出版社出版了《杨振声选集》。　　　　　　　　（徐晋如）

赵元任

语言学与音乐学双料大师

赵元任(1892—1982),字宣仲,号重远,出生于天津,祖籍江苏武进(今常州)。中国现代语言学奠基人,中国现代音乐学先驱。赵宋皇室后裔,六世祖是清代学者赵翼,父亲赵衡年中过举人。1907年入南京江南高等学堂预科,成绩优异,英语、德语都学得很好。1909年考取清华留美官费生,到康乃尔大学主修数学,选修物理、音乐,1914年获学士学位。翌年入哈佛大学主修哲学并继续选修音乐,1918年获博士学位。次年回康乃尔物理系任教。1920年回国在清华学校讲授物理、数学和心理学。同年冬为英国哲学家罗素来华讲学担任翻译。1921年到美国,任哈佛讲师。1925年回清华教授数学、物理学、中国音韵学、普通语言学、中国现代方言、中国乐谱乐调和西洋音乐欣赏等课程。1929年任中央研究院语言研究所研究员。1938至1939年教学于美国夏威夷大学。1938至1941年教学于耶鲁大学。之后又回哈佛任教,并参加哈佛－燕京字典的编辑工作。其间加入美国国籍。从1947年到1962年任加州大学伯克利分校教授。1945年当选为美国语言学学会主席。1959年到台湾大学讲学。1960年当选为美国东方学会

赵元任

主席。1973年回国探亲，受到周恩来接见。1981年再次回国探亲，受到邓小平接见，并接受北京大学名誉教授称号。翌年逝世于美国马萨诸塞州坎布里奇。

◎教我如何不想"他"

赵元任的语言天赋极高，他晚年回忆说："我有录音机的耳朵，年轻时调查方言，调查哪儿的话就学哪儿的话，学哪儿的话就像哪儿的话。"据说，他掌握的中国方言至少有30多种。他夫人杨步伟也是语言天才，能说好几种方言。他们婚后就曾约定，每个礼拜说一种不同的方言。

赵元任

1920年，罗素和杜威先后到中国访问讲学，都是由赵元任做的翻译。据说他陪同罗素周游全国时，每到一地，就用当地的方言翻译罗素的讲演。他们在去湖南长沙演讲时，赵元任就在途中向同船的当地人了解了一下当地的语音特点。罗素演讲结束后，就有人上前问赵元任是湖南哪个县的。

赵元任的外语水平也是很高的。1946年，联合国教科文组织第一次大会在法国巴黎召开，赵元任是中国代表团首席代表。开幕式上，他就用法语作了学术报告。赵元任的外语与一般人学得不一样，他连当地的俚语、地方口音都学得惟妙惟肖。会后，他同当地人用巴黎口音的法语聊天，别人都把他当做土生土长的巴黎人。

当然，赵元任先生之所以能获得这样杰出的成就，绝不能仅归结于他的天赋。大师之所以为大师，是因为他们不但在某一学术领域有精深的造诣，还拥有广博的学术背景，这才使他们能用高于常人的眼光从事研究，否则便只能是个专家而已。有人曾说赵元任先生是"融会古今，贯通中西，横跨文理，精通音乐"，这话真是一点也不夸张。赵元任出生于世家。他的六世祖就是清代著名学者赵翼（字瓯北），著有《廿二史札记》，其最为人所传诵的诗句是"江山代有才人出，各领风骚数百年"。家学渊源，其国学功底自不用多说。

赵元任17岁考取清华官费留美生，名列第二。而与他一起考取的胡适大师，只名列第五十五。在康乃尔大学，他主修的是数学，同时还兼修了物理学、哲学、音乐等多门课程。据说,他在康乃尔各科的平均成绩,是该校有史以来最好的,至今仍无人打破这个记录。他在哈佛读研究生时,专业又是哲学,同时选修了语言学、音乐等多门课程。哈佛哲学系教授霍金是赵元任考博士论文的主席,他非常希望赵元任留在哈佛,后来还对赵元任夫人说:"步伟,你知不知道,元任是我所知道的人当中研究哲学最有希望的。"

此后赵元任又游学欧洲,受到多种学术流派的影响,视野宽广不局于一隅,这对治学是很有益处的。他同美国描写语言学派的代表人物如布龙菲尔德、萨丕尔、霍凯特等人也多有交往。而国内文化学术名家如胡适、陈寅恪、傅斯年、钱玄同、刘半农等,与他关系都极为密切。同他们交往促使赵元任对中外学术都有了深刻的领会,并将它们很好地融合。在进行语音实验研究时,赵元任使用了当时最先进的声学仪器,这显然得益于他良好的数理修养。而文理兼通的知识结构,使他能及时汲取当代自然科学理论营养,形成新的思维方式。所以,天赋加上雄厚的学术底蕴,造就了赵元任这位语言学大师。

赵元任先生在语言学上取得了如此巨大的成就,在国际上也享有极高的声誉。但他一向对名利很不在乎,尤其是对行政性的工作更是了无兴趣。1925年赵元任刚从欧洲回国,杨杏佛就去请他出任东南大学(即以后的中央大学)校长,他坚辞不就。1927年北伐过后,当时的大学院又几次要求赵元任出任清华大学校长,他也没同意。之后中央研究院成立,蔡元培先生任院长,又请赵元任作历史语言所所长。他却举荐傅斯年,说:"孟真(傅斯年)比我办事、学问都高。"自己实在推辞不下,才当了语言组主任。1932年清华发生了一些风潮,有人再提议由赵元任当校长。他又一次推辞,并推举梅贻琦出任。

虽然如此,所谓"才高遭忌",再加上赵元任夫妇又是心直口快的人,自然使一些人暗中嫉恨。1937年抗战爆发后,许多大专院校、学术机关纷纷向后方撤退。这本应该是同心协力的时候,但有些人竟屡屡与他们起一些摩擦,并迁怒到赵元任所带领的语言组。等到了云南以后,为顾全大局,赵元任一家只得离开了中国。他们本来只打算离开几年,所以到了哈佛,赵元任也长期不肯接受教授的称号。但没想到因为种种原因,这一去就是几十年。

在前往美国的船上,同船的中国学生恭请赵元任唱一下他的名作《教我如何不想他》。赵元任却唱了自己作曲的另一首歌,其中有几句词是:"我美丽亲爱的故乡丢在脑后,怕回头,怕回头,一阵大风,雪浪上船头。飕飕,飕飕,吹散一天云雾一天愁。"一唱完,他就一言不发地回自己房间去了。

他们到达美国之后,还时刻关注着祖国。他们家几乎成了中国留学生的活动中心。赵元任还参与主持了"哈佛大学陆军专科训练班"，赵夫人也组织并参加对中国的赈灾活动。

"二战"结束后，赵元任正准备回国。国民党政府原本安排胡适任北京大学校长，梅贻琦任清华大学校长，并电请赵元任回国出任中央大学校长。但他实在不愿担任行政工作，就接受了加州大学的邀请前去任教，其间正式加入美国国籍，也便错过了这次回国的机会。此后就是长久的等待。直到1973年，他才得以回国探望一下亲友。1981年，北大授予他名誉教授的称号。此时，他已经是快90岁高龄的老人了。第二年，赵元任先生病逝于美国马萨诸塞州坎布里奇剑桥医院。

◎语言学与音乐学上的卓越贡献

赵元任是实践和理论并重的语言学家，在中国语言学诸多领域中都取得了巨大的成绩。他长期致力于民族共同语的规范、普及和推广工作，并对此作出了杰出的贡献。1920年他参加"国语统一筹备会"。1922年他又和商务印书馆合作出版《国语留声片课本》。自1923年起连续发表《国语罗马字的研究》等一系列探讨汉语拼音化的文章，并积极参与"国语罗马字拼音研究委员会"的工作。以他为主制定的国语罗马字，后来被定为"注音字母第二式"。这是一套比较成熟的拼音方案，对文字体系的完整性和汉语本身的特点都做了考虑，从理论到技术上都较以前的拼音方案有了改进。现在我们使用的汉语拼音方案，在很大程度上就是借鉴于它。

1935年，赵元任参加"国语推行委员会"。同年又出版《新国语留声片课本》。它和《国语留声片课本》代表了1949年以前国语推行的两个阶段，是当时在全国影响相当大的国语普及课本。

据说，有一次赵元任与夫人刚从欧洲回国时，途经香港，两人一起下船闲逛。在一家鞋铺里，赵夫人看中了一种白皮鞋，想一样的买两双。结果，卖鞋的国语很不好，又不明白她干吗要买两双一样的，就没搞懂。赵元任再三与他解释，他还是不明白，反而说赵元任的国语水平太差，并建议赵元任去买一套《国语留声片课本》学学。赵元任就问他买哪种课本比较合适。他告诉说，应该买赵元任的。

还有一次是在抗战爆发后，赵元任带领中央研究院历史语言所向云南撤退。到了广西，联系不到汽车，就去找省主席。那位省主席一见赵元任就说："赵先生，我天天办公前总和你谈谈天才去公事房。"说着，就请赵元任去他的休息室里看看。赵元任听了那话就已经莫名其妙，这下更是惊讶，以为有什么机密要商谈。结果到了那儿一看,不觉大笑起来。原来,在他床前摆了一套国语留声片,其中一张还在机器上转呢! 要车的事也就很快谈妥了。赵元任这两套教材的影响,由此也可见一斑了。

赵元任对汉语方言学研究有开创性的功绩。1928 年他的《现代吴语研究》出版,这是中国第一部用现代语言学方法通过实地调查写成的汉语方言学专著,是中国方言学开创性著作。在方言学理论调查和研究方法及记录方式等各方面,都是现代汉语方言学的典范。他亲自到苏南、浙江 33 个方言点进行调查,用国际音标详细记录其元音、辅音情况,并用音乐符号在五线谱上记录声调的音高变化。为进行方言调查,他根据《切韵》音系和现代方言的对应关系,制定了吴语单字表、声调例字表、连读变调的两字表和三字表以及常用词和语助词表。在他的方言调查表格基础上修订而成的《方言调查字表》沿用至今。1930 年,他在《语音学教师》上发表了《一种声调字母体系》,这就是现在普遍使用的“五度标调法”。1933 年又发表了《中国字调和语调》,详细阐述了有关调类调值的理论以及调查研究方言的具体方法。1939 年又发表了《钟祥方言记》,体例比以前更加完备。

他还组织并领导了对湖北、湖南全省方言的调查。在调查方言的过程中,不但运用了现代语言学的理论方法,而且使用了当时世界上最先进的实验仪器,使中国方言学一开始就达到了国际先进水平。其调查的理论方法至今仍有很大影响。可以说,现代汉语方言学是在他的影响下成长、发展起来的。

赵元任先生在汉语语法学和理论语言学等方面贡献极大,是结构主义汉语语法的开创者和奠基者。他在 1934 年发表的《音位标音的多能性》,阐述从语音材料归纳音位系统存在多种选择,答案不是唯一的。该文在国际上产生了巨大的影响,被列为结构主义语言学的经典之作。他的《国语入门》(1948 年)、《中国话的文法》(1968 年),在理论、方法、体系方面奠定了结构主义汉语语法的基础。这一语法体系,自上世纪 50 年代后期开始在国内居主流地位。从那时至今,国内影响最大的语法著作,如丁声树的《现代汉语语法讲话》、朱德熙的《语法讲义》以及80 年代的《中学教学语法系统提要》等,都采用了该体系。

从上世纪 40 年代起,赵元任运用结构主义描写语言学理论方法研究汉语语法,尝试建立起一个崭新的语法体系。当时出版的《国语入门》,是中国第一部尝试运用结构主义语言学方法研究汉语语法的著作。他确定汉语语法单位是语素、词、短语、句子。根据语法功能,即运用分布分析法来划定各级语法单位的类别。用直接成分分析法分析句子,用话题、说明来解释汉语句子的主语、谓语,用位置前后来规定主语、宾语。这些对以后的汉语语法研究产生了深远影响。

赵元任在上世纪 60 年代出版的《中国话的文法》，根据句法功能区分词类，为每一词类下了比较严格的定义，使每类词都有明确的形式化标记。这种做法使划分词类简单明了，有很强的可操作性，比以前的汉语语法著作有很大进步。在具体分类时，对量词、助动词、介词等封闭性的词类，尽可能穷尽地列举其成员，描写它们的功能和用法。这种方法很有创见，避免了一般结构主义语法容易犯的"循环论证"的问题。尤其是对语助词的分析，观察细致入微，描写准确周到，是人们一直称道的部分。这部书方法谨严、系统分明，以直接成分分析法作为研究语法的主要方法，是典型的结构主义语言学著作。但作者持论通达，从不拿事实迁就理论。他说："在语言现象中寻找系统性和对称性，在方法上是可取的，只要不走得太远。"所以至今仍是国内外引用最多的汉语语法著作。

另外，赵元任在上世纪 50 年代出版的《语言问题》，是系统讲述语言学及与语言学相关问题的演讲记录，先后被译为法、西、葡、日等多国语言。明达的见解，精辟的议论层见于其中，绝少偏颇的主张，是理想的语言学入门书籍。

国际中国语言学会会长、加州大学教授王士元先生评价赵元任说：

"他的研究贯通了中国传统学问和国际语言学理论，丰富了中国语言学的各个传统领域，连接了不同学科，并开辟了众多的新天地，作出了跨时代的有国际影响的贡献。"

国学大师罗常培先生评价赵元任说：

"科学的中国语言研究，可以说由他才奠定了基石，因此年轻一辈都管他叫'中国语言学之父'。"

赵元任也是我国近现代音乐学的先驱，在中国近代音乐史上占据着重要的地位。由于他父母都是昆曲名票，自幼就受到良好的音乐环境的熏陶。在就读康乃尔和哈佛期间，他又选修了正规的和声、对位、作曲等课程，并发表过创作的歌曲。到了清华，他曾开过西洋音乐欣赏课。调到中央研究院后，还到当时的北平女子大学音乐系兼课。在夏威夷大学时，他也教过中国音乐课程。可以说，他一生都未中断过对音乐的钻研。

赵元任经常一个人躲在屋子里埋头作曲，作品众多。他曾为刘复(半农)、胡适、徐志摩等人的新诗配乐；后来还为陶行知、陈礼江、马祖武等的教育歌曲、儿童歌曲谱过曲。尤其是刘半农作词、赵元任作曲的《教我如何不想他》，更是当时的名曲，至今仍被传唱。在上世纪 30 年代的时候，赵元任还亲自到著名的百代公司演唱了这首歌曲，并灌制成唱片。而东北大学、云南大学、厦门大学、晓庄师范、台湾大学等几所学校的校歌，也是由他作的曲，清华大学的校歌则是由他编合唱。

赵元任的乐感是极好的,这大概和他的语言天赋是联系在一起的。据说有一次他去杭州游玩,到了一个寺庙,见里面有大大小小许多木鱼。赵元任便信手敲了起来,略辨一下音高,竟然就奏出一首曲子来。他还曾发起组织"琴韵歌声会"。罗常培评论赵元任说:

"五四运动并不曾影响音乐。直到赵元任、陈田鹤等才开始用新型歌曲来唱新诗……赵元任作曲技巧可以与后来的黄自媲美。其作品带有很浓厚的中国风格,并且善于运用民谣体。在思想感情上,他也比以前的作曲家更接近现实生活。"

(凌 锋)

张申府

别样的风采

张申府(1893—1986),本名张崧年,字申甫,河北献县人。著名哲学家、革命先驱、民主人士。1913年考入北京大学预科,次年转入哲学门,不久改投数学门。1917年毕业,留校任数学助教。在陈独秀、李大钊领导的新文化运动影响下,对哲学发生浓厚兴趣,改教逻辑,研究哲学。经常在《新青年》发表文章。1918年11月,与李大钊等人创办《每周评论》,并任该刊和《新青年》编委。1919年积极参加五四运动。7月加入少年中国学会,并任《少年中国》编辑。不久又加入北京工读互助团。次年与李大钊等人筹建北京共产主义组织,成为中共3个主要创始人之一。1931年任清华大学哲学系教授。同年九一八事变后,利用讲坛宣传爱国主义,投身抗日斗争,并参加一二·九运动。1936年被清华解聘。抗战时期在武汉、重庆等地从事抗日民主活动,任中国民盟常委兼华北总支部负责人等职。1946年代表民盟参加旧政协。在国民党撕毁旧政协决议后,拒绝参加其"国民大会"。新中国成立后,长期任北京图书馆研究员。1957年被错划为右派分子。1978年平反。

张申府

张申府(左一)与周恩来(左二)、刘清扬(左三)合影

◎投身革命洪流

1913 年,张申府以优异成绩考入北京大学预科,次年转入哲学门,不久又改投数学门。1917 年毕业后,留校任数学助教。

其时,新文化运动之势如火如荼。就整体的思想史领域而言,新文化运动实则是一场"西化"的运动,其最深层的目的是追求理性。一时之间,西方哲学著作风靡整个知识阶层。正是在这样的背景之下,张申府的兴趣转向哲学方面。于是,他改教逻辑学,同时研究哲学。到上世纪 20 年代初,他便已因介绍英国哲学家罗素及其哲学思想而闻名学界。

北大的精神是常为常新的。张申府因结识陈独秀、李大钊等人而积极投身新文化运动。1918 年与李大钊一起,创办进步刊物《每周评论》,并任该刊及《新青年》编委,经常在两刊物上发表文章。翌年 7 月,加入王光祈、李大钊发起组织的文化统一战线团体——少年中国学会,并任《少年中国》杂志编辑。旋又与李大钊、陈独秀一起,加入北京工读互助团。五四时期,张申府真可谓是叱咤风云,名震寰宇。

1920 年初,张申府参与中国共产党的建党活动,与李大钊等人筹建北京共产主义组织,成为中共 3 个主要创始人之一,并介绍张国焘进入小组。同年底,张申府赴法国里昂大学中国学院讲学,任教授。次年 2 月介绍刘清扬加入共产党,并与之结为夫妻。张申府夫妇均是中共最早的党员之一,而刘清扬还是中共历史上第一个女党员。1 个月以后,张申府伉俪又介绍周恩来入党。这样,他们成立了中共旅法小组,张申府为负责人。

1922 年 2 月,因里昂大学拒收中国勤工俭学的学生,张申府愤而辞职,偕刘清扬、周恩来诸人奔赴德国。张申府还与周恩来一起介绍朱德入党。是年秋,中共旅欧总部在柏林成立,张申府任总支部书记兼中共中央驻柏林通讯员。来年底,张申府由德国回国来到北京。此后,他还担任过国民党"一大"委员、黄埔军校政治部副主任、广东大学(中山大学前身)图书馆馆长等职。

1925 年 1 月,张申府作为代表,参加在上海召开的中共"四大"。由于书生意气等原因,会议期间,他对党的纲领产生了疑惑,就跟其他与会代表争执起来。他认真反思了自己的思想同共产党建党方针之间的矛盾,认识到自己作为知识分子,更需要的是自由,而不是服从组织纪律,于是毅然提出退党,并表示愿意在党外帮助党组织工作。李大钊、赵世炎等人多方劝说,卒不能挽其意。从此直至1931 年至清华之前,他一直在上海从事翻译和著述工作。

◎不同一般教授

清华培养人才,以通识为目标。因此规定,大一学生不论文、理科,均须修满基础学科的学分。如大一国文,是全校的必修课。文科学生也须学理科的基础课:常常是在高等数学与逻辑学之间任选其一。张申府的逻辑学是大一的普开课,学生又多舍较难的高等数学而取逻辑,因此大部分学生都认识他。他讲的课,生动有趣,长于譬喻,善于启发,令学生获益匪浅。他更有意识地把辩证唯物论的思想渗透进课堂教学中去。其时,在大学讲坛为辩证唯物论鼓吹,是要冒一定风险的。

清华不鼓励学生参与社会运动,但在校内还是本着"教授治校"的民主风格。上世纪 30 年代清华著名的刊物《清华周刊》,就是由几个学生搞起来的。内容无所不包,上至国政时事,下至教授学生,无所不议。张申府经常在该刊发表文章。1934 年元旦前夕,《清华周刊》的编辑同学请他谈谈对新年的希望,他说:

"我梦想我可以自由地做梦,同时我更梦想我能对得起我所做的梦。我梦想1934 年的中国,就是比较可以使我自由做梦的中国。1934 年的清华,我梦想它是有五四时代北大的意义的'1934 年的清华',或者说它是一个树立了'清华'的基础的清华,也是我极愿做的一个梦。

【说明】时代是变迁的,历史是不照原样重演的。所以,1934 年的清华如能有五四时代的北大的意义,一定必是'1934 年的清华'。

清华,清华,我更愿意它名副其实,而不只是'水木清华'而已。"

　　文章有两层含义：第一层是对于自由的企盼；第二层则是张申府所理解的"大学"，不仅是传播知识的场所，而应当是一个时代的思想发源地，就应当担荷起拯救民族危亡的重任。

　　这篇言简意赅、令人回味无穷的文字，刊在 1934 年《清华周刊》的新年特大号上。

　　同一般埋头学问的教授不同，张申府看得更高，也更远。1934 年 11 月，他在《清华周刊》上发表了一篇名为《尊孔救得了中国吗？》的文章，其中写道：

　　"中国现在最大最根本的问题有二：一为救济农村的破产，一为抵抗帝国主义的进攻。所有别的，关系国家社会政治经济的问题，对于这两个密切相关的问题来说，都只居于附属的地位……因此，现在不论什么政治社会的举措，如果有益于这两个问题的解决，便可有救于中国的危亡；如果无益于这两个问题的解决，也必无救于中国的危亡。"

　　张申府对于社会的深切体察，与他采取实事求是的研究作风是分不开的。他写过一篇名为《非科学的思想》的文章，倡导实事求是的科学方法。文中说道：

　　"所谓科学方法……一言以蔽之，就是就事论事。换言之，也就是脚踏实地，实事求是。更简单地说，便是'切实'二字。稍详细点说，对于一切都要看证据。证据强点，便信得强点；证据弱点，便信得弱点。不拘对什么，没有证据，绝对不算数。有证据而不精审确鉴，也定不满足。"

　　他又说：

　　"是的是，非的非，是怎么样就怎么样，绝不把意想当事实，绝不因喜欢怎样就认为一定怎样。绝不感情用事，也绝不利禄熏心。不怕传统，不畏权威，是是非非都还他个本来面目。"

　　他于是大声疾呼：

　　"现在的急务：一是切实地倡行科学的方法，发挥科学的客观脾气；一是急切地从根本铲除尽非科学的、先科学的、万物有灵的主观思想。"

　　该文可算是《清华周刊》所发的一颗"重磅炸弹"了。编者特加按语云：

　　"在今日的中国，捉风捕影、以假作真的非科学的态度，正在社会中普遍流行着，使中国社会乌烟瘴气、漆黑一团，生出无限罪恶。这不但是中国的不幸，而且是人类的耻辱。在这样的社会中，能够根据客观事实、抱着科学态度、说实话者，自为自欺欺人、丧心病狂者所忌恨，同时也就为有头脑、有热血的人们所敬仰。"

　　张申府是有智慧与理想的，这就注定了他不可能忘怀现实。关注民族的前途与命运，成为他人生历程的主旋律。

◎遭囚离开清华

1936 年 1 月 27 日，北平文化界知名人士马叙伦、白鹏飞、杨秀峰、黄松龄、许德珩、张申府等人联合发起"北平文化界救国会"，在北大法商学院召开成立大会。张申府被推选为大会主席团成员及救国会执行委员。此次大会通过了救国会会章及第一次宣言，与上海文化界救国会一南一北，遥相呼应。宣言要求政府"用全国的兵力、财力反抗敌人的侵略"，给"人民以结社、集会、言论、出版之自由"。

2 月 7 日，北平文化界救国会同天津文化界救国会、北平学联、天津学联、山西学联等团体一起，发表《华北各团体为"二七"纪念告全国同胞书》，引起反动派的极度恐慌。

这个时候，《小实报》的记者打电话给张申府，叫他不要外出。张申府却大意了。他是河北献县人，爱听河北梆子。2 月 29 日，他进城去听戏。散场回来，正坐上人力车，就被特务拦住。特务问他叫什么，张申府一想瞒不住，就实说了。特务又问他是否参与了北平文化界救国会，他想报纸已经登了，也就直认不讳。特务于是就说："北平市长要找你谈话，你跟我们走一趟吧。"

就这样，他被投进了一间黑屋子。他听见隔壁特务兴高采烈地邀功请赏，说抓住了共产党的重要人物。原来其时他虽已脱党多年，国民党仍认为他从事的是"赤色行为"，仍以共产党目之。

不一会，特务又欢呼地说："抓住'小铁脚'了。"张申府便听到了妻子刘清扬的叫嚷声。原来刘清扬也被抓了来。

本来，国民党反动派对张申府必欲除之而后快，后来因刘清扬是回民，而其中一个回民特务头子为张氏夫妻讲情，再加上北平文化界的奔走呼吁，5 月初，张申府夫妇终于被释放出来，但不久即为清华解聘。

张申府本名张崧年。由于在狱中一个小头目总是"张崧年"、"张崧年"地呼喝，极为无礼，出狱以后，张申府便摒弃其名不用，而永远以字行世。也正因这一层缘故，别人都不知道，他与北京大学教授、著名哲学家张岱年先生竟是兄弟。

此事之后，在《清华暑期周刊》第十一卷第一期上刊有文章《同情学运教授被解聘》，报道张申府之被解聘：

"本校哲学系教授张申府先生，同情学生爱国运动，致尝铁窗风味。张教授执教本校 5 年于兹矣！循往例下年度应休假出国研究。校方催索研究计划时，张先生适在狱中，无法草就，特商诸学校当局，能否因特殊情形，暂缓缴纳该项计划，终于未获照准。开释后,张先生喘息甫定,方拟乘休假之便,凑些私人款项,偕夫人共往海外研究。不图于 7 月初,忽得评议会函,大意谓因某种关系,请勿庸尸位素餐。张教授知识广博精深,为国内哲学界有数之人物,今竟弃若敝屣,故同学们闻此消息,莫不扼腕。"

按清华规定,在校服务满 5 年后,便可以赴欧洲或美国游历 1 年;也可以停止任课,专职从事 1 年的学术研究。张申府服务清华已满 5 年,而终不获享此福利,校方实有不得已之苦衷。要知其时全国局势尚未明朗化,清华当局仍存有对政府的幻想,冀得一净土以专心学问,这同后来西南联大时期三校成为"民主堡垒"的形势完全不同。在昆明后方时,国民党反动派的法西斯本质已暴露无疑,愈来愈多的知识分子抛弃幻想,投身到民主斗争的洪流中去。因此,对张申府遭解聘之事,一方面自然须同情、尊重张申府;另一方面,就学校而言,也是无可厚非的。

张申府被清华解聘后便去了南方,在武汉、重庆等地继续开展民主救亡的活动,任国民参政会第五审察委员会委员、全国战时教育协会理事、宪政促进会秘书长等职。1942 年,他加入以抗日、民主、团结为宗旨的"中国民主政团同盟"。1944 年 9 月,该党派改名为"中国民主同盟",简称"民盟",他被推为民盟中央常务委员兼华北总支部负责人。张澜、黄炎培、沈钧儒、潘光旦、费孝通、闻一多等民主人士,均是民盟重要成员。1946 年代表民盟参加旧政协。在国民党撕毁旧政协决议后,拒绝参加其"国民大会"。

新中国成立后,张申府在北京图书馆(今国家图书馆)专职从事学术研究。他的一个持续终身的兴趣,是专门收藏许氏"古均阁"刻书。在琉璃厂买书时,他还同许氏后人许姬传有过一段邂逅。1957 年,民盟许多人被划成右派,张申府也未能幸免,直至 1978 年才予以彻底平反,任中国农工党中央顾问、全国政协委员。

1986 年 6 月 20 日,张申府病逝于北京,享年 93 岁。其磊落之心、松柏之志,是可以垂范万世而不朽的。

(张　昭)

吴 宓

奇情怪胆说宓师

　　吴宓(1894—1978),原名陀曼、玉衡,字雨僧、雨生,笔名余生,陕西泾阳人。著名学者。少年即受到清初关中学者李因笃等人朴实刚健学风的影响,打下良好的国学功底。1911 年 2 月以第二名的成绩考入清华学堂,从此开始 6 年清华生涯。1917 年 9 月赴美留学,进入弗吉尼亚大学,主攻英国文学。1918 年 9 月转入哈佛大学比较文学系,主攻欧美文学。1921 年 5 月回国,先后任东南大学、东北大学、清华大学、西南联合大学、燕京大学、四川大学、武汉大学、西南师范大学等校教授,讲授西方文学和世界文学等课程。

　　上世纪 20 年代中期,原本是留美预备学堂的清华开始酝酿改制,准备设立大学部,创办研究院,设国学一科,以便向正规大学转变。时任清华校长曹云祥,聘请吴宓为研究院筹备主任。吴宓确立了清华研究院的地位宗旨,并拟定了章程,还替清华聘请王国维、梁启超、陈寅恪和赵元任 4 位国内一流学者,也就是世人公认的清华四大导师。在吴宓等人努力下,以"融会中外、博通古今"为特色的清华学术流派得以创立,成为中国现代学术史上一道耀眼的风景线。

吴 宓

◎性格及性格之养成

吴宓出生在陕西省泾阳县安吴堡,位于西安市西北。取《书经》"陈璇玑之玉衡"之义,初取名"玉衡"。后来,他的祖母认为改名可以被除不祥,使他的身子强健,故命吴宓姑父陈伯澜为他取了"吴陀曼"之名,以下弟妹均以"曼"字排下去。这个名字,一直用到吴宓考上清华学校之前。后来陈寅恪曾经说:"曼陀罗华"(Mandara)本是梵文的音译,正如威廉、亨利等,又怎能颠倒过来称为"廉威"、"利亨"呢?所以,"陀曼"一名很不通。实际是陈伯澜日日沉醉,误写"曼陀"为"陀曼"罢了。

吴 宓

1911年5月,游美学务处通令各省提学使招考"游美第二格学生",在西安已录取了4人,尚有余额2名。当局认为"陕西省无英文能力高、能考取之人",就没有向外宣传。吴宓等人请求补考,被批准以后,才发现年龄最大限15岁。而当时他所在的宏道学校册籍上已写明"年十七岁",唯一的办法就是改名。于是他随手取出《康熙字典》,闭上眼睛,翻开一页,用手指着一个字,即"宓"字。这就是"吴宓"一名的由来。

乡俗,子生三日,由家人抱到大门外,一旦街上有人走过,就延请其人入内,厚予款待,尊为婴儿的义父,礼敬终生,名曰撞周。吴宓撞周正遇一和尚,家人素不喜僧道,故仅招待和尚一顿了事。吴宓字雨僧,有可能就是从这里来。

吴宓出生在一个小康之家,从小过继给叔父仲旗。吴仲旗,字建常,很有才华,却没有能中举,以后就对科举失望了。1906年吴仲旗入新疆伊犁将军幕府,才当上了小官。为他改名的那位姑父陈伯澜,曾是陕西省解元,对于吴宓的教育熏陶作用也很大。当时陕西的知名人士,多出自咸阳刘古愚的门下。刘古愚为戊戌维新派,同康有为等人声同气合。吴宓自称其诗为刘古愚再传。事实上,由于他的家庭关系,使得他可能同刘古愚的弟子们广泛接触,他的道德、学品也深受刘古愚的影响。这就使得他对于中国传统文化采取了一种保守的态度。

后来在哈佛大学念书时,吴宓遇到了梅光迪。梅光迪是国粹保存派,原是胡适的同窗好友。但等到胡适创立其"新文学"、"白话文"之说,又作新诗时,梅光迪就公开步步反对,驳斥胡适。吴宓后来回忆同梅光迪作竟日之谈:

"梅君慷慨流涕，极言我中国文化之可宝贵，历代圣贤、儒者思想之高深，中国旧礼俗、旧制度之优点，今彼胡适等所言所行之可痛恨。昔伍员自诩'我能覆楚'，申包胥曰：'我必复之。'我辈今者但当勉为中国文化之申包胥而已，云云。"

吴宓极受感动，引诸葛亮《出师表》中"鞠躬尽瘁，死而后已"，誓死捍卫传统文化。

梅光迪介绍吴宓拜在哈佛法国文学及比较文学教授白壁德的门下。白壁德是美国著名的新人文主义大师，他的思想学说影响吴宓终身。吴宓成为中国比较文学的开山之祖，这与他曾受到白壁德的指导和启发是分不开的。上世纪30年代白壁德病逝时，吴宓还在《学衡》杂志上为他出了纪念专号。

吴宓在清华念书时，家中发生了一件大事。嗣父吴仲旗因与国民党元老于

吴宓与妻子陈心一

右任关系密切，早年居住上海，运动革命，成了袁世凯爪牙的眼中钉，袁世凯亲自批示"酌予监禁"。于是吴仲旗在兰州半夜被"请去"，吴宓独自展开了艰苦的营救工作。他依着姑丈陈伯澜的指导，在北京奔走请谒吴仲旗的诸友，谋求帮助。吴宓在遭到这样的打击之后，并没有意志消沉。他决定不缺一小时的课，因此，营救事宜只是在星期六、星期日入城办理。必要时在上课日进城，当天也肯定赶回来。经吴宓多日奔走，陕西同乡京官致函甘肃省政务厅长龚雨苍呼吁，说：

"同人等深知吴建常君悔过知非。伏念大总统仁慈为怀，畴昔称兵拒命之夫，犹宽贷其一死，不予惩究。矧吴君并未犯政治上之罪过。今其室家侨寓兰垣，穷困无以为生；其嗣子在京奔走哭泣，见者恻然。故恳尊处曲予矜悯，即为电呈大总统，乞请开释，准其挈家回籍，则不特吴君长感大德，同人等亦深佩高义矣。"

与此同时，陈伯澜又托新任财政次长龚心湛，此人是龚雨苍的叔父，给龚雨苍写了一纸家书，命他"勿更与吴仲旗君为难"，这才使得吴仲旗平安回家。

经过此事以后，吴宓更加成熟，并且养成了严谨细致的作风。但人的性格，更

多的时候是在幼年养成。吴宓晚年反省自身，谓其祖母杨太淑人对他的影响最大。

"溺爱、纵容过甚。不但使全家人皆不服，且养成了宓之许多不良的性行、习惯。宓一生感情，冲动甚强。往往以一时之感情所激，固执私见，孤行己意，不辨是非，不计厉害(后乃悔悟)。又自己勤奋劳苦，而不知如何寻欢求乐。无逸豫之情，少怡悦之意。即是：能工作，不能休息。能紧张，不能纵逸。对人则太多计较与责难。——以上皆类似杨太淑人之个性，由不自觉(无意)的模仿而来者也。"(《吴宓自编年谱》,29 页)

他回忆小时候，杨太淑人做 60 岁大寿，是日家中大宴宾客。午饭时，吴宓忽然说"太渴了，要喝水"，婢女翠屏端上水来，吴宓嫌烫不肯喝。杨太淑人马上抢过水碗，一把往翠屏的头上掷去；又不准翠屏吃饭，命她坐在芦席上待命。杨太淑人草草饭毕，命翠屏脱光衣服，加以责打。翠屏当时才 9 岁，经过这一次摧残，后又得了肺结核，被赶出家门，不久死去。这件事对幼年的吴宓影响至深，并且使得他产生了最早的人道主义的同情。

一个大家族，由一个脾气古怪的老太太所统治；而吴宓作为家族的中心，又有着复杂的身世。他同时有两个父亲，一个是生父，一个是嗣父。他的继母在家中又极受歧视。吴宓的童年是孤独的，他养成了奇特的癖性，对于骡子产生了极大的兴趣。他承认，幼年关于男女之事，多半得之于对骡子的观察。他曾为一匹牝骡作诗，把此骡比做"美女子身"：

冬昼已完百里程，河坡上下更牵挚。

街衢历历行无尽，灯火家家痛此生。

行缓立遭鞭背急，身疲未觉压肩轻。

娇娥强忍千行泪，旅店中宵自洒倾。

在家族的压抑氛围里，吴宓好静而不好动，故后来在清华因体育不及格而延迟出洋 1 年。在他 9 岁的时候，某次因观剧，感动于戏中女子的美貌，欲化身为女子，苦苦请求继母雷孺人把他打扮成女儿，加钗环、施脂粉，终日不出内室；还命令仆人、丫鬟都称他为"小姐"，这样过了五六天才罢。

◎情感及情感之结局

幼年的经历，使吴宓在情感上趋同于《红楼梦》。其友姚文青说他是"半身骚愿寄红楼"。后来在美国留学期间，吴宓应哈佛大学中国学生会之请作演讲，题为

《红楼梦新谈》。这次演讲是用西方小说的原理、技法来衡量《红楼梦》，结论是各国文学罕有其比。

吴宓在感情上易于冲动，这也与他幼年压抑太过有关。同时，他幼年所看的，多是中国传统的所谓才子佳人的俗小说，也是他性格浪漫的一大原因。这就注定，他宜于文学而不适合别的任何职业。

某年暑假，吴宓父执张百云令其甥女刘念劬住在他家。其人憔悴瘦弱，面多忧容，穿着朴素，时常悲泣。吴宓觉得她身世像林黛玉，由怜悯而欲思亲近。但这个姑娘太不大方，甚至于跑到长辈那里去告，说吴宓"欺侮"她。这一最初的萌动，就这样悄然逝去。

老友吕谷凡将其妹照片寄给吴宓，托他在留美学生中介绍佳婿。吴宓把照片给一位同学看，那位同学认为是小家碧玉，不屑一顾。吴宓马上去函自荐，吕谷凡回信说"舍妹与兄，彼此均不合宜。兄近来函，思想甚多谬误，望速自检查身心"云云，好一通数落。

上世纪20年代末，吴宓因同情原朱君毅之未婚妻毛彦文身世、遭际，遂对她产生了"柏拉图之恋"。朱君毅是吴宓早年在清华的同学，后来留美，归国后任教育心理学教授。毛彦文是他表妹，二人青梅竹马。但毛之父素来宠妾灭妻，欠下别人的债，就执意要把毛彦文许配给债主的纨绔之子。毛彦文逃婚出来，其父要求她代偿3000元债务，且不能嫁朱君毅，才允许她婚姻自主。于是，朱君毅在其清华同学及北京各校之浙江同乡中募集巨款。吴宓一人独捐50元，是募捐册上所认捐数目最多之人。

时日既长，毛家不再阻碍毛彦文与朱君毅恋爱，在朱君毅出洋之前的1916年7月，二人终得订婚。谁知朱君毅从美国获得博士学位归来，却决定要与毛彦文解除婚约。他的理由是，首先从优生学的角度而言，姑表兄妹结婚于子女不好；第二是他的审美观已改变，需求身体肥壮、臀部大而圆的女子。实则是因毛彦文好交际，朱君毅受传统观念影响太大，不能忍受罢了。

吴宓由同情而至于单恋，开始了追求毛彦文的漫漫征途。在此期间，他不顾亲友劝说，毅然同发妻陈心一女士离婚，决意破釜沉舟，背水一战。世事真有不可量者，半路上杀出个程咬金，毛彦文最后竟嫁给了年长她三十多岁的湘西熊希龄为继室。熊希龄时任国民政府财政总长，后任内阁总理，是实权人物。男人对于女人的吸引力，最主要之点就是政治手腕。

经此一事，吴宓相当消沉。当时他正主编《学衡》杂志，鼓吹复古，颇遭新文学作家的斥骂。这件事就更给了吴宓的论敌们以口实。在他决意同陈心一女士离婚之时,长辈亲友多不赞同。同为当年"哈佛三杰"之一的汤用彤先生(另一位是陈寅恪)谓"离婚之事,在宓万不可行,且必痛苦"。吴芳吉来信说:

"离婚今世之常,岂足为怪。唯嫂氏无有失德不道,而竟遭此!《学衡》数十期中所提倡何事?!吾兄昔以至诚之德,大声疾呼,犹患其不易动人。今有其言而无其行,以己证之,言行相失,安望人之见信我哉?!"

但这些都不曾动摇吴宓的决心。唯有陈寅恪是其知己,说:"宓之为此,乃本于真道德真感情,真符合人文主义。"

1931年毛彦文与熊希龄订婚后,吴宓在其《文学与人生》课堂上,向学生朗诵自己所作的解嘲诗:

吴宓先生之烦恼
仿沙克雷所作《反少年维特之烦恼》四首

吴宓苦爱毛彦文,三洲人士共惊闻。离婚不畏圣贤讥,金钱名誉何足云!
作诗三度曾南游,绕地一转到欧洲。终古相思不相见,钓得金鳌又脱钩。
赔了夫人又折兵,归来悲愤欲戕生。美人依旧笑洋洋,新妆艳服金陵城。
奉劝世人莫恋爱,此事无利有百害。寸衷扰攘洗浊尘,诸天空漠逃色界。

诚如浦江清所说,吴宓的诗才并不好。但他具有向世人袒露心迹的勇气。茫茫众生,能有几人?

吴宓在其诗集的《编辑例言》里说他编诗"有作必录,毫无删汰,且均本当时所作,过后未更改一字,以存其真"。这是因为,他把诗当做一种心灵的历史。他认为,人之一生,"总当做成诗集一册,小说一部。一以存其主观之感情,一以记其客观之阅历。诗所存者,外境对吾心之印象;小说所记者,个人在社会之位置。"由于他为人太真诚、太感性化,所以最后并没有写成小说。

◎讲学及讲学之主张

吴宓在哈佛学成归国后,先应聘于东南大学。1925年2月,由东北大学回母校执教。当时清华之所以聘请他,梁实秋起了很大作用。其时梁实秋是清华高等科四年级的学生,到东南大学游览参观,连听了吴宓好几天的课。适值吴宓讲授《欧洲文学史》"卢梭"一节,吴宓讲课纯用英文,备课又充足,深受学生欢迎。故梁实秋回校以后,在《清华周刊》上盛赞吴宓,说吴宓讲卢梭,预先写《大纲》在黑板上,讲时不开书本,不看笔记及任何纸片,却内容丰富,井井有条。清华正缺良好教授,吴先生亦是清华毕业留美同学,母校未能罗致其来此,宁非憾事哉!

1925 年回母校后，吴宓被聘为清华研究院筹委会主任。他亲自登门去请王国维先生，进门先鞠躬，使王国维大为感动。此事王同维曾对别人言及，因吴宓系留美硕士，以为必是"西装革履，握手对坐"的新式少年，不想如此恭谨。王国维应聘后对吴宓说："我本不愿意到清华任教。但因你执礼甚恭，大受感动，所以才受聘。"

吴宓担任清华研究院国学门主任不过 1 年，就辞职另任大学部西洋文学系教授，兼国文系主任。1928 年清华发展为国立清华大学，西洋文学系改称外国语文学系，吴宓乃专任该系教授，并曾数次代理系主任。在他的倡导和主持下，清华外文系参考哈佛比较文学系的培养方案和课程设置，制定了适合我国情况和需要的培养方案和课程设置，提出把学生培养成"博雅之士"的培养目标。吴宓特别重视对学生进行全面系统的知识教育，以求一贯之博通。他认为，只有对中西文化均精通，方可创造中国之新文学。故而要求外文系学生必须同时精熟中国文学。

吴宓在外文系开设的课程有：西洋文学史、中西诗之比较、英国浪漫诗人、文学与人生、希腊罗马文学等。其中文学与人生虽是选修，却最为吴宓重视。这门课程的讲义是探讨文学与哲学的关系、文学与人生的关系问题，用英、法、拉丁等多种文字写成。吴宓在该讲义中，具体地提出了"一"、"多"并存的哲学理念，讲述了他对于儒家、柏拉图以及白璧德的新人文主义的理解。他认为，这是他一生学问的精华所在。新中国成立前夕，吴宓曾打算入山为僧，随身携带的也只有这部讲义。

吴宓创办《学衡》杂志的宗旨，是为了保存中国传统文化。他认为："只有找出中华民族文化传统中普遍有效和亘古常存的东西，才能重建我们民族的自尊。"《学衡》提倡研究国学，用文言文写作，作旧体诗词，是站在新文化运动的对立面上。他对于传统道德所谓的"五伦"之说大加发挥，这是错误的；但其对于传统文化的热爱及保存精神仍不容忽视。只有了解民族的文化，才能深切地爱这个民族。吴宓爱这个民族，并且爱得很深沉。

当西南联大结束后，吴宓并没有回北平，而是应老友刘永济之请任教于武汉大学，新中国成立后执教于西南师范学院。1956 年，他向学校无偿捐赠了自己珍藏多年的一千多册外文图书，其中不少已经绝版，即使有钱也是买不到的。

"文革"期间，他又将自己保存了好多年的美国教材，赠给西南师院的一名年轻助教。当时此人不在家中，他就将书由门缝塞了进去，而后来此人却说没有看见，这书就遗失了。要知在那个时候，他已被打成"反动学术权威"，谁还敢接受他的东西呢?

1976年,已被折磨得病骨支离的82岁老翁吴宓,由其妹吴须曼接回老家陕西泾阳。在临终前不久,他听说家乡的一些中学没开设英语课,便急切地问:"那为什么?"须曼告诉他:"因为没有外语教师。"他说:"他们为什么不请我啊?我还可以讲课!"

1978年1月,吴宓病故于泾阳老家。同年12月,外国文学研究规划会议在广州召开。会议期间,冯至、朱光潜等30多位专家联名上书中共中央统战部,要求为吴宓彻底平反。联名信上写:

"纵观吴宓先生一生,我们认为他是一位爱国的知识分子。从解放前到解放后,他为我国培养了许多优秀的外国文学研究人员和中、外语文教学人才,对祖国是有贡献的。"

历史,终究归复了它的本来面目。

(徐晋如)

蒋廷黻

清华园里六春秋

　　蒋廷黻(1895－1965)，出生于湖南省邵阳市(时为清宝庆府)邵东县廉桥镇一个中等农家。中国近代历史学家、外交家。1911 年由教会资助赴美求学，先后就读于派克学院、奥柏林学院、哥伦比亚大学研究院，攻读历史专业，获博士学位。1923 年回国，先后任南开大学、清华大学教授，清华文学院院长、历史系主任。在研究中国近代外交史过程中，形成了一套对近代中外关系变化如何影响中国历史发展的看法；并十分重视中国近代对外关系史档案资料的整理工作。1935 年以非国民党员的学者身份入仕，任行政院政务处处长、中国驻苏联大使等职。自此离开清华，从事外交事务。1945 年被任命为中国驻联合国常任代表。后当选为台湾"中央研究院"院士。1961 年改任台湾驻美"大使"兼"驻联合国代表"。1965 年10 月 9 日卒于美国纽约。著有《蒋廷黻选集》等。

蒋廷黻

◎"中国近代史研究的拓荒者"

在近代史上，蒋廷黻是一位少有的兼具学问与事功的奇才。

要说学问，搞近代史的人没有不知道蒋廷黻的。其区区数万字却能四两拨千斤的《中国近代史》(有的版本名《中国近代史大纲》)，至今仍是同名著作里最具参考价值的一种。有的读者也许还知道，上世纪 30 年代，著名时事周刊《独立评论》曾展开过一场"民主与独裁"的大讨论，蒋廷黻是参与其中的一位重要人物。蒋廷黻治学时间虽不是太长，但在学术界影响甚深，被誉为"一代学人"、"中国近代史研究的拓荒者"。

蒋廷黻

1935 年夏，蒋廷黻应召出任国民政府行政院政务处处长，自此走出清华、步入仕途。后来又担任过驻苏大使(1936 年)、联合国善后救济总署中国代表及国民政府善后救济总署署长(1944 年)、驻联合国常任代表(1945 年)、台湾"驻美大使"(1961 年)等职。1957 年当选为国民党中央研究院人文组院士。即使是在从政期间，蒋廷黻也未放弃学术事业，仍乐于探讨，手不释卷，晚年曾一再请求提前退休。1938 年他写成大纲性的《中国近代史》一书，提出中国人能否近代化将关系国家兴亡的观点。

1965 年，蒋廷黻古稀初度，从"驻美大使"任上退下，计划回到台湾，住在台北南港，利用中央研究院的藏书，重理近代史，撰著一部传世之作。可惜天不假年，是年突发绝症，魂断异国，遽尔凋零，使史学界无缘再睹华章。

综观蒋廷黻一生，留学 12 年，执教 12 年，从政 30 年，在诸方面均出手不凡，功绩赫赫。有一次，他的老友李济先生问他："廷黻，照你看是创造历史给你精神上的快乐多，还是写历史给你精神上的快乐多？"他没有正面回答，反问道："济之，现在到底是知道司马迁的人多，还是知道张骞的人多？"

是的，我们没有办法回答"到底是知道司马迁的人多，还是知道张骞的人多"这样的问题。教书和从政，在蒋廷黻的生命史上是两段割不开的历程，他同样喜

欢。他从台湾"驻美大使"任上退下时,曾对记者说:

"在清华大学教书时代,是我生活中最愉快的一段。那里的环境和设备都非常理想。在这一段时期,我对学生有什么帮助虽然不敢说,但自己在学术研究上确实有很多进步,天天都有新的领悟和发现。所以我之离开清华,并不是由于失望,而是因为当时国内的局势

蒋廷黻与美国国务卿杜勒斯

日渐恶化,对日抗战已不可避免,响应政府号召参加抗战实义不容辞。"

蒋廷黻只说了自己的学术进步,并没有提他对清华历史系的贡献。其实,蒋廷黻对清华历史系的贡献还是很大的。

蒋廷黻在晚年曾说过这样一段话:输进西方的学问、治学工具和方法固然是重要的,但更重要的是利用这些知识、求知方法与工具,来了解中国的国情和解决中国的问题。只有这样,知识阶级与实际的生活才不致脱节,知识阶级的求知对象将扩大,求知方法亦将更加灵活,知识阶级才能更加了解人生的复杂。这正是蒋廷黻一生的主导思想。他早年治学、中年从政,一生的经历也充分体现了这一思想。

◎蒋廷黻与清华

蒋廷黻出生于湖南宝庆的一个中等农家, 小时候入私塾接受旧式教育,10岁入长沙明德小学, 次年改入美国基督教长老会创办的益智学堂, 开始学习英文。1911 年只身自费赴美留学,先后在密苏里州派克学院、俄亥俄州奥柏林学院、纽约哥伦比亚大学学习,跟从海斯教授作研究,1923 年获哲学博士学位。

1919 年蒋廷黻还在美国留学时,闻听国内爆发五四运动,他兴奋异常,"心焉向往"。1921 年九国会议在华盛顿召开,他热心参与组织中国留美学生华盛顿后援会,秉承五四运动中"外争国权,内除国贼"的口号,积极从事外交活动,担任英文刊物主编。

1923 年蒋廷黻回国,执教于天津南开大学。归国之初,便与南开同人游历北

京、西安、上海、南京、杭州等地,并对东北做了为期 1 个多月的认真考察,以实地了解中国的政治、经济与社会状况。

蒋廷黻执教南开 6 年,先后任历史系教授、主任兼文科主任,在教学、研究方面逐渐积累了一些经验。南开当时是一所规模很小、图书设备不够完善的私立大学,硬件条件不能算十分优越。蒋廷黻讲授过西史大纲、欧洲近代史、法兰西革命史、欧洲势力扩充史等课程,并开始从事中国近代外交史的研究。

上世纪 20 年代,中国近代史研究领域还是一片荒漠。蒋廷黻有志于做一名拓荒者,他开垦的第一块"荒地"就是中国近代外交史。在开展这一领域的研究中,他引进了新的研究方法和新的研究观念。

1928 年,罗家伦被任命为国立清华大学第一任校长。罗家伦到校后,努力刷新校务,改善条件,延揽人才。翌年,蒋廷黻被聘到清华任历史系教授,不久又任清华文学院院长、历史系主任。

清华时期是蒋廷黻在学术上的黄金时期。在这一时期,围绕中国近代外交史,他发表了一系列论文,引起学术界的高度重视。同时,他还有意要把清华历史系办成全国最充实的历史教学中心。

先说他的学术工作。蒋廷黻来到清华后,为学校收集了清宫档案的一部分。另外,北平城里当时住着不少清末权臣后裔,家里藏有文件、信札等,其中自有珍贵史料。蒋廷黻派人和他们接洽,讨价还价,充实了清华图书馆。根据各种史料,他开始写作论文。

1930 年底,他以当时首次影印刊布的清宫档案《筹办夷务始末》为基础,编写了《近代中国外交史辑要》(上、中两卷),由商务印书馆出版。

1931 年蒋廷黻发表《琦善与鸦片战争》、《李鸿章——30 年后的评论》,1932年发表其著作《最近三百年东北外患史》(从顺治到咸丰部分)——他非常重视中俄、中苏关系与东北问题的研究,并预见到了东北对中国安危的重要性。

这些论著,有的是根据新材料叙述史实,有的是翻案文章,而其最新颖之处,乃是就当时国际国内环境,评判主办外交者的得失,论事而兼论人,为研究中国近代外交史开辟了一条新路。这便一反过去片面地辨别忠奸、一味地骂外国人的流行说法和治学模式。蒋廷黻治学从大处着眼,评论中外古今的兴亡得失,文字简洁明快,能很快抓住问题的核心,给读者以深刻的印象。

蒋廷黻学识渊博,不仅广泛涉猎社会科学书籍,而且拥有一定的自然科学修养。他的英文造诣很深,出口成章。早在留美时代,就已显露出使人钦佩的辩才,谈论问题头头是道,精辟动人。他的文章不是雕虫小技,而是大手笔。别人的文稿经他修改,便能去滓存精。他批改众多学生的调查报告,半天功夫便能决定去取,锐敏明快,令人由衷佩服。他拥有丰富的国际知识,使他在中国近代史和中国近代外交史的研究中,眼界开阔,独辟蹊径。

蒋廷黻很有个性,对人对事总有独特的见解。与人争辩,单刀直入,毫不留情。性格耿直,自信自负但并非有意骄傲,不喜欢敷衍应付,厌恶恭维迎合。对社会、国家负责敢言,不计得失,有一颗强烈的爱国心。

蒋廷黻在清华历史系 6 年,不仅自己的研究循正道深入,而且提携学识大可造就的学生做研究。这里以几位他直接指导的学生为例。

如王信忠,蒋廷黻让他潜心做中日外交的研究,王信忠的毕业论文《甲午战争前之中日外交概说》便是一篇超越前人的论文,蒋廷黻替他找机会,送他去日本留学深造;又如邵循正,蒋廷黻指导他做中法战争前的外交关系研究,他也写成了一篇有价值的论文,然后被蒋廷黻送去法国深造;又如梁嘉彬,其先祖是广东十三行之一,蒋廷黻就指导他做十三行的研究,梁嘉彬所完成的毕业论文是其成名作。

蒋廷黻在主持清华历史系时,不仅积极网罗人才,而且在教学方针上也形成了极其鲜明的特色。

第一个特色,就是清华的历史系向来是合中外历史为一体,并且中外兼重。那几年,历史系每年大约开 22 门课程,而中、外史课程各占一半。这在当时大学历史系普遍偏重中国史的环境下,是十分突出的。为什么要兼重外国史呢? 蒋廷黻认为,第一是外国史本身有研究的必要。中国现在已经深入国际生活,不能再闭关自守,了解外国的物质和精神文明,就离不开了解外国史;第二是外国史学,尤其是西洋史学,有许多地方可资借镜。他认为:

"西洋史学的进步,就是西洋各种学术进步的一方面。而中国史学不及西洋史学,正像中国的政治学、经济学不及西洋的政治学、经济学。

"在史学的分析方面,如考据、校勘等等——我们的史家确有能与西洋史家比拟的人;但在史学方法的综合方面,我们的史学简直是幼稚极了。

"因为这两种缘故,清华的历史学系一定要学生兼习西史,学到能领会西洋史家大著作的程度。同时我们也希望,每门西史课程就是史学方法的一个表演和一个练习。"

当时的清华历史系,在外国史课程编制方面,尤其重视日本史及俄国史。因为日、俄是我国的近邻,而以往国人对日、俄的了解是最浅薄、有限的。

第二个特色,是要求学生多学习外国语及其他人文学术,如政治、经济、哲学、文学、人类学等。蒋廷黻说：

"中国历史已成一种国际的学术。日本人和法国人尤其对于中国史学有贡献。他们研究的方法和结果，我们不能不知道。其他人文学术，又能帮助我们了解历史的复杂性、整个性，和帮助我们做综合工夫。"

第三个特色，在中国史研究方面，打破已往的以专治一书为治史的学风。蒋廷黻说：

"……我们有某书的注疏考证，而没有一个时代或一个方面的历史；我们有某书的专家，而没有某一时代或生活的某一方面的专家。实在治书仅是工具学。我们虽于工具务求其精，然而史家最后的目的，是求了解文化的演变。所以，清华的史学系，为要达到这个目的，除兼重西史及社会科学外，设立的课程概以一时代或一方面为其研究对象。"

总括起来说，清华历史系所倡导的，是一种考据与综合并重、中外史并重、史学与其他人文社会科学并重、既细密探究又不失恢弘气象的学风。这种学风，不仅在当时独步一时，在今天仍然是很先进的。这也就无怪乎当年的清华历史系培养了那么多史学名家了。现在美国的著名历史学家何炳棣教授，就是一例。他总是说，自己的一生治学路向，是在清华时期就确定了的。他说：

"(上世纪)30年代清华历史系这种高瞻远瞩，不急于求功，但力求逐步达到世界最先进史学水平的政策，在当时是独一无二的。蒋氏治学方针，至今对国内历史系仍极富参考价值。不图近利，而收实效，终有大成。"

所以可以这么说，蒋廷黻在清华历史系制定的这套教学方针，是他对清华的不朽贡献。

蒋廷黻还反对学生死读书、读死书，主张"使教育人生化，与中国生活的实际事实相关联"。他曾谆谆告诫学生，社会经验是文科学生不可或缺的；读书并不是求学的全部，而只是其中一小部分。他又强调社会调查，主张通才教育，重视体育活动，宣传爱国主义。他批评中国传统知识分子脱离民众、脱离社会生活的状况，力倡加以改革……这些都在南开与清华产生了很大的积极影响。

（吕文浩）

叶企孙

中国科学事业的奠基石

叶企孙(1898—1977)，原名鸿眷，号企孙，出生于上海市一个书香门第。我国现代杰出科学家和教育家，也是我国现代科学事业主要创始人之一。1911 年入清华学堂。1914 年其父叶景澐应聘任清华国学教师。1918 年在清华学校高等科毕业后赴美，1920 年获芝加哥大学理学学士学位，1923 年获哈佛大学哲学博士学位。次年回国，历任东南大学、清华大学、西南联大、北京大学教授，清华物理系主任和理学院院长。参与创建中国物理学会，任第一、二届副会长，1936 年起任会长。1948 年被评为中央研究院院士。新中国任中科院数理化学部常务委员、应用物理研究所专门委员、近代物理研究所专门委员、自然科学史研究所研究员。"文化大革命"中横遭诬陷，身心备受摧残。

说叶企孙是中国科学事业的奠基石，一点也不为过。他参与或主持创建了清华大学物理系与理学院、北京大学磁学专门组、中国物理学会，先后培养出 50 多位院士；他是杨振宁、李政道、王淦昌、赵九章、钱三强、邓稼先等国际知名学者的老师；在 23 位"两弹一星"功勋奖章获得者中，半数以上是他的学生。

叶企孙

◎考取清华学校

叶企孙生于中国近代最大的城市、工商业中心上海的唐家弄,其曾祖蔼臣公曾于清朝道光年间为官,晚年精修礼学,分纂《同治上海县志》。其祖父叶佳镇曾得国子监簿衔,官至五品。其父叶景澐于 1894 年中甲午江南乡试第十五名举人,国学造诣很深。对西洋现代科学及其应用亦多涉猎,曾著文宣扬沈括倡议的历法,能指出 28 宿位置及图形。后偕黄炎培等赴日考察教育约半年。1905 年任上海敬业学堂校长、养正学堂校长,后任清华学堂国文教员、上海教育会会长等职。

叶企孙自幼聪颖过人,并具有高尚的志趣、强烈的求知欲和深严的治学功力。其父亦对其教养从严——年少识字,稍长即攻读经书,塑造其终生的儒雅气质。其父一向推崇西方近代科学及应用,并具革新思想,叶企孙深受影响,"既重格致,又重修身,以为必以西方科学来谋求利国利民,才能治国平天下"。

1907 年,9 岁的叶企孙到父亲主持的上海敬业学堂读书。入校时,学校已设有"西算"、"理化"、"博物"等课程,这引起了他浓厚的兴趣,也使他在自然科学领域的各科都打下了扎实的基础。1911 年初,清政府将原来负责派遣留学生的游美学务处改为清华学堂,同年 2 月招生,4 月 29 日开学。时年不满 13 岁的叶企孙,在父亲鼓励下报考清华学堂并被录取,成为其第一批学生。

同年 10 月,武昌起义爆发,清华停课,叶企孙就读于江南制造局兵工中学。1913 年夏,清华学堂在上海恢复招生,改名为清华学校,叶企孙再次报考并被录取。

在清华求学期间,叶企孙真正做到了刻苦攻读。他在日记中写道:"惜光阴、习勤劳、节嗜欲、慎交友、戒烟酒。"他读书不但系统、仔细、有着明确的目的,而且常常夹读夹议,做出心得、札记、述评之类,真正做到广读、深思、博察。

作为留美预备班,清华学校教授的主要是中学课程,但

1926 年初夏,清华大学科学馆门口
一排中为叶企孙

很注重对学生进行"全面人格"教育,奉行卓有远见的"三通"(中西会通、古今融通、文理会通)教育思想。正是这样的学习环境,滋养了叶企孙的非凡才华,让他逐渐崭露头角。

而且,叶企孙对古代文化典籍的研究和鉴赏,也颇具功力。他曾深入研读过《诗经》、《左传》、《国语》、《史记》、《汉书》等古籍,还做出了详细的读书笔记。叶企孙还是赋作古诗的高手,路遇名胜,兴之所至,常妙语天成。1915 年 9 月,他路过南唐名胜滁州,即兴赋诗。

> 车出绕滁州,云阴特地愁。
>
> 传闻今年熟,家家酿美酒。

年轻的叶企孙,表现出非凡的学术能力。早在 1914 年,他就以高中二年级的程度,完成学术论文《考证商功》。1916 年 10 月,他在《清华周刊》第八十二期发表另一论文《革卦解》。此后,他在《清华周刊》上连续发表力作《天学述略》。同年12 月又在《清华学报》上发表《中国算学史略》。此外,《孙子算经择粹演代》、《刘徽九章择粹演代》、《九数通考择粹演代》等,都是他这时期完成的学术专著。

1915 年,叶企孙刚满 17 周岁,却已经以一个成熟学者的姿态,同校内外、国内外不少出版部门或编纂机构打过交道。他甚至已同国内的商务印书馆及美国的《科学》杂志建立了经常性的学术联系。

◎青少年时代的科技雄心

在清华 5 年期间,叶企孙逐步形成了自己的科学思想。1915 年 7 月,他在给同学刘树墉的一封信中,提出"清华科学会章程"。章程内容包括研究种类:算学、物理、化学、生理、生物、地文、应用工业和科学史;会员守则:不谈宗教、不谈政治、宗旨忌远、议论忌高、切求实学、切实做事。

他在听了校医《科学对于理想及实用之关系》的报告后,于日记中详细记录其演说。

"先论中国人虽于古时能发明指南车、纸、笔、印刷术、火药及种痘等,然普通人民无科学知识,故虽于文学、美术、哲学及宗教上代有进步,然于科学及制造上,则执迷不悟,故步自封,卒致毫无进步可言。

"又曰科学约分二类,一为理想的,一为实用的。理想科学及实用科学之分古矣,唯至今日,学者日广见闻,日辟新奇。昔之所谓理想,今已成实事。学者乃知理想实用,本无限定,不过因时变迁耳。二者实二而一,理想为实用之母,实用为理想之成,此理想科学所以与实用科学平行而相成也,唯近日趋势,学者每颂爱狄生(爱迪生)而忘奈端(牛顿),一辈子脑力薄弱而恶理者,因随声附和之,于东方亦然,华人视西人学说似痴人说梦话,亦不少见。此吾(布大夫自称)所以斤斤于此,望诸君毋忽于理想科学也。"

从各种迹象来看,叶企孙从少年时代起,就奠定下了科学的(或者说是唯物的)宇宙观。他似乎是一个天生的无神论者,而且对宗教强烈反感。在参加清华外籍教师的葬礼时,对牧师借机大传教义,他表现出厌烦的情绪。在清华求学期间,他对培根的科学方法与赫胥黎的进化论进行了深入研究,由此奠定了他的科学精神与思维方式的基础,并最终促使他完成科学世界观的转型。

叶企孙的科学世界观,不仅表现在他对待自然科学研究的态度上,也表现在观察和处理社会事务的方式上。他力图弄清社会发展的客观规律,坚持按客观规律办事,不阿世媚俗,不为私利和官场势力所左右,把科学兴国的想法与实现该想法的科学思维结合起来,终于使青少年时期的科学兴国梦想变为事实。

1915 年 9 月,由叶企孙倡议并与同级同学共同成立清华校史上第一个学生团体——科学会。叶企孙还为科学会拟订了详尽的章程、宗旨和工作计划,后来他的设想几乎完全实现。这个清华校园中的小社团,每两周举行一次科学报告会,由会员轮流作报告。每个会员按照自己的专业、特长,主讲各学科领域的知识信息,范围极广,如天演说、苹果选种、煤、无线电报之设备、测绘法、力、废物利用、生物与其境遇之关系、菌、通空气之善法、江西之瓷业、捕蝗之法等。

这些青年自己独立举办的科学报告会,其选题的广泛和内容的学术价值,绝不亚于当今大学中的各类报告会。这些报告会,不仅使他们增长了知识,而且锻炼了他们进行学术研究和组织社会活动的能力。而这一切发生在中国大学起步之初,发生在中国学术教育发轫之时,而且是少数青年才俊的自发行为,这不能不让人备感惊奇。

史学家认为,五四运动和陈独秀主编的《新青年》,开创了科学与民主的呼声,对国人的历史观产生了重大影响。但实际上,早在五四之前的 4 年,即 1915年元月,清华留美学生任鸿隽、赵元任等人所创刊的《科学》杂志,已真正阐明了"科教兴中华"这个真理。

"然使无精密、深远之学,为国人所服习,将社会失其中坚、人心无所附丽,亦岂可久之道。继兹以往,代兴于神州学术之林,而为芸芸众生所托命者,其唯科学乎,其唯科学乎!"

1915 年 3 月,叶企孙在清华学校图书馆看到从美国寄来的《科学》创刊号时,立即被其所吸引。他在日记中感叹道:"吾国人不好科学而不知20世纪之文明皆科学家之赐也!"10月5日,清华留美学生在康乃尔大学成立科学社,不久后定名为中国科学社,以"联络同志,共图中国科学之发达"为宗旨。

次年9月,叶企孙寄函美国,报名参加中国科学社,并汇去会费。有史家认为,这是中国第一个科学社团。其实,叶企孙等人在清华学校创立的科学会比它还要早1个多月!

中国科学社和清华科学会中的绝大多数人,都受过正规而严格的自然科学的训练。他们懂得自然科学语言,有着严谨的科学精神,亲身考察过西方社会的科学文明及其对社会进步所起的作用,所以他们终生从事科教事业,锲而不舍地宣传科学精神,真正开启了启蒙运动的序幕,吹响了同愚昧落后展开斗争的号角。从这个意义上说,中国孕育出真正意义上的科学、科学家、科学精神,正是始于叶企孙的年代。

◎创建清华物理系

1924年,叶企孙学成归国。次年返归清华,与张子高、郑桐荪等教授一道,担任物理、化学和数学的教学工作。

当时清华由北洋政府外交部管理,设有中等科和大学预科,重视英语学习,结业时相当于美国大学二年级水平。学生由全国各省按对美庚子赔款分担份额的比例确定数目、名单并保送入学,毕业后全部公费留美。不少人在美读完大学后继续攻读博士学位,但也有一部分只读毕工程硕士学位。由于学生入学主要由地方当局保送,在当时的政治条件下,大多数是当地官绅子弟,社会上对此责议颇多。

在五四运动精神的推动下,叶企孙主张清华自办本科。1925年清华建立大学部。1929年创立文学院、理学院、法学院,叶企孙与冯友兰、陈岱孙一起主持各院创建工作。叶企孙还聘请了物理系的吴有训、萨本栋教授,数学系的杨武之、熊庆来教授,化学系的萨本铁、黄子卿、高崇熙教授等。

北伐战争以后,清华大学改为国立。在梅贻琦校长主持下,以叶企孙、冯友兰、陈岱孙诸院长和教务长、总务长组成的评议会,以及教授会的领导下,清华飞速发展,到上世纪30年代中期,业已成为闻名中外的中国大学。许多系科的增设、教授的聘请,都倾注了叶企孙大量的精力与心血。

在叶企孙、冯友兰、陈岱孙院长的倡导下,清华在20世纪30年代初期首先成立各系的研究院,招收研究生,为我国培养了许多学术人才。如吴晗、费孝通、彭桓武、陈省身、许宝禄、林家翘、汪德熙、陈新民、赵九章等,都曾在清华研究院学习过。

抗战中,清华、北大、南开在昆明联合成立西南联合大学。叶企孙为了给国家积蓄科技力量,在昆明用清华基金设立农业、无线电、航空等5个研究所。

在教书育人方面,叶企孙敢于打破常规、"独断专行"。最为人们所传颂的,就是他支持熊庆来,帮助只有初中学历、做小店员的华罗庚登上清华的讲坛。另一件事,就是把一名青年勤杂工聘为仪器保管员,并辅助教授们讲物理课。这位工人,就是后来被抗日名将吕正操赞誉为"中国爱国知识分子的一个典型"的阎裕昌烈士。

叶企孙在教学工作中强调"无为而治",也就是实效。资深院士胡宁是原北京大学理论物理所所长,上世纪30年代曾听过叶企孙讲课。据他回忆,叶老师慢慢讲解课的内容,斟酌着每一句话、每一个字。在讲课的同时,不断对他所讲的物理问题仔细分析和推敲,好像自己也是初次接触到这个课题一样。听课的同学自然而然地受到他的感染,跟着他一起思考。当叶先生得出一个重要结论或导出一个重要公式时,大家都有一种共同创造科研成果的新鲜感。

老清华物理系课程不多,但都是精选的重点课。4年当中,一共只学大学普通物理、理论力学、热学热力学、电磁学、光学和声学、电动力学、量子力学、统计力学、近代物理、原子物理、相对论、无线电学12门课,每学期只有一两门主干物理课。叶企孙倡导课余自学参考书。他在每讲完一个课题后,总是给同学们列出一些相关参考书,引领大家渐入佳境。

在讲课的时候,叶企孙总是从听课学生的特点出发,摒弃一般讲员以教学体系为中心或是以教师自我为中心的满堂灌的教学方式。叶企孙从不为赶进度而讲课。他强调讲课内容要少而精,并且常将教学大纲中不必要的内容舍弃掉。

叶企孙的口才不是太好,而且口吃,还带有上海音,但讲课的逻辑性很强,层次分明,讲物理概念的发展和形成过程特别深入,引人入胜。他博览群书,经常把国际期刊上发表的论文中最新出现的成果吸收进自己的讲稿。

叶企孙还注重理论联系实践,着重于讲清物理现象和物理概念,启发学生的形象思维。例如,当他导出一个物理定律的偏微分方程式之后,便围绕这个数学公式,详细讲述每个数学符号所代表的物理现象、物理思想和实验过程;连正、负号表示什么具体的物理意义,都解释得非常清楚。许多学生说,正是听了叶老师讲的物理课以后,才真正懂得什么叫做物理学,才被引入科学的大门。

叶企孙不但对本专业有很深造诣，而且善于触类旁通地运用其他学科的知识教育学生。有一位学生物理和数学学得不好，他就安慰对方说不要着急。听说这位学生文史科目考得很好，他就以学习《史记》为例教育学生。

为什么司马迁要用"志"、"本纪"、"列传"这样的体系框架来描写这段社会历史的发展。司马迁用叙述代表人物的方式来反映这一时期的社会盛衰、兴亡的内涵，用"志"来叙述社会发展的总面貌，用"太史公曰"来总结、评论某一人物在社会历史发展中的作用。读史贵在融会贯通，弄懂它，不在于死背熟读某些细节；学物理也是一样，也是重在弄懂，不要死背公式、熟记定律，懂了自然就记得，会用就肯定忘不了。所以，能学好历史，同样也能学好物理。

◎视学生如子女

叶企孙是最受学生欢迎、最善于接近学生的大学教授之一。在清华物理系27年，他的家是学生们最爱去的地方。每一级入学新生他都要亲自与之面见，逐个谈话，甚至在小本子上记下对方的籍贯、所毕业的中学，以及家境条件等。

1998年，李政道在上海敬业中学纪念叶企孙诞辰100周年大会上说：

"他（叶老师）对我说，你的实验不行。若实验不行，则理论分数绝不给100分。叶师这番话给我的印象极深。叶师不仅是我的启蒙老师，而且是影响我一生科学成就的恩师。"

没有叶企孙，就没有后来的李政道。李政道入学不久，叶企孙即发现他的自学能力超常，理论基础高过同辈。因此，他让李政道不必再来听自己讲的理论课，而专攻实验课。他并不是要李政道掌握实验技巧，而是要他通过物理实验的实践建立深刻的感性认识，从而深入认识理论与实验的关系，牢牢记住任何理性思维绝不可脱离实验根据——这是培养科学精神的关键，否则就绝对取得不了真正的科学成就。

李政道刚读完大学二年级，叶企孙就决定破格送他去美国读博士。11年后李政道获得诺贝尔物理学奖，打破中国人获诺贝尔奖零的纪录。而李政道当年上大学二年级时的理论考试试卷，叶企孙一直完好地珍藏着，足见他对学生的一片良苦用心。

叶企孙很善于运用一般教师意想不到的方法、措施来培养学生的素质。除李政道外，中科院化学部资深院士汪德熙也是他的得意弟子之一。汪德熙在回忆叶老师对他的教导时，说起了这样一件事。汪德熙曾有一个粗心大意的老毛病，多年难以改掉。在上叶老师教的热力学时,有一次参加大考,遇上一道难题,原理和计算都答对了,只是写错了一个加减号,导致答案荒谬可笑。按一般老师的规矩,只扣几分就行了,而叶老师却把整道题的分数都扣掉,事后还教训他说:"为什么不在写完答案时检查一下?这样荒谬的答案,竟不加考虑就交了卷。"这使汪德熙受到极大的震动,感到自己这个老毛病不是小事,从此便下定决心改掉。这件事以后,汪德熙与只教过他一门课的叶企孙建立了深厚的师生情谊。

叶企孙很重视国家在当时欠缺研究的领域,并鼓励学生将来去补缺。他动员王大珩和龚祖同去英国学玻璃工业技术、涂长望学气象、钱临照学金属物理,傅承义去美国学地震、赫崇本学海洋学、赵九章学海洋动力和海浪、王遵明学铸工和热处理等。

抗战期间,西南联大的教授们生活极端艰苦,甚至连果腹都很困难。叶企孙却省出自己的工资,买了两包糖果糕点,在昆明圆通公园举行茶话会,招待听他的热力学课的全体同学。他对大家说:

"目前困难是暂时的,抗战一定会胜利。你们一定要锻炼好身体,努力学习,将来为祖国争光。一定要大公无私,不计名利。"

半个世纪后,当年的学生还深深铭记着茶话会结束后叶企孙的背影,总忘不了这位慈父般的老师将一群离家求学的学生当成自己的儿女的恩情。

叶企孙最关心的还是学生的成才。即使学生毕业以后,他仍关注着他们,尽己之力予以帮助。学生冯秉铨常常激动地向别人谈起一个情况:他毕业多年后才发现,叶老师一直关注着他的成长,为他取得的每一点成就、每一个进步而高兴。他在国外发表的论文,叶老师总会认真阅读,并提出看法。

叶企孙去世后,遗物中有许多信件,是离校多年的学生写给他的,内容多是向他汇报工作、科研情况。在 1995 年举行的叶企孙铜像揭幕会上,远在美国的戴振铎,特地托同班同学秦馨菱在铜像前向清华献上一本刚出版的新著,向九泉之下的叶老师汇报。

在 20 世纪前半叶,叶企孙等人建立了科研、教学并重的清华大学理、工、农各学院及各系,并通过公开考试选派留美、留英公费生,为我国科学事业的建设作出了重要贡献。

(朔之北 李沐紫)

朱自清

一泓碧水

朱自清(1898—1948),原籍浙江绍兴,生于江苏东海。现代著名作家、学者、民主人士。1903 年,时朱自清 5 岁,其家搬至江苏扬州,不久朱自清入私塾,从戴子秋习古文。1913年入安徽旅扬公学高等小学,在这里受到良好的外语教育。1915 年入扬州两淮中学学习。1916 年考入北京大学预科。1925 年到清华大学任教。1931 年留学英国等地。次年回国,任清华中文系主任。1937 年抗战爆发,南迁昆明,任西南联大教授。1946 年返回北平,仍任清华中文系主任。1948 年病逝。

◎丰富而繁忙的清华生活

1916 年,朱自清考入北京大学预科。当时,新文化运动已在北大校园内悄悄展开,朱自清深受影响。但此后,由于父亲差事交卸,家庭经济开始拮据。次年春,朱自清奉命回家,与武仲谦女士完婚,两人婚后感情很好。由于新婚与父亲的赋闲,迫使他在进入北大哲学系后,用 3 年时间修完了 4 年的课程。1919 年所写《睡罢,小小的人》,是其新诗处女作。同年参加五四运动,走上文学道路。翌年获得文学学士学位,提前毕业,并与刚从日本考察回国的北大同学俞平伯,同赴

朱自清

浙江第一师范学校任教。

在浙江第一师范,朱自清以其新思想、新文学吸引了众多青年学生,但也深为初上讲坛而感不适。应引起注意的是,他的许多诗作,都是写于这一时期。1921 年,朱自清转赴母校江苏第八中学(即原两淮中学)任教务主任。同年秋,因为在八中工作繁忙,且难与师生相和等原因,朱自清匆匆辞职。是年秋,他经人介绍,入上海中国公学中学部任教。此时叶圣陶也在此校任教,两人建立了深厚的友谊。在沪期间,朱自清加入文学研究会;并与时在北京的俞平伯商议创立《诗》月刊,以提倡新诗。

朱自清

朱自清在上海教书时间不长,便因中国公学风潮事起而被辞,并往杭州一师任教。1922 年,朱自清赴台州,任教于浙江第六师范。同年,与周作人、俞平伯和徐玉诺等人出版诗歌合集《雪朝》。12 月写毕长诗《毁灭》,这是运用中国传统诗歌技巧写作的第一首长诗。1923 年又至温州,就聘于浙江省立第十中学。3 月 10 日,长诗《毁灭》发表,引起诗坛广泛注意。8 月某晚,他与俞平伯一道夜游南京秦淮河,后写下两篇同题名作《桨声灯影里的秦淮河》。1924 年,朱自清任教于浙江省立第四中学。

次年,因俞平伯举荐,朱自清正式被聘为清华学校教授。时清华初设大学部,成立国文系。从此,朱自清开始了他的清华生涯和中国古典文学的研究工作。当时清华又设国学院,聘梁启超、王国维、陈寅恪、赵元任为四大导师,学术气氛空前浓厚,"于是先生见闻日广,益谦虚,自居后辈"(浦江清:《朱自清先生传略》)。

这时,朱自清在清华的生活是非常安定的,其创作也日丰,除了后来为世间称道的散文《荷塘月色》外,为了解古诗文,他还创作了拟古诗《行行重行行》、《青青河畔草》等。此外他还有译作问世,如 1927 年与李健吾合译《为诗而诗》一文。但是,他仍不满足于这段时间的安定,继续思考着民族,探索着人生,并于翌年写下《那里走》。同年,最为后世称道的《背影》结集出版。

1929 年,一直伴随在朱自清身边的武仲谦女士病逝。第二年,时任清华中文系主任杨振声赴任国立青岛大学校长,朱自清即代理中文系主任一职,并在燕京大学兼课。

1931年，朱自清经莫斯科、柏林、巴黎抵达伦敦，开始为时1年的游学生活，并写下《西行通讯》。清华中文系早年便有"精通古今，融汇中西"的目标，正是朱自清与杨振声共议而出。其实，这一口号，又何尝不是朱自清对自己学术生命的要求呢？而西游1年，正可以看出他在学术与人生上的成熟。次年，朱自清由威尼斯返国，并与陈竹隐女士在上海结婚。陈女士长于书画，与朱自清情投意合。

是年，朱自清正式任清华中文系主任，主持中文系教学与日常事务。这时，闻一多也来到清华。从此，朱、闻二位先生开始了愉快的同事论学的校园生涯。

重归清华后的生活，是繁忙而丰富的。说繁忙，是因为朱自清除继续他以前讲授的诗经、歌谣、中国新文学研究等课程外，又另开陶（渊明）诗；此外还在燕大、北师大兼课。说丰富，是因为他在学术和写作上均颇有收获，次第写下《中国文评流派述略》、《陶渊明年谱中的问题》、《诗言志说》等论文及许多书评，创作的散文有《择偶记》、《说扬州》等，另外还主编了《中国新文学大系·诗集》。

1937年抗战爆发，北大、清华、南开三校联合于长沙设临时大学，后又一同迁至昆明成立西南联合大学，朱自清仍在中文系任教授，从事教学和科研工作。

联大的生活是艰苦的。在这一时期，朱自清一边为民族危亡而呐喊，一边埋头学术。1939年7月7日，他参加七七抗战二周年纪念会，写有短文《这一天》。他在文中呼唤：

"我们惊奇我们也能和东亚的强敌抗战，我们也能迅速的现代化，迎头赶上去。世界也刮目相看，东亚病夫居然奋起了，睡狮果然醒了。"

这时，朱自清的教学更加繁忙，又另开宋诗、文辞研究等课。其学术著作如《古诗十九首释》、《诗教说》等，也都是写就于这一时期。在这样的时局、这样的环境中，能写出这么多高质量的文章，是极不易的。1941年，朱自清曾住昆明郊外司家营文科研究所，这是一所由3座楼组成的小院子。朱自清、浦江清、许骏斋和何善周4人挤在一间侧楼上；中间是图书馆，为大家公用之书房。朱自清在自己的小屋中，每天都坐在书案前的椅子上，除了三餐与午饭后的小睡，从不离开这个座位。他上午7时起床，夜晚12时方入睡，其工作之辛勤可想而知。

当时的社会环境也非常恶劣。1941年，国民党统治区物价飞涨，一般贫民已经没有饭吃，一群群地自发起来"吃大户"。这样恶劣的环境，也影响到了联大的教师们。闻一多竟公开治印以"谋稻粱"。而朱自清的身体，也由于异常恶劣的环境与过度辛勤的工作，每况愈下。初至昆明时，朱自清便因身体健康等原因，辞去中文系主任一职。后来由于过于劳累，饮食太差，他又常发胃病。他在一封给俞平伯的信中，谈及自己因病而"自惧"，深感"天地不仁"。这也可以看出他此时寒涩的心境。

给朱自清打击更大的，是 1944 年其二女朱逖先因暴病夭亡于扬州，他为此深感痛惜。1945 年，朱自清飞赴成都过暑假，遇到吴组缃。吴组缃后来回忆当时的朱自清。

"忽然变得那等憔悴和萎弱，皮肤苍白、松弛，眼睛也失了光彩，穿着白色的西裤和衬衫，格外显出了瘦削、劳倦之态。"

待抗战快要结束时，国民党政府加紧在国统区的高压控制，在联大制造了"一二·一"惨案。朱自清悲愤不已，肃穆地为死难同学静坐 2 小时，后又至死难同学灵堂为之哀悼。1946 年，李公朴和闻一多在昆明相继被刺身亡，朱自清深感失友之痛，写道：

"此诚惨绝人寰之事。自李公朴被刺后，余即时时为一多之安全担心，但绝未想到发生如此之突然，与手段如此之卑鄙！此成何世界！"

同年清华复校，朱自清等 7 人因受校长梅贻琦所托，组成"整理闻一多先生遗著委员会"，开始整理闻一多的遗作与遗著。翌年，国内战争激化，美国政府借机干涉中国内政。北平 3 万学生举行"反饥饿、反内战"游行，清华学生 1200 人要求罢课 3 日，朱自清亦签名呼吁和平。同年，朱自清为已经整理完毕、即将付印的《闻一多全集》作序。

1948 年，朱自清身体日衰，然而仍积极支持进步活动。8 月 6 日，他的胃部突然剧痛，至医院已不能动弹。经检查，其胃已裂开二三分长的小缝，病情严重。而此时他仍嘱托家人要拒绝美援，饿死也不受"嗟来之食"。11 日，朱自清因胃病转发肺炎、肾脏炎不幸去世，年仅 51 岁。

◎写作、学术与为人

朱自清的一生，是那么广阔、丰富。在文学上，他是一代散文大家、诗人；在学术上，他是清华著名教授、学者；在为人上，他被称为爱国民主人士，是那么壮阔不屈。朱自清的一生，涉及到的人生层面是如此之广。而这一切的背后，又似乎有一个统一的归宿："天行健，君子当自强不息。"朱自清的生活、人品、写作和学术，都紧密地结合在一起，为后人所赞叹。

在文学上，朱自清是中国现代文学史上最早创作新诗的那批人中的一个。他早年与俞平伯、刘延陵等人组成"湖畔诗社"，用笔写下青年时期对人生点点滴滴的思考。这一点，体现了五四文风对人生的关注。加之早年朱自清曾就学于北大哲学系，使他这种对人生的探寻愈发深刻。不过，朱自清真正名世的，还是他的散文。直至今日,他的《背影》、他的《荷塘月色》、他的《绿》,他的《桨声灯影里的秦淮河》,还是为世熟知、脍炙人口的经典之作。

朱德熙在《谈朱自清先生的散文》里说:

"他的文章严谨不苟,虽然着意锤炼文字,但风格平易自然,既不流于险涩,也很少华丽的铺排与藻饰。

"能够在朴素自然的风格中立新意、造新语,于平淡之中见神奇,平正通达而又富于创造性。"

杨振声则在《朱自清先生与现代散文》里说:

"朱先生的性情造成他散文的风格。

"他文如其人,风华是从朴素出来,幽默是从忠厚出来,腴厚是从平淡出来。"

自从白话文运动之后,中国的文章写作面临变革。以通俗之白话写文章,会失去中国传统散文的雅趣;而以老式文言行文,又明显呆板。朱自清则借古文之简练、隽永,融入通俗白话之生机、流畅,文有趣味,文有深情,亦感慨良多。

喜欢文学的人谈及朱自清,只认为他是文学巨匠,可除此之外,朱自清还有更广泛的学术生活。他在进入清华任教以后,深受清华学风的影响;加之他原本就是认真之人,所以学风极为严谨。朱自清专长于"中国文学批评"课题,他这方面的材料收集得也非常多。"每一个历史的意念和用词,都加以详细的分析,研究它的演变和确切涵义。"《诗言志辨》是朱自清在这一方面的专著,其中收有《诗言志》、《诗比兴》、《诗教》和《诗四篇》4 文,对后世中国诗学史的影响甚巨。

朱自清的中国文学批评研究,并非只是以古论古。他曾指出,写作中国古典文学批评史的困难之一,恰恰是中国现代文学里的批评还没有得到很好的发展。所以,他在潜心于古典诗学研究的同时,亦颇多关心与其同时代作家的作品,并经常发表文评。从古典文学批评到对当时文学的评论,正反映了朱自清融古包今的学术气量与深远的思虑。

除了文学批评以外,朱自清对诗也有独到的研究。因为他自己也同时是个诗人,故很能体会古典诗词中的神韵,对陶渊明、谢灵运、李贺等古代优秀诗人都有颇多考证。后又以《宋诗钞选》、《宋诗钞略》为教本,对苏(轼)、黄(庭坚)等人都有颇精深的研究。

朱自清的古代文学研究的眼光是借古鉴今的。他要求自己的研究能对当时的文艺发言,反对乾嘉以来日渐繁琐的考据之学。这样才使他的文学研究有着勃勃生机,引人入胜。

朱自清也从不只专注于专门学问,他还乐意将学术普及化。他的研究,不仅有专业学者的高度与深度,也考虑到为大众所接受的广度。他的《经典常谈》、《古诗十九首释》,以及与叶圣陶合著的《精通指导举隅》、《略读指读举隅》等,都是这一方面的力作。

除上举种种之外,朱自清还译介了许多西方文艺理论著作。其学问、著述如此之广泛,可谓博古通今,中西兼治。

朱自清写作治学,其目的是指向人生的。朱自清为人的境界,与他为文写作的境界一样高洁可敬。

在朱自清的亲朋与弟子的眼中,他是一个怀着脉脉深情的人。这一点,仅从他那篇短短的《背影》牵挂了那么多人的心弦,便足可以知道。他又是一个极为认真的人,做每一件小事都是那样一丝不苟,不愿留下些许令人不满意的瑕疵。尽管这样,朱自清却绝非一个死板的人,他还是很风趣的,这在他的《谈抽烟》、《择偶记》中,可以寻得不少影子。

朱自清最为人所称道的,还是他的气节。正所谓"君子坦荡荡",朱自清做每一件事,都有着他自己的信念。正是这样一个胸襟开阔的人,面对那样一个黑暗、凄冷的世界,才敢于直言,无所禁忌。他用自己在学问中的所读所想所得,来看待这个人世,评点这个人世。正是这样,他的学术写作和他的人生才如此完美地结合了起来。他的学术写作,因为与华夏民族有着血脉的联系,而得到了升华;他的人生,因为背依着数千年中华文明的神髓,而显得那样光彩。

朱自清是一个有自己信仰的人。他虽乐于在物质生活中寻觅那一丝一缕的情趣,但他更朝向光明而灿烂的人生之境。他倾慕陶渊明,与靖节先生一样,为了自己的气节,为了民族的兴亡,他执意拒绝美援,不为五斗米折腰,即便身体、生命已经极度虚弱。

从文学到学术,从人品到人生,朱自清那清贫、短暂而灿烂、丰饶的一生,为我们留下了许多珍贵的回忆。这些回忆,将永远伴随在我们民族的兴盛之途中。

（谢华育）

闻一多

学者·诗人·爱国者

闻一多(1899—1946),原名闻家骅,字友三,湖北浠水人。现代伟大的爱国主义者,坚定的民主战士,中国民主同盟早期领导人,著名学者,新月派代表诗人。1912年考入清华,喜欢读中国古代诗集、诗话、史书、笔记等。1916年开始在《清华周刊》上发表系列读书笔记,总称《二月庐漫记》。1921年与梁实秋等人发起成立清华文学社。翌年赴美国芝加哥美术学院学习。1925年回国,1932年到母校清华中文系任教。1937年抗战爆发,来到云南昆明西南联大任教。抗战8年中蓄须明志,表达抗日到底的决心。抗战胜利后,国民党特务控制昆明,迫害知名进步人士。1946年7月11日,著名民主人士李公朴被特务暗杀。7月15日,在悼念李公朴大会上,发表著名的《最后一次讲演》。当天下午在回家的路上被特务杀害。著有诗集《死水》、《红烛》,学术成就在《庄子》、《诗经》、《楚辞》等的研究上。

闻一多

◎学者的印象与历程

1934 年暑假,清华一位同学在他的《教授印象记》里面说:

"闻先生上课时, 随身带有一对儿法宝——那就是一个二尺长、一尺多宽的大簿子,那里面装满了闻先生几年来的心血——《诗经》与《楚辞》的 notes……闻先生讲《诗经》、《楚辞》是绝和那些腐儒不一样的。《诗经》虽老,一经闻先生讲说,就会肥白粉嫩地跳舞了;《楚辞》虽旧,一经闻先生解过,就会五色斑斓地鲜明了。哈哈! 用新眼光去看旧东西,结果真是'倍儿棒'哪。二千多年前的东西不是? 且别听了就会脑袋痛,闻先生会告诉你哪里是 metaphor, 哪里是 similes,怎

闻一多

么新鲜的名词,一用就用上了么,你说妙不妙?不至于再奇怪了吧?还有一句更要紧的话得切实告诉你:闻先生的新见解都是由最可靠的训诂学推求得来的,证据极端充足,并不是和现在新曲解派一样的一味胡猜。"

在该文中,这位学生还描述了闻一多的相貌,说他有着"瘦削的面儿,两道浓黑的剑眉,一双在眼镜里闪烁的炯炯有光的眼睛"以及"一头整年不梳的长发"。

又一位学生回忆,闻一多曾多次跟学校交涉,把课安排在傍晚。

"7 点钟,电灯已经来了,闻先生高梳着他那浓厚的黑发,架着银边的眼镜,穿着黑色的长衫,抱着他那数年来钻研所得的大叠大叠的手抄稿本,像一位道士样地昂然走进教室里来。当同学们乱七八糟地起立致敬又复坐下之后,他也坐下了,但并不立即开讲,却慢条斯理地掏出自己的纸烟匣,打开来,对着学生露出他那洁白的牙齿作蔼然一笑,问道:'哪位吸?'同学们笑了,自然并没有谁坦直地接受这 gentleman 风味的礼让。于是,闻先生自己擦火吸了一支,使一阵烟雾在电灯光下更浓重了他道士般神秘的面容。于是,像念'坐场诗'一样,他拖着极其迂缓的腔调,念道:'痛——饮——酒——, 熟读——离——骚——, 方得为真——名——士!'这样地,他便开讲起来。显然,他像中国的许多旧名士一样,在夜间比在上午讲得精彩, 这就是他为什么不惮烦向注册课交涉把时间延长下去, 直到

'月出皎兮'的时候,这才在'凉露霏霏沾衣'中回到他的新南院住宅。"

以上文字只是"印象",但也不难从中勾勒出闻一多的人格与性情轮廓。

闻一多先生的一生,有大半时间是在清华园中度过,起先是上学,后来是当教授。他深具匡扶世道人心的决然之概,终其一生从不稍移。早在少年时代进清华读书的时候,他就表露出强烈的入世精神。

清华学校是1911年用美国退还的部分庚子赔款办起来的一所留美预备学校。闻一多是以湖北省备取第一名选赴清华的。那年考试,作文题目是《多闻阙疑》。闻一多模仿梁启超的"新民体"风格,文气恣肆汪洋,故而得主考官的垂青。

清华园是美丽的,工字厅古香古色的建筑群,水木清华潋滟的波光,古月堂的垂花洞门,一切都在宣示着这昔日皇家园林的魅力。园子里固然不乏像闻一多、潘光旦这样的优秀人才,但也有悠闲的贵族、梦想出人头地的匠人胚子。闻一多极为鄙夷园子里的功利气,当时绝大多数学生仅把心思放在出洋上,美国教员上课就聚精会神;而倘若是中文课堂呢,学生即气焰甚嚣尘上,完全是两幅面孔。闻一多很痛愤地写下《中文课堂底秩序底一斑》,发表在他及其同人共编的刊物《清华周刊》上。该文是对清华学生轻视国文倾向的素描。

在出洋之前,闻一多总结了他在清华学习、生活达10度春秋(1912—1922年)的感受。他不屑于一般美国教授认为清华学生"太不懂美国,太没受着美国文化底好处",而是石破天惊地喊出"清华太美国化了!清华不该美国化,因为所谓'美国文化'者实不值得我们去领受!"他列举了广泛存在于清华学生身上的平庸、肤浅、虚荣、浮躁、奢华等精神,接着说:

"除了经济,美国文化还有什么呢?我们看近来清华要学这个的该有多少?再看别的不学这个的,有谁不是以'吃饭'作标准去挑选他们的学业?再看从美国回来当买办、经理的该有多少?再听一般人的论调,总是这个有什么'用',那个有什么'用',他们除了衣食住的'用'外,还知道什么?他们的思想在哪里?他们的主义在哪里?他们对新思潮的贡献在哪里?他们的人格理想在哪里?他们的精神生活又在哪里?"

闻一多对功利主义表现出强烈的憎恶,因为他自己恰是一个真正的贵族。他并没有因为愤世嫉俗而渐入山林隐逸之流。学校课程很重,只有暑假回家才有时间阅读自己喜爱的书籍。其自传《闻多》云:

"每暑假返家,恒闭户读书,忘寝馈。每闻宾客至,辄踧踖隅匿,顿足言曰:'胡又来扰人也!'所居室中,横胪群籍,榻几恒满。"

后来在西南联大教书期间,闻一多还被郑天挺称做"何妨一下楼主人",可见其学习之勤奋。

在清华读书期间,闻一多的成绩名列前茅,但他却不屑于为了谋生而"积极上进"。他还是许多社团的活跃分子,校刊不少文章与插图均出自他的手笔。当时,清华的戏剧活动很红火。闻一多也搞剧本创作,也搞美术设计,同时自己还饰演角色。有一部《鸳鸯仇》,闻一多参加了编写和排演。该剧针砭时弊,较早尝试戏剧改良。后在第一舞台演出,京剧大师梅兰芳也赶来观看,可见其影响之大。

对这个功利化的社会恨之愈深,对真正的人才也就爱之愈切。闻一多终其一生,对青年才俊的提携是不遗余力的。1933 年,诗人朱湘因为与功利的社会不调和而自杀。闻一多便立刻想到要救救唐亮。唐亮,字仲明,1926 年清华毕业生,曾赴法国学习美术。同朱湘一样,唐亮回国后生活并无着落。闻一多为其奔走多方,帮助他解决生计问题。闻一多曾经有一位得意门生方玮德后来病死了,他极为伤心。

为了爱才,闻一多竟不惜得罪同事。西南联大时期,他让自己的助教协助王力搞研究。后来这位助教因替王力抄稿子,把手指都弄肿了。他马上把这位助教给调了回来,还给了王力一张条子,叫他"另觅抄胥",弄得王力好一阵不快。

◎诗人的创作与性情

在海外的日子,是闻一多集中创作爱国诗歌的时期。在当时的美国,中国留学生遭到广泛的歧视。有一次,闻一多的朋友陈长桐想去理发,但进了理发馆后,对方居然拒绝为他服务。他一气之下,到法院去打官司。后来,理发的带着工具走进陈长桐的寓所,说:"密斯特陈,以后你要理发,尽管吩咐,我到你的府上来,可千万不要到我们理发馆里。你们唐人光顾过的地方,别人谁也不会来呀!"闻一多在这个背景下、这一时期写成的《洗衣曲》、《爱国的心》、《七子之歌》,曾感动过无数仁人志士,更引起许多海外游子的共鸣。

当然,美国也有不抱偏见、并跟中国留学生建立了深厚真挚的友谊的人。闻一多曾经就读的科罗多拉大学艺术系,由利明斯姊妹主持。她们认为,闻一多是其学生中从未曾有的最有希望者之一。她们特别提到,闻一多的嘴,是她们从未见过的"sensuous mouth"——"引起美感的嘴"。还有芝加哥大学的法文副教授温特,同闻一多的友谊持续了一生。温特后因闻一多的推荐,来到清华教法文。闻一多牺牲后,一部分骨灰带回北平,几番辗转,由温特保存,直至新中国成立。

闻一多在美国所作的《醒呀!》,后成为他回国后发表的第一首诗。它以汉、满、蒙、回、藏5个民族和"众"的口吻,发出呼喊觉醒的吼声。

　　(众)天鸡怒号,东方已发白了,
　　庆云是希望开成五色的花。
　　醒呀! 神勇的大王,醒呀!
　　你的鼾声真和缓得可怕。
　　他们说长夜闭熄了你的灵魂,
　　长夜的风霜是致命的刀。
　　熟睡的神狮呀! 你还不醒来?
　　醒呀! 我们都等候得心焦了!

　　(汉)我叫五岳的山禽奏乐,
　　我叫三江的鱼龙舞蹈。
　　醒呀! 神明的元首,醒呀!

　　(满)我献给你长白的驯鹿,
　　我献给你黑龙的活水。
　　醒呀! 勇武的单于,醒呀!

　　(蒙)我有大漠供你的驰骤,
　　我有西套作的你的庖厨。
　　醒呀! 伟大的可汗,醒呀!

　　(回)我给你筑碧玉的洞宫,
　　我请你在葱岭上巡狩。
　　醒呀! 神圣的苏丹,醒呀!

　　(藏)我吩咐喇嘛日夜祷求,
　　我焚起麝香来欢迎你。
　　醒呀! 庄严的活佛,醒呀!

　　(众)让这些祷词攻破睡乡的城,
　　让我们把眼泪来浇醒你。

> 威严的大王呀，你可怜我们！
>
> 我们的灵魂儿如此的战栗！
>
> 醒呀！请扯破了梦魇的网罗，
>
> 神州给虎豹豺狼糟蹋了。
>
> 醒了罢！醒了罢！威武的神狮！
>
> 听我们在五色旗下哀号。

此诗不唯气势磅礴，在艺术手法上也有独到之处。许多人把闻一多称做新诗的开路者，因为他在创作上和理论上均有建树。他的诗歌意象，在新诗中是独树一帜的。在形式的范畴上，他提出了新诗的格律问题，即要符合"音乐的美、建筑的美、绘画的美"。尽管闻一多的诗歌在早期隶于新月派，但同新月派其他诗人，比如徐志摩的作品，有着本质的区别。

当时，新月派诸人对泰戈尔推崇备至，独有闻一多抱有异议。其时泰戈尔刚获诺贝尔文学奖，在国际诗坛如日中天。闻一多却说，泰戈尔的"诗之所以伟大，是因为他的哲学"，"而哲理根本不宜入诗"，哲理诗也"难于成为上等的文艺"。同时他更尖锐地指出，"泰戈尔的文艺底最大的缺憾，是没有把捉到现实"，而且"因为受了西方文化的陶染，他的思想已经不是标类的印度思想了"。闻一多进而又批评泰戈尔的诗歌没有形式，"单调成了它的特性……"这些话都是肯綮之言，至今仍令人觉得意味深长。

闻一多刚留美回国时，曾有一段时间鼓吹法国王尔德、梅里美式的唯美主义，并把自己的书房布置得很是别致：墙壁是一体的黑，狭狭地镶着金边，在灯光的照耀下显得特别神秘、阴郁，完全是一副隐逸诗人的姿态。但在实际上，他从来就没有放松过对社会的关注。

1919年五四运动爆发当天，因清华处在郊外，闻一多没能赶上亲身参加这场盛会。后来听进城的同学讲了后，他连夜抄录岳飞的《满江红》，半夜里贴到清华饭厅的门口。他还与潘光旦、吴泽霖、闻亦传等5人共组小团体"⊥社"。（"⊥"即古代的"上"字。）这个社什么都管，电影不好，他们提出批评；有人上厕所不守秩序，屎尿撒在外面，他们也管。更经常地，他们读书、讨论，寻觅救国强民的方案。

1921年，北京8所国立大学的教职员，因北洋政府拖欠教育经费，展开索薪罢教的斗争，遭到北洋军警的残酷镇压。清华学生以罢考的行为表示声援。闻一多所在的辛酉级是毕业班，不考试就意味着不能出洋。但是，闻一多等29人坚决拒绝参加考试而被清华当局取消学籍。其实，根据学校记分法，学生平日成绩作70%，大考仅占30%，而上学期大考又占了一半，因此在成绩上说，他们已经取得毕业资格。

后来,清华董事会因开除这29名学生在经济上对美国很不合算,故不同意学校对他们的处分。于是,清华当局允许拒考同学签具悔过书后即可于次年放洋。但闻一多坚持无过可悔,后来被迫留级1年以后才出国。他就是这样一个坚持原则的人。

闻一多爱激动,好负气,完全是诗人气质。他刚到清华任课时,很多学生有着"闻一多是新月派,教不了古代文学"的想法。因此,他的《楚辞》课仅有两个人选修。当时,清华的学生与老师年龄相差不大,有的还已经在刊物上发表了文章,因此认为自己并不比老师差。

闻一多

有一次,闻一多在课上讲训诂,认为"振"与"娠"互通。一位学生认为他讲得没有根据,他很生气,发了脾气,说:"你说该怎么讲?"另一学生在一边笑,闻一多说:"你笑什么?"学生说:"你说不同的意见可以讲,人家讲了你又发脾气。"闻一多气得一周没有上课。后来他到教室见没有人,又跑去宿舍找学生。还有一次,学生请闻一多参加座谈会。他听说有另一个他不喜欢的人在座,就坚决不去。在他的神话课上,一个学生不认真完成作业,从《中国神话ABC》中抄录资料。他怒不可遏地把作业纸撕得粉碎,还一边说:"我告诉你,我的课是X、Y、Z!"

任酒放诞也是闻一多名士风范的一部分。还是在青岛大学的时候,胡适应邀讲演,晚上校方设宴款待。闻一多酒兴方浓,拉胡适入座划拳。胡适吓得把刻有"戒酒"二字的戒指戴上,要求免战。闻一多笑呵呵地说:"不要忘记,山东本是出拳匪的地方!"

◎爱国者的本色与结局

唯其性情最真,故而最得诗家旨趣。然而,闻一多又绝不是旧式的风流自赏的名士派人物。他对真理的拳拳服膺,时时能指挥其平常的意气。闻一多早年曾参与组建国家主义社团"大江社"。他在科罗拉多大学听到误传的孙中山先生的

凶信,立刻脸涨得通红,连连说:"这个人如何可以死,这个人如何可以死!"后来他便创作长诗《南海之神》,以表达对孙中山的爱戴。进入中年以后,他的脾气有很大改变。但是在爱国、民主的立场上,他至死都保持着最激烈的态度。

闻一多跟潘光旦是挚友,但是有一次,他对已改学优生学的潘光旦说:"你研究优生学的结果,假使证明中华民族应当淘汰、灭亡,我便只有用手枪打死你!"他这句话绝非玩笑。

闻一多在青岛大学任教期间,有一个学生在海滩玩耍,不知什么原因同傲慢的日本小孩发生冲突,结果被日本人打得半死,还被送到警察局。那名义上是中国人、实际上专门媚外的警察局长,在向日本人谄笑着道了歉以后,竟不顾社会人士的愤怒与要求,把那个学生关押起来,然后又用电话警告校长不要"对学生放纵"。闻一多其时正在西洋文学史课上,他知道这件事后,愤怒使他的脸色马上变得怕人,他抛下书本,大声说道:"中国,中国,难道你已经亡国了吗?!"

抗战时期,西南联大教授罗常培与他的总角之交老舍时有唱和。闻一多却认为,在这样的国难形势之下,不该写旧诗。闻一多的古典文学功底本来是很深的,他虽以新诗蜚声文坛,实则旧诗也写得很好,早年就创作过很多古典诗文。但在那个时候,他却以决然的态度反对旧诗。

有一次,老舍应邀讲演,闻一多主持。他赞扬老舍是以活的语言创造了活的文学,接着就拿旧诗反衬,说:"在今天抗战时期,谁还热心提倡写旧诗,他就是准备做汉奸!汪精卫、黄秋岳、郑孝胥,哪个不是写旧诗的赫赫名家!"这话说出来,满场震惊,老舍也愕然。他就是这么坦率。

1944 年,在"抗战七周年纪念日"上,西南联大壁报协会与云南大学、中法大学、英语专科学校 3 校学生自治会,在云大"至公堂"联合举行"时事座谈会"。云大校长熊庆来谓:"中国的积弱,是因为学术不昌明,师生诸人宜守住学术岗位,不应驰心外骛。"闻一多本来只是想旁听,听了这样的话却再也忍不住了,他忽地站起来,说:

"谈到学术研究,深奥的数学理论,我们许多人虽然不懂,这又哪里值得炫耀?又哪里值得吓唬别人?今天在座的先生,谁不是曾经埋头作过十年、二十年的研究的?谁不希望能够安心地做自己的研究?我若是能好好地读几年书,那真是莫大的幸福!但是,可能吗?我这一二十年的生命,都埋葬在古书古字中,究竟有什么用?究竟是为了什么人?现在,不用说什么研究条件了,连起码的人的生活都没有保障。请问,怎么能够再作那自命清高、脱离实际的研究?"

闻一多跟熊庆来是多年的老友了,这时候却在大庭广众之中毫不留情面地指斥对方,令熊庆来很下不了台。后来经华罗庚解释,他才知道熊庆来也是上了特务的当。闻一多感慨地说:"当时不得不这样啊! 自然,我讲话太嫌锋利了点。"

由于闻一多在学术界的巨大影响以及他对时局所采取的鲜明态度,遭到国民党当局的嫉恨。他们首先是想拉拢闻一多、朱自清等著名教授加入国民党,但自然遭到了拒绝。闻一多的态度很明确,他表示:"他们要封我的口是封不住的。"为了民主和平,他置生死于度外。当李公朴先生遇害后,有人通知他,说特务的下一个暗杀目标就是他,形势非常危急,让他躲一躲。但他勇不避险,视死如归,义无反顾,在追悼会上痛骂特务,慷慨激昂,终于也为民主事业贡献了生命。

闻一多的死,是中国学术界、文学界、民主界极大的损失,在国内外引起了强烈反响。他在文化学术上的开创之功、他的人格感召力量、他为追求真理而不惜牺牲生命的勇决,将永远激励后来者拼搏奋进。

(徐晋如)

俞平伯

"我是文学家，不是红学家"

俞平伯(1900—1990)，原名铭衡，乳名僧宝，初字直民，后字平伯，祖籍浙江德清，生于江苏苏州。现当代著名诗人、散文家、红学家。清代朴学大师俞樾曾孙。1915年进北京大学文学系预科学习，后参加五四运动，为新潮社、文学研究会、语丝社成员。1919年毕业，赴日本考察教育。回国后，在杭州第一师范学校执教。此后历任上海大学、燕京大学、北京大学、清华大学、中国大学教授。1947年加入九三学社。新中国成立后，历任北大教授、中国社会科学院文学研究所研究员、九三学社中央委员、中国文联委员、中国作协理事等职。1918年以白话诗《春水》崭露头角。次年与朱自清等人创办我国最早的新诗月刊《诗》。至抗战前夕，先后结集的有《冬夜》、《西还》、《忆》等。亦擅词学，曾有《读词偶得》、《古槐书屋词》等。在散文方面，先后结集出版有《杂拌儿》、《燕知草》、《古槐梦遇》、《燕郊集》等。其中，《桨声灯影里的秦淮河》等名篇曾传诵一时。

俞平伯早在1921年就开始研究《红楼梦》，两年后由亚东图书馆出版其专著《红楼梦辨》。1952年又由棠棣出版社出版《红楼梦研究》。1954年3月复于《新建设》杂志发表《红楼梦简论》。同年9月遭受非学术的政治批判，长期受到不公正待遇，然仍不放弃

俞平伯

对《红楼梦》的研究。1986年应邀赴香港，发表《红楼梦》研究中的新成果。1988年上海古籍出版社出版其论著合集。另著有《红楼梦八十回校本》、《论诗词曲杂著》。

◎"我不懂《红楼梦》"

1986年11月19日，已87岁高龄的俞平伯，应香港中华文化促进中心及三联书店(香港)有限公司联合邀请，由外孙韦奈陪同，从北京飞赴香港讲学。21日举行记者招待会，他提出《红楼梦》研究应当从小说角度出发。次日下午在香港中华文化促进中心讲"索隐与自传说闲评"，他提到，红学研究历来有索隐、自传说两派，并且说：

"索隐派的研究方向是逆人，自传说则是顺流。在第一回中，作者自己说是'将真事隐去'，要把'隐'去的'索'出来，这是逆人。说自传说的研

俞平伯小时候与曾祖父、父亲合影

究方向是顺流，是因为正文中有：(欲将往事)'编述集以告天下人'的文字，于是在往事上作文章，牵涉到曹氏家族，这是顺流。好像是顺流对，逆人错，但也并不一定……由于矛盾很多，两派搞来搞去，到底往往不能自圆其说，认为索隐派'靠猜谜'，自传说借助考证，两派各有得失。"

这次讲演，听众近三百人。但邀请单位向外宣传的是"文学家俞平伯"，尽管大家都心领神会，俞平伯要讲的必定是《红楼梦》；外界对于俞平伯的看法，也首先是"红学大师"。

称"文学家"而不称"红学大师"或"红学专家"，这是俞平伯自己的意见。他在接受香港方面的邀请时，就提出了这一点要求。并说："我不是红学专家，我不懂《红楼梦》。谁叫我红学专家我跟谁急！我就是文学家。"老人仍未释怀当年对他的错误批判，直至逝世前交代身后事宜，他都叮嘱不要称红学家。

对俞平伯的批判，早在1954年就开始了。这年9月，李希凡、蓝翎在山东大

学学报《文史哲》上发表《关于〈红楼梦简论〉及其他》一文，"向 30 多年来俞平伯关于《红楼梦》研究中之胡适派资产阶级唯心论展开严厉批判"。中国文联机关刊物《文艺报》立即予以转载，并加按语云：

"作者是两个在开始研究中国古典文学的青年，他们试着以科学的观点对俞平伯先生的《红楼梦简论》一文中的论点提出批评，我们觉得这是值得引起大家注意的……作者的意见显然还有不够周密和不够全面的地方，但他们这样地去研究《红楼梦》还是正确的。"

接着，李希凡、蓝翎二人又在《光明日报》上发表《评〈红楼梦研究〉》一文。5 天后，毛泽东致信中共中央政治局，对李、蓝表示支持。信中说：

"事情是两个'小人物'做起来的，而'大人物'往往不注意，并往往加以阻拦。他们同资产阶级作家在唯心论方面讲统一战线，甘心做资产阶级的俘虏。"

又过了两天后，中国作协党组开会，传达毛泽东的这封信。接着，《人民日报》刊出钟洛的文章《应该重视对〈红楼梦〉研究中的错误观点的批判》，发动批判胡适思想。10 月 28 日，《人民日报》又发表袁水拍《质问〈文艺报〉编者》一文，批评《文艺报》编辑在转载《关于〈红楼梦简论〉及其他》一文时之按语中，反映出一小撮人"对于'权威学者'的资产阶级思想表示委曲求全，对于生机勃勃的马克思主义思想摆出老爷态度"。并指出"《文艺报》等刊物不是怎样千方百计地吸引新的力量来壮大、更新自己的队伍，反而是横躺在路上，挡住新生力量的前进"。为此，《文艺报》主编冯雪峰被迫作自我检讨，俞平伯的"资产阶级唯心主义"红学观点受到批判。

10 月 31 日，俞平伯出席中国文联、中国作协召开的扩大联席会议，批判《红楼梦》研究中胡适派资产阶级唯心论及《文艺报》之错误，会议一共开了 8 次，12 月 8 日结束。11 月，俞平伯在九三学社北京市分社沙滩支社小组会上作第一次自我检讨。次年 2 月 5 日，教育部副部长叶圣陶会见俞平伯，交谈俞平伯之"初步检查"稿。3 月，俞在《文艺报》上发表《坚决与反动的胡适思想划清界限——关于有关个人〈红楼梦〉研究的初步检讨》一文。这以后，就开始了长达多年的对俞平伯的批判。

这个时候，在美国的胡适也很关注俞平伯的命运。他写信给香港友人程靖宇，分析俞平伯被清算的原因，并请其继续搜集俞平伯被清算的资料。

靖宇兄：

6 月中收到你寄的《红楼梦新证》三版，似尚未写信道谢，现在补致感谢之意。近来大陆上又闹清算俞平伯的《红楼梦研究》事，这也可算是 Vicariously（代理)清算我。

周汝昌的书因为有几处故意骂我,所以他至今还没有轮着受清算。但此次已被迫作长文攻击俞平伯了。平伯的书,你上次说过,把原来提到我的地方,都改成了"某君"。这就是他的罪状了。因为改称"某君"就是还不忍骂,还舍不得骂。岂不是大罪过?

但我看汝昌同一切信仰"科学的《红楼梦考证》"的人,都不能永久逃脱清算之厄。至多不过是时间的问题而已。(汝昌书实是"新红学"的最大成绩。平伯之发,他怕难免!)

平伯的《红楼梦研究》,香港如买得到,乞你买一册寄下,至感!

港报如载有清算平伯的文件,千乞代剪寄一二。(友人从曼谷剪寄了几件来。)

匆匆敬祝新年平安

适之

1954.12.18.

到"文化大革命"的时候,俞平伯马上被扣上"反动学术权威"的帽子,被抄家,藏书、著作被洗劫一空。他多年心血凝就的《古槐书屋诗》与《古槐书屋词》下落不明;自己被当做"牛鬼蛇神"关进牛棚,每天打扫厕所,随时挨批判……

直到 1986 年 1 月 20 日,中国社会科学院文学研究所举行俞平伯从事学术活动(其实就是《红楼梦》研究)65 周年庆祝会。院长胡绳致辞,才正式为他恢复名誉,誉之为"有贡献的爱国者","他的红学研究是有开拓性的;1954 年对俞平伯的政治性围攻是不正确的,是不符合中国共产党的'双百'方针的;那次围攻从精神上伤害了俞平伯,在学术界产生了不良影响"。

其实不劳胡绳,历史早已给予俞平伯公平的评价。1980 年举行全国文学艺术工作者第四次代表大会,8 位研究《红楼梦》的代表聚到一处,当年领头批判俞平伯的"急先锋"蓝翎、李希凡此时则虚心地向俞老请教。

◎"家乡—北大—清华—北大—寿终"

俞平伯 1915 年考入北京大学中国文学门。1928 年 10 月受清华大学校长罗家伦之聘,出任清华中国文学系讲师。他在清华执教 9 年,新中国成立后先回北大,后入社科院文学所,放弃大学教席。他一生创作极丰,在文学领域的多个方面取得了开拓性的成就。

俞平伯出生在真正可以称得上是书香门第的家庭。曾祖俞曲园(樾),清代著名大儒,最后一位经学大师,章太炎的本师,著有《春在堂全集》。其父俞陛云,清末探花,著有《乐静词》、《诗境浅说》等书。俞平伯自幼随曾祖居苏州。曾祖的谦谦君子之风、大儒气象,给予他很深的印象。俞樾也极疼爱这位灵秀的曾孙,曾携之在苏州寓所合摄一影,并题诗纪事。

俞平伯的父母对他督课甚严,这为他以后从事古典文学的研究打下了扎实的基础。12 岁即在课余阅读《红楼梦》。16 岁考入北大中国文学门,师从黄侃研读周邦彦《清真词》。1920 年初,与傅斯年同船赴英国留学(4 月即因经济原因返家),"途中始熟读《红楼梦》",并与傅斯年"剧谈是书",之后便逐渐深入。

1921 年春,俞平伯受到胡适"整理国故"的影响,开始与顾颉刚通信讨论《红楼梦》,并想办一个研究月刊。到 1922 年,他就出版了《红楼梦辨》。此书针对五四以前旧红学派之"索引派"而改以作家身世与思想感情相联系,探索作品本身固有的内涵,力图"使红学研究走向正途"。这是"新红学派"的代表著作之一,顾颉刚为之作序。1952 年,《红楼梦辨》修改后以《红楼梦研究》为题再版,被列为"中国古典文学研究丛刊"之一。

俞平伯是五四新文学运动的积极号召者。他最早因其新诗创作而引起文坛注意。1918 年 5 月,《新青年》杂志上发表他的第一首新诗《春水》。10 月撰《白话诗三大条件》,提出新诗乃"抒发美感的文学,虽主写实,亦必力求其遣词命篇之完密优美。因为雕琢是陈腐的,修辞是新鲜的。文辞粗略,万不能抒发高尚的理想"。11 月,加入北大同学傅斯年、罗家伦等人组织的'新潮社',任干事部书记。

1921 年 1 月,经郑振铎介绍,俞平伯加入文学研究会。是年春,胡适托他整理《尝试集》第四版。翌年 1 月与刘延陵、叶圣陶、朱自清一起,创办我国新诗运动以来最早的诗刊《诗》月刊。俞平伯在创刊号上发表诗论《诗的进化的还原论》及几首新诗;并出版第一本诗集《冬夜》。

其实,俞平伯在新文学上的突出地位,更多的是因其散文创作的成就。他散文创作最活跃的时期,就是在清华阶段。

1928 年 10 月,俞平伯来到清华讲课;同年辞去燕京大学教席,但仍在北大兼课。在清华,他开出的最有特色的课程,是词的写作。这是与朱自清、杨振声合开的《高级作文》课的一部分。今北大中文系著名教授林庚先生回忆说,他曾在清华选修这门课,收益很大;后来就放弃原来所学的理科专业,而专攻中国文学了。

俞平伯的散文,淡雅闲适,平和之中蕴藏着浓得化不开的情致。有一次,他与朱自清同游南京秦淮河,归来后各自写了一篇《桨声灯影里的秦淮河》,两作均脍炙人口，一时传为文坛佳话。俞平伯的文章较朱自清的文章更富有理性，不如朱自清的文章那样唯美、抒情，但他的句子仍独具魅力。

"又早是夕阳西下，河上妆成一抹胭脂的薄媚。是被青溪的姊妹们所熏染的吗？还是匀得她们脸上的残脂呢？寂寂的河水，随双桨打它，终是没言语。密匝匝的绮恨逐老去的年华，已都如蜜饯似的融在流波的心窝里，连呜咽也将嫌它多事，更哪里论到哀嘶。心头，婉转的凄怀；口内，徘徊的低唱；留在夜夜的秦淮河上。"

如真似幻的情景，低回含蓄的语言，传递出作者对秦淮河这一六朝烟粉之地无限的哀婉。这段文字化用了许多典故，然而却不着一丝痕迹。这正是大家的高明之处。

自来清华后，俞平伯结合授课，创作著述日增。他这个时期的各种文学作品，广为文坛重视，频频被名家选收：其诗文集《燕知草》列为"中国现代文学史参考资料丛书"；《诗的歌与颂》被《清华学报》抽印单行本；《读诗札记》被列入"文艺小丛书"之二；1935 年鲁迅编选《中国新文学大系·小说二集》，收入他的《花匠》；周作人编选《中国新文学大系·散文一集》，收入他的《桨声灯影里的秦淮河》等 5 篇；胡适编选《理论建设集》，收入《社会上对于新诗之各种理论观》；郑振铎编选《文学论争集》，收入他的《白话诗的三大条件》；朱自清编选《诗集》，收入他的《孤山听雨》等 17 首……

俞平伯还是清华园中古典戏曲活动的积极倡导者、组织者和参与者。俞家本就同昆曲界关系密切。江南昆曲名宿俞粟庐著有《粟序曲谱》，其子俞振飞深为梅兰芳、程砚秋所倚重。俞平伯的夫人许宝驯是他的表姊，闲雅能曲。俞平伯刚到清华，就同叶公超、浦江清、汪健君等一批昆曲爱好者积极开展昆曲活动。1935 年春，他们又组成在北京昆曲史上很有影响的谷音社（1997 年北京昆曲研究会印行曲谱，即以《谷音》为名）；并自撰谷音社社约引言，申明该社活动趣旨。

夫音歌感人，迹在微眇。涵泳风雅，陶写性情。虽迹近俳优，犹贤于博弈。不为无益，宁遣此有涯。然达者观其领会，则亦进修之一助也。故诗以兴矣，礼以立矣，终日成于乐；德可据也，仁可依也，又曰游于世；一唱而三叹，岂不可深长思乎。或以为盖有雅正之殊，古今之别焉。不知器有古今，而声无所谓古今也；乐有雅正，而兴观群怨之迹不必书异也。磨调作于明之中世，当时虽曰新歌，此日则成古调矣。其宫商管色之配合，虽稍稍凌杂，得非先代之遗声乎。其出字毕韵之试题严，固犹唐宋之旧也。夫以数百年之传，不能永于一旦，虽曰时会使然，亦后起者之责耳。同人爰有谷音社之结集，发议于甲戌之夏，成立于乙亥之春。譬诸空谷传声,虚堂习听,寂寥甚矣,而闻跫然之足音,得无开颜而一笑乎。于是朋簪遂合,针芥焉投,同气相求,苔岑不异。声无哀乐,未必中年;韵有于喁,何分前后。发豪情于宫徵,飞逸兴于管弦,爰标社约,以告同侪。

　　这是一篇极为流畅的文言文,文辞雅丽大方。文中关于昆曲的沿革、结社的宗旨——剖明,充分体现了俞平伯在古典文学方面娴熟的技巧与深厚的功基。

　　俞平伯出生在封建的士大夫家庭,照说思想应较守旧,其实不然。五四时,他曾和朋友访问商会会长,要求罢市;又在街头向群众散发传单,作"打破空想"的讲演。1919年5月1日,《新潮》杂志第一卷第五号上发表他的文章《我的道德谈》,文中毫不留情地批判"三纲"。对于君为臣纲、夫为妻纲的忠节观念,他进行了彻底的批判,认为这是愚人的、害人的东西。而对于父为子纲,他将之与孝道区别开来,认为孝道仍是现代社会所必须的,而父为子纲则是"中国进步之停滞"的极大原因。

　　他自己就是一个极推崇孝道的人。1937年抗日战争爆发后,他因侍奉双亲,竟未随校南迁,而清华在内地仍较长时间保留有他的应聘资格。翌年夏季过后,清华仍照例给他发去聘书。他遵照"父母在,不远游"的古训,给校长梅贻琦先生回了一封言辞恳切的信。

　　北平沦陷期间,他出任私立中国大学国学系教授,讲《论语》、《清真词》等课。伪北京大学校长钱稻孙拟聘他为该校教授,遭其拒绝。

　　1990年10月15日,俞平伯因心力衰竭辞世家中,寿登91岁。遵其遗嘱,丧事一切从简,不开追悼会,不搞遗体告别,骨灰最后与父母、夫人合葬于一处。

　　　　　　　　　　　　　　　　　　　　　　　　　　　　　（徐晋如）

潘光旦

通才·硕儒

潘光旦(1899—1967),字仲昂,生于江苏省宝山县罗店镇(今属上海市)。著名学者、教育家、民主爱国人士。一生涉猎广博,在性心理学、社会思想史、家庭制度、优生学、人才学、家谱学、民族历史、教育思想等众多领域都作出了突出的贡献。

1913年至1922年在北京清华学校读书。1922年至1926年留学美国。回国后至1952年,先后在上海、长沙、昆明和北平等地多所大学任教。曾兼任清华及西南联大教务长、秘书长、社会系主任及清华图书馆馆长等职。毕生致力于爱国民主事业,倡导民主自由思想,于1941年加入中国民主同盟,曾任中央常委。

新中国成立后,曾先后担任政务院(国务院)文化教育委员会委员、文化委员会名词统一委员会委员。1952年全国高校院系调整,社会系学科被撤销,潘光旦遂调入中央民族学院,主要从事少数民族历史的研究。1957年被错划为右派分子。"文革"时被抄家、批斗,患重病却得不到任何治疗。1967年6月10晚停止呼吸。1979年被平反。

潘光旦

潘光旦

潘光旦

◎出身清华，留学美国

潘光旦于 1899 年出生于江苏省宝山县。其父亲潘鸿鼎是戊戌科(1898 年)进士,曾任翰林院编修,也曾在京师大学堂求学,后赴日本考察,回国后在家乡宝山办了几个男女洋学堂。潘光旦自幼受到严格的庭训和良好的家学熏陶。那时候他博览群书,甚至偷偷读了不少中国古代性爱方面的笔记小说和图画。12 岁时,他读了父亲从日本带回来的一本医师写的关于性卫生方面的科学书籍。父亲看到他读这本书,并不责怪,而且很开明地加以鼓励,说这是青年人应当看、不妨看的一本书。

1912 年,潘光旦从两等学堂毕业后,于 1913 年考入当时称为留学预备学校的清华学堂。清华园远离闹市,原系皇家园林,风景异常优美。潘光旦如饥似渴地阅读着学校图书馆里丰富的藏书。他的各门功课都名列前茅, 英文更是全级之冠。1920 年时,他很费了一番周折,把图书馆书库里当时还未公开的霭理士《性心理学研究录》6 大册逐一借出读了一遍。也有别的同学向他辗转借阅,但都没他看得全。那时他心里很自豪,在同学中间俨然是一位性心理学的小权威。霭理士不仅是位性学大师,也是英国出名的文豪,他的著作并不好读。而潘光旦正当弱冠之年就能通读原书,实在是一桩很不简单的事。

清华学校"洋"气很重,普遍重英文轻中文。潘光旦对此很为不满。他认识到,光靠课堂上那一点可怜巴巴的中文教育是没有希望的, 便利用汉语课上课时间自修。另外,3 个月的暑假和 1 个月的寒假,他也从不轻易放过。每个暑假他都会钻研一部经书或史书,也曾搞过一整个暑假的《说文》。经过七八个暑假,他在中文和旧文献方面打下了坚实的基础。出国留学时,他还带了一部缩印的《十三经注疏》。

但潘光旦并不是死啃书本的书虫。他生性活泼好动,总想"文武双全",在体育界也想出人头地。不幸,在一次跳高锻炼中他摔伤了腿,结核菌侵入伤处,最后竟酿成一生不可挽回的损失——1916 年 1 月,他不得不做手术锯掉左腿。

1921 年,潘光旦参加抗议北洋政府对教员欠薪的同情罢课。在校内的罢考中,他不畏威逼利诱。在当初一个个罢考的同学走入考场后,他仍不妥协。他表示宁肯牺牲、出洋相也不让步,这使闻一多大为感动,在自己的家信中写道:"圣哉光旦,令我五体投地,私心狂喜,不可名状! 圣哉! 我的朋友光旦! "

1922 年,潘光旦赴美留学,入美国东部长春藤协会素以学术著称的达茂大学插班三年级攻读生物学。当时,清华毕业生在美国一般插入二年级,能插入三年级的已算不错的了。而他在仅读了一学期以后,教务长 Laycock 就给他来信说:"对不起,你应该念四年级。"他便转入四年级。

1924 年,潘光旦在达茂大学获得硕士学位后,又进入哥伦比亚大学研究院主修动物学、古生物学、遗传学,1926 年获得硕士学位。1924 年至 1926 年间,他每年夏天利用暑假在纽约长岛等地学习优生学、人类学、内分泌学、单细胞生物学等。留美 4 年,为他打下了深厚的生物学根基。

那时,美国大学里实行通才教育,学生知识面较广,什么都学一点。潘光旦兴趣也十分广泛,心理学、文学、哲学等都在涉猎范围之内,甚至"Pipe Course"(烟斗课,就是上课师生叼着烟斗闲谈)也念。在美国大学里,允许上半年功课好的学生下半年多缺课,最多可缺 5 个星期。潘光旦充分利用这个条件,转书库,博览群书,转转就转到了社会学研究的道路上。由于有这样独特的学术经历,潘光旦学术思想的路数与他人大不相同,其最大的特色是他有深厚的生物学根底,往往从社会生物角度立论。

因中英文俱佳,潘光旦留美时曾兼任英文《留美学生月报》编辑、中文《中美学生季刊》总编辑。1925 年孙中山先生在北京逝世,潘光旦不仅参加筹备纽约中国学生追悼会,还将"中山遗嘱"及国民党第一次全国代表大会宣言译成英文,送交美国传媒发表。

◎ 卓越的学术贡献

一个人学术成就的大小,主要取决于他对基础学科与工具学科掌握的程度,以及他的天分。潘光旦具有很深的生物学、心理学素养,熟稔中国旧有文献。在经、史、子、集之外,他对笔记小说、方志、年谱、家谱也很在行。他又很注意统计手段在学术研究中的应用。

提起潘光旦的英文来,他的同辈人和学生辈均赞口不绝。潘光旦喜欢背字典,他把从英文版 Concise English Dictionary 译过来的《英汉综合大字典》背得很熟。他的长婿胡寿文教授曾说:

"我照着字典亲自考过潘先生的,他不但能说出词的意思,还能讲出字的来源。有时候吃完饭后,他给我们讲英文词的掌故,比如以 ier 结尾的词汇,他一口气可以背出一大串来给我们讲。翻译不是一件容易的事,照字典一字一句地译出来并不是好的译作。你不但要知道作者的主张,还要传达出他表述这项主张时的情绪,词义常常是很模糊的,非深究词源不可。我为三联版《性心理学》作校订时,原以为有些地方潘先生译错了,读着读着我发现是我错了。"

潘光旦的英文写作词汇丰富,文采风流。据说,他的发音之准确,隔壁不辨其为华人。

正因为有如此深厚的学问素养,再加上他那过人的天资,潘光旦"能游刃于自然、人文、社会诸学科之间,而无不运用自如者"。

早在清华学校上学时,他就显示出过人的才华。1922 年时潘光旦才 23 岁,他根据精神分析学的理论,分析了明末奇女子冯小青不幸的婚姻遭遇,断言冯小青患有严重的影恋(即自我恋),并据此写成《冯小青:一件影恋之研究》的初稿。当时在清华任教的国学大师梁启超看后,大为赞赏,在评语中写道:

"对于部分的善为精密的观察,持此法以治百学,蔑不济矣。以吾弟头脑之莹澈,可以为科学家;以吾弟情绪之深刻,可以为文学家。望将趣味集中,务成就其一,勿如鄙人之泛滥无归耳。"

潘光旦是以优生学名世的。他的优生学,或者叫人文生物学,是以生物遗传的基础来探究社会进步的一门学问。他在上世纪 20 至 40 年代,先后写成了 7 本总名为"人文生物学论丛"的论文集(其中 3 本已编竣但至今亦未成书出版),对与优生学或直接或间接相关的问题作了多方面的探索。而性心理学、人才学和优生学关系很密切,潘光旦先后出版《冯小青:一件影恋之研究》,译注了霭理士《性的道德》、《性的教育》、《性心理学》等书,又写成《中国伶人血缘之研究》、《明清两代嘉兴的望族》等人才学著作。

1952 年全国高校院系调整后,潘光旦主要转向民族学研究。他克服自身缺陷,深入民族地区进行调查,大量阅读文献资料,写出长约 4 万余字的高度学术性的论文《湘西北的"土家"与古代的"巴人"》。这篇论文视野开阔,证据异常充分,论理缜密,堪称民族学的不朽之作。1956 年,国务院根据潘光旦的研究,正式确认了土家族。费孝通先生在上世纪 80 年代的一篇文章中说:

> "今天我重读潘先生的那篇力作,感慨很深。包括我在内,自叹远远不如前辈。"

◎加入民盟,为民主呼喊

在潘光旦看来,一个通才,不应该是只知道埋头于狭窄学术领域进行研究的专家,他应当关心国家、民族的前途命运,做到"天下兴亡,匹夫有责"。否则,无论他的学问如何专精,他也不过是一个高等匠人罢了。上世纪 40 年代,潘光旦的政治态度比以前更积极了。他以满腔的热情,投入到争取民族解放的行列中去。

抗战时期,潘光旦写下了大量思维缜密、文笔犀利的政论文,强烈抨击国民党政府反动的文教政策。这些文章引经据典,书卷气浓厚,表现了他融会古今、贯通中西、打通文理的渊博学识,在当时很受进步人士的欢迎。

40 年代初,罗隆基受中国民主政团同盟的委托,将西南联大和云南大学的许多教授吸收入盟。潘光旦是罗隆基的好友,先后和吴晗、楚图南、费孝通、闻一多等人入盟,使民盟在各界人士特别是知识分子中的声望大大提高。潘光旦历任民盟昆明支部主任、云南省支部财务委员、中央常委等职。他和当时许多加入民盟的知识分子一样,希望民盟的出现能够调解国共双方的对峙,造成一种多党政治的局面,从而达到建设民主政治的目的。

1946 年 7 月闻一多遇害后,潘光旦、费孝通等人躲进美国领事馆避难,一时成为各报刊的头版头条人物。这时候他写了一首长诗,表达了对挚友闻一多遇害的无比愤怒和对国民党政府的极大失望。

当然,潘光旦在 40 年代的政治立场,是走改良主义的第三条路线。抗战结束后,他仍在清华任教,兼任图书馆馆长,业余给几个自由主义刊物,如《观察》、《世纪评论》、《新路》写稿。这些稿子半学问半政论,很恰切地象征着潘光旦站在政治学术之间的那种状态。

潘光旦一生道路坎坷不平,"童年颠沛壮流离"。新中国成立前是著名的自由主义左派、当局的眼中钉;新中国成立后屡遭批判,被打成"右派"。一代硕学大儒,竟因劳动改造受寒生病,缺医无药而溘然长逝。这是 1967 年 6 月 10 日中国大地上发生的一出悲剧。

◎师儒之风

潘光旦自 1926 年留美回国后，一直在大学教书。最初的七八年间，先后在上海的吴淞政治大学、东吴大学、光华大学、中国公学等校任教。1934 年，应母校清华大学之邀，移家北上，任社会学系教授。以后曾兼任教务长、秘书长、社会学系系主任、图书馆

潘光旦(左)

馆长等职。还曾两度出任西南联大教务长。1952 年院系调整后，任中央民族学院教授至终。

潘光旦性情平和，雍容大度，对学问笃好甚深。他治学从不追逐时潮，从不故意标新立异、炫人耳目。他以优生学的眼光来研究中国的旧观念、旧制度，目的是想探讨中国文化中有多少优生的道理。由于他肯定了旧观念、旧制度中的若干合理成分，招来不少误解、反对甚至是咒骂。对此他并不放在心上，而是心平气和地与问难者进行纯学术式的讨论。在他看来，只要你讲出道理来，迟早人们会信服的。

潘光旦晚年在与长婿胡寿文一起翻译达尔文的巨著《人类的由来》时，处境非常险恶，政治运动不时地冲击到他。他一等到风浪稍稍平息下来之后，便抓紧时间译书。当时有人提醒他：书译完还能出版吗？而他只是淡然一笑。熟悉潘光旦的人，都知道他心地磊落、胸怀坦荡，知道他总是一副笑呵呵的样子。

有感于近代以来只偏重知识教育，忽略情绪和意志方面的身教，潘光旦说：

"所谓教导学生，并不专指在课堂上若干小时的知识传授；小之如教授自己做学问的方法，大之如持躬处事的日常生活，都有重大的教育价值。质言之，学校应该使学生和教授的人格，有极密切的接触。"

当年，潘光旦家经常有学生来与他谈论问题。潘光旦学问渊博，口才极好，常常是海阔天空。

潘光旦的学生、美籍著名社会学家李树青先生，于 1982 年应邀来中国社会

科学院访问时,社科院方面问他有什么别的要求。他说,我只有一个请求,我要去西郊八宝山公墓瞻谒潘先生的骨灰安放所。我一再申述,我对于潘先生虽属师生,实情同父子。

曾经师从过潘光旦的著名社会学家费孝通先生,对老师的感情也很深。他在谈起和潘光旦在中央民族学院一起工作时的情景时说:

"我们长期比邻,以至我每有疑难,常常懒于去查书推敲,总是一溜烟地到隔壁去找'活辞海'。他无论自己的工作多忙,没有不为我详细解释,甚至于拄着杖,在书架前摸来摸去地找书作答,这样养成了我的依赖性。当他去世后,我竟时时感到丢了拐杖似的寸步难行。"

(吕文浩)

梁思成

建筑艺术大匠

　　梁思成(1901—1972),原籍广东新会,出生于日本东京,梁启超之子。中国著名建筑史学家、建筑师、城市规划师。1915 年入清华学校学习。1924 年入美国宾夕法尼亚大学建筑系、研究院,先后获学士、硕士学位。1927 年在美国哈佛大学研究院肄业。同年回国,先后在东北大学、清华大学等校任教。1931 年任中国营造学社法式组主任、中央研究院历史语言研究所通讯研究员。1944 年任教育部战区文物保存委员会副主任。1946年任美国耶鲁大学聘问教授、联合国大厦设计顾问建筑师,美国普林斯顿大学赠授文学博士。新中国成立后,任中国科学院哲学社会科学学部委员。与吕彦直、刘敦桢、童寯、杨廷宝合称中国"建筑五宗师"。

　　梁思成教授一生从事中国古代建筑的研究和建筑教育事业,致力于保护中国古代建筑和文化遗产,系统地调查、整理、研究了中国古代建筑的历史和理论,是这一学科的开拓者和奠基者。新中国成立之后,担任国旗、国徽评选委员会顾问,曾参加人民英雄纪念碑

梁思成与林徽因

等的设计,是首都城市规划工作的推动者,新中国成立以来几项重大设计方案的主持者。

◎梁氏的家庭教育

　　1901 年 4 月 20 日,梁思成出生在日本首都东京。他的父亲梁启超,因戊戌变法失败,避难来到异国。梁思成在这个岛国度过了他欢悦的童年。

　　梁启超对待孩子很民主,家里总是充满融融泄泄的气氛。每天晚饭以后,孩子们都围坐在一个小圆桌旁,梁启超一边喝酒一边给他们讲故事。他讲的,多半是中国古代民族英雄的事迹,是从正史上来的,自不如说书先生那样易于引人入胜。但孩子们正是在这些故事中,得到中华传统文化的熏陶。梁思成认识人生,正是从这些故事开始的。

梁思成

　　梁思成应该感谢他的父亲。梁启超的言传身教,为孩子们提供了一个开放的、常新的接受系统,这成为他们以后独立、自由地从事学术研究的先决条件。梁启超希望孩子能按自己的志趣、爱好选择发展的方向,而不只是当一个听话的孩子。如他的女儿梁思庄,本来学的是生物学,这是梁启超慎重考虑后的决定。但女儿没有兴趣,把这个苦恼告诉了梁思成。梁启超知道后,马上去信给在麦基尔大学的思庄,建议她"自己体察做主,用哥哥姐姐当顾问,不必泥定爹爹的话"。思庄遵从所教,改学自己喜欢的图书馆学,并在这方面取得了突出成就。

◎学生时代

　　梁思成在清华学校读书时很活跃,积极参加各种文娱活动。还曾经是一名运动健将。平时梁思成爱背着画板到处去写生。清华校内的一些风物,他都留有图式。

　　说来令人难以置信,这个后来成为国际知名建筑学家的人,在去美国宾夕法尼亚大学建筑系留学之前,居然不知建筑学为何物。他之所以进了宾大,是因为林徽因曾向他介绍过什么是建筑学。

　　1924 年,梁思成与林徽因同赴宾大学习。当时整个美国建筑界在设计方面很保守,功能与形式相脱节。梁思成对此很困惑,总怕自己会变成画匠而非建筑师。梁启超的循循善诱,使得梁思成没有放弃原来的方向。在宾大,他的建筑设计常能自出机杼,成绩数次评为一级。也正是在这所学校,他开始留意建筑史及古典装饰,课余常在图书馆翻资料、做笔记、临写插图。

　　梁思成后来常常对朋友们提起他当时的感受。

　　"在宾大学习时, 看到欧洲各国对本国的古建筑已有系统的整理和研究,并写出本国的建筑史,唯独中国,我们这个东方古国,却没有自己的建筑史。当时西方学者尚未注意中国建筑的发展和技术。但我感到日本学术界已开始注意中国,如著名学者大村西崖、常盘大定、关野贞等,都对中国建筑史艺术有一定的研究。我相信,如果我们不整理自己的建筑史,那么早晚这块领地会被日本学术界所占领。作为一个中国建筑师,我不能容忍这样的事情发生。同时,我在学习西方建筑史的过程中,逐步认识到建筑是民族文化的结晶,也是民族文化的象征。我国有着灿烂的民族文化,怎么能没有建筑史?"

　　回国后的梁思成牛刀小试,于 1929 年为清华设计了著名的海宁王静安先生纪念碑。

◎也在"整理国故"

　　应该说,梁思成立下撰写中国建筑史这一志向,同当时学术界所遵循的胡适提出来的"整理国故"的目标相一致。"整理国故"实际是使中国学术近代化。梁思成对中国建筑史的研究,开始于对《营造法式》的注解。这部书是上世纪 20 年代重新出版的古籍,是北宋官订的建筑设计与施工的专书。一开始,梁思成面对此书竟茫然不知所云。他对于此书的攻关,开始于中国营造学社时期。

　　1929 年,北洋军阀的上层人物朱启钤自筹资金,在北平发起成立中国营造学社,自任社长。最初学社就设在朱启钤家,以后迁到天安门内西朝房。营造学社早期社员多为国学家。他们研究的内容, 就是到浩如烟海的古籍中去做考据工作。朱启钤不满足于此,他延请著名的大木匠师、大画匠,为学社制作斗拱模型及彩画样片。清华的老校长周诒春是朱启钤的老朋友,他向中国营造学社推荐了梁思成。

在营造学社时期，梁思成先径由清代的《工程做法则例》入手，并对古建筑开始了漫长的实地调查测绘工作。

朱启钤多年以来收集了不少民间的工程做法册字，这些都是秘本，有很珍贵的文献价值。而这些都成了梁思成的"宝贝"。他结合民间木匠师徒口耳相传的口诀，进行学习和整理。1 年后，他基本弄懂了《工程做法则例》，秘本口诀的研究工作也结出了丰硕的果实。

◎野外调查

这样，梁思成暂时搁起对清代建筑的研究，而准备着手实地研究明清以前的古建筑。他选择的第一站，是天津蓟县独乐寺。

其时，上层知识分子很少下乡。因交通处处不便，土匪恶霸横行，外出调查还必须同当地的各级政府及地方驻军打好招呼，请求"保护"，否则性命堪忧。营造学社的条件又很艰苦，连测量仪器都是向清华物理系借的。但梁思成和他的同人，怀着满腔热忱，抱着一个信念，毅然上路了。

梁思成充满激情地写道：

"这是一次难忘的考察，是我第一次离开主要交通干线的旅行。那辆在美国大概早就被当做废铁卖掉了的老破车，可它还在北京和那座小城之间定期地——或不如说无定时地——行驶。出了北京城东门几英里，我们来到箭杆河。旱季，它的主流只剩下不到 30 英尺，但是两岸之间的细沙河床却足有一英里半宽。在借助渡船渡过河水后，这辆公共汽车在松软的沙土中寸步难移。我们这些乘客得帮忙把这老古董一直推过整个河床，而引擎就冲着我们的眼鼻轰鸣。在别的难走的地方，我们还得多次下车。为了这 50 英里路程，我们花了 3 个多小时。但这使人感到兴奋和有趣。当时我还不知道，在此后的几年中，我会对这样的旅行习以为常，而毫不以为怪了。独乐寺观音阁高耸于城墙之上，老远就可以看到。从远处，人们可以看出这是一座古拙而又醇和的建筑。这是我生平第一次亲眼看到了一座如此古老的、在中国建筑史上具有重要地位的殿宇。"

梁思成、林徽因等人发表了蓟县独乐寺的调查报告，第一次用科学的方法描述和分析中国古建筑。该文在国内外学术界反响强烈。因为独乐寺是当时我国已发现的最古老的一座木构建筑。

以后，梁思成东至天津宝坻，西抵晋陕，又跑了许多偏远地方。当他发现中国唐代的木构建筑五台山佛光寺时,实在激动不已。其时正值抗战前夕,佛光寺调查报告的发表,有力地回击了日本关于"中国已不存在唐代的木构建筑,要看唐制木构建筑,人们只能到日本奈良去"的断言。

◎发愤著史

抗战期间,梁思成全家几经辗转,颠沛流离,终于到达大后方昆明。林徽因却病得很重。这时候,美国的一些大学和博物馆,纷纷致函邀请梁思成夫妇到美国讲学。费正清、费慰梅夫妇(他们的中文名字正是梁思成取的)也来信力劝,希望梁、林二人到美国工作并治病。梁思成复信说:"我的祖国正在灾难中,我不能离开她;假使我必须死在刺刀或炸弹下,我要死在祖国的土地上。"

当时林徽因的肺病加剧了,医生断言她的时日不久。但梁思成还是舍不得离开自己的祖国与事业。

在困苦的环境里,梁思成集中精力研究和撰写《营造法式》,胜利地征服了这部"天书"。从 1942 年起,梁思成着手编写《中国建筑史》,林徽因、莫宗江、卢绳都参加了这项工作。此书完成于 1944 年,这是我国第一本由中国人自己编写的比较系统的中国建筑史,梁思成夙愿得偿。

与《中国建筑史》同时完成的,还有国立编译馆委托梁思成编写的英文版《中国建筑及雕刻史略》。

◎"国宝"

抗战胜利,清华复员后,梁思成负责建立清华大学营建系,这是清华建筑系的前身。梁思成和陈寅恪等学者当时被称做"国宝"。这是人民对于他们在学术界的世界性声誉的褒词。上世纪 40 年代,美国耶鲁大学和普林斯顿大学相继邀请他担任客座教授或直接参与国际研讨会的领导工作。普林斯顿大学鉴于他在中国建筑研究上的突出贡献,授予他荣誉文学博士的头衔。同时获此殊荣的中国学者还有冯友兰。1946 年,梁思成作为中国政府代表,还参加了联合国大厦的设计讨论。

从 1946 年创建清华营建系,直至 1972 年逝世,梁思成一直担任该系主任。由他领导、林徽因参与的清华营建系国旗、国徽设计小组,最终设计出中华人民共和国国旗与国徽。现在矗立在天安门广场上的人民英雄纪念碑，也是按照梁思成的设计方案施工的。

梁思成领导清华建筑系，大力提倡学术民主，鼓励学生发表不同意见。同时，梁思成让大家相互影响，互取他人之长，形成了笃行朴质的学风。

梁思成平易近人，风趣诙谐，讲课善于启发、长于譬喻。如他在黑板上画了一个人和一只狗，一边是大房子，一边是小房子，问哪一个是狗窝，学生马上回答是小的那个房子，梁思成就在图画旁写上"尺寸"二字；接着他又画了两个身长一模一样的人，一个成年人，一个婴儿，学生也立刻指出谁是成年人，谁是婴儿，梁思成说这就叫"比例"。实在是形象、生动。

◎暮年的困惑

新中国成立初期，梁思成与陈占祥共同拟了一个《关于中央人民政府行政中心区位置的建议》，认为：老北京城规划完美，对北京的建设要以"古今兼顾，新旧并用"为原则，中央行政中心最好设在月坛以西、公主坟以东的位置。不料，这个被称做"梁陈方案"的建议，遭到了国家最高领导人和苏联专家的一致反对。梁思成哪里知道，刘少奇站在天安门城楼上感慨："从这里一眼望去，要全都是烟囱。"

1955 年，在苏联的影响下，中国展开反"复古主义"的运动。在此之前，梁思成已向中央上呈反对拆除天安门前的 3 座门和北京城墙及保护古建筑的建议书。自然他首当其冲，成为被批判的对象。"文革"爆发后，他更被升级为"资产阶级反动学术权威"。

梁思成曾对北京市领导人说：

"我们将来认识越高，就越知道古代文物的宝贵。在这一点上，我要对你进行长期的说服……50 年后，有人会后悔的。"

历史老人还没等 50 年，就已作出公正的判决。然而，梁思成却来不及等到这一天，就带着满腔的痛苦与困惑，离开了人世。他需要知道，什么才是"无产阶级教育路线"，什么才是"无产阶级建筑观"，什么才是"民族的形式"、"社会主义的内容"。但在他有生之年，历史保持着缄默。

今天，清华建筑系的系刊以《思成》命名，以纪念他为该系所作出的卓越贡献及在建筑学上的突出成就。人们不会忘记这位学术界的一代宗匠。

（陈凡易）

顾毓琇

文理兼长的奇才

顾毓琇(1902—2002),字一樵,江苏无锡人。著名科学家、教育家、诗人、戏剧家、音乐家和佛学家。学贯中西,博古通今,一生充满传奇。

他自 1915 年到 1923 年在清华学校学习 8 年。后到美国留学,仅用 4 年半时间,就获得麻省理工学院科学学士、硕士、博士 3 个学位,创造了麻省理工学院记录,同时也是第一位获得该校科学博士学位的中国人。他是国际上公认的电机权威和自动控制理论的先驱。

顾毓琇是清华大学工学院创始人之一、长沙临时大学(西南联大前身)首任工学院院长,并创建清华电机系、无线电研究所和航空研究所。此外,他还是中国电机工程师学会及上海戏剧专科学校（今上海戏剧学院前身)创始人之一,是中国黄钟标准音制定者。还担任过中央大学校长与工学院院长、浙江大学电机工程科主任、国立政治大学校长、国立音乐学院(今中央音乐学院前身)首任院长、国立交响乐团首任团长、国民政府教育部政务次长、上海市教育局局长、中国电机工程师学会会长、中国工程师学会副会长等职,是江泽民、朱镕基、钱伟长、曹禺等人的老师。晚年任美国麻省理工学院、宾夕法尼亚大学教授。

作为诗人,顾毓琇一生创作词曲歌赋

顾毓琇

顾毓琇纪念馆

7000 余首，出版诗歌词曲集达 34 部之巨，是中国历史上仅次于陆游的多产大诗人；作为佛学家，他的英文巨著《禅史》和多部佛学研究专著深受国际佛学界重视。

◎人才史上的奇妙现象

提起顾毓琇，可能有些人不甚了解。这大概是由于新中国成立后他一直定居美国和海峡两岸长期阻隔的缘故。近年以来，大陆开始注意并陆续出版顾毓琇的文学作品，如 1990 年北京商务印书馆出版《顾毓琇戏剧选》；同年人民文学出版社出版《齐眉集》；1993、1994 年顾毓琇母校清华大学出版社先后出版《耄耋集》、《水木清华》；1990 年 12 月，顾毓琇的旧作《白娘娘》在上海戏剧学院公演，颇得好评；1991 年，中央音乐学院举办顾毓琇作品音乐会。

顾毓琇的文学作品，还远远不止这些。他 90 多岁还不断地吟诗作词，雅兴未尝稍衰。从以上这些情况，你也许会以为他是一位职业文学家，其实不然。对民国史稍有了解的人大概都

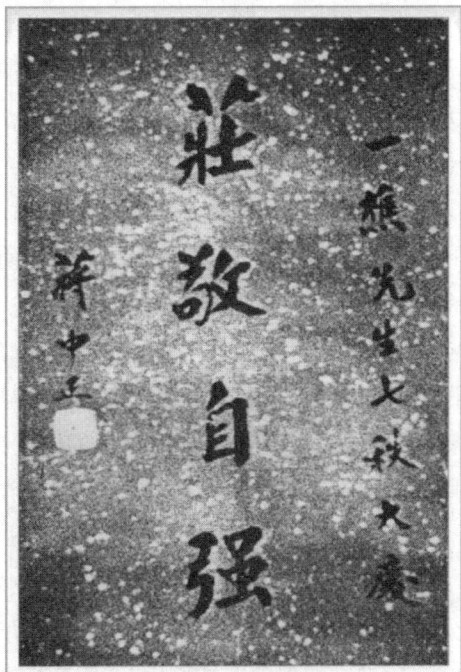

蒋介石给顾毓琇的题词

知道,顾毓琇是著名的电机专家,曾任中央大学、清华大学工学院院长,中央大学、政治大学校长,抗战时期还当过6年半的教育部政务次长。他的两任校长在任都不长,任教育部政务次长好像也没有听说过有什么十分突出的政绩。顾毓琇在学术界为人所知,主要是他在电机方面的突出成就;而在社会上的名声,就要归功于他的大量诗歌、戏剧创作了。

我们知道,从业理工而文学素养深厚,在顾毓琇那一代人里面不乏其人。但是,像顾毓琇这样对文学兴趣如此之浓、创作量如此之大的,恐怕还属并世无双。对中国现代文学感兴趣的人,大概都熟知"顾一樵"三个字(顾毓琇字一樵)。

顾毓琇本人能够在似乎绝不相干的理工和文艺两行兼筹并顾,都做出成绩,本身就是一个奇迹。更饶有趣味的是,顾毓琇的父亲是一个有着浓厚的好奇心和真切的求知心,"时而理工,时而政法"的人物;顾毓琇兄弟们的"知识兴趣也未尝不多变,往往一人兼具文理二方面"。这的确是人才研究难得的一个标本。为此,顾毓琇在清华时期的同学、著名社会学家潘光旦先生,上世纪40年代对顾氏家族兼具文理现象做了一篇很精彩的分析文章,后作为顾毓琇《我的父亲》一书的代序。

◎跋涉在科学征途上

顾毓琇生于1902年,1915年13岁时考入清华学校,那时清华还没有成立大学,是一个学制8年的留美预备学校。顾毓琇在课业之余参加学生团体实社,参加伊始即在社内作题为相对论的报告。

1923年9月,顾毓琇进入美国麻省理工学院电机系学习,先后有5年之久,1926年获电机硕士学位,1928年获科学博士学位。

1927年,顾毓琇开始作博士论文。那时他十分用功,每天晚饭后即赴研究室,夜半3时才回寓所。是年秋应博士学位普通考试,主考人白煦博士给他的批语为"十分满意"(very satisfactory)。后经该系系主任杰克逊及白煦教授介绍,顾毓琇与裴伦博士相识。裴伦对他的博士论文十分重视。自从结识后,顾毓琇每星期三必乘火车到威斯利山裴伦寓所,畅谈至晚饭时,裴伦夫妇驱车至威斯利晚餐后回寓续谈,至夜半12时,方驱车将他送回。每星期如此,风雨无阻。

顾毓琇的博士论文,主要在扩充应用海佛仙(Heaviside)的《运算微积分》以分析电机瞬变现象。顾毓琇所用的变换,由固定坐标移至移动坐标,这是一个突破。后来这种现象即被称为"顾氏变数"(Ku Variable)。

1929年1月,顾毓琇启程返国,路经加、英、法、比、瑞士、德、波、苏等国,一路观光并参观各国著名工厂、学校,参加学术活动。回国后,任浙江大学电机工程科主任。4月,在无锡家乡与张婉靖女士结婚。仅仅度了3天蜜月,便率浙大电机专业四年级学生赴日参观,约两星期后返国。

1931年1月,顾毓琇改任中央大学工学院院长,并在金陵大学理学院兼课。直到1932年,他才应邀回到母校清华大学任电机系主任。那时清华工学院刚建立不久,由梅贻琦校长兼院长,转年由顾毓琇接任。他在这一职位上任职较长,一直持续到抗战后进入国民政府为止。这一时期是清华工学院发展的重要时期,顾毓琇作出了不少贡献。这一时期,顾毓琇本人在中外著名杂志上发表了一些重要论文,获得好评,如《感应电动机之串联分析》一文,在中国科学社、中国工程师学会等科学团体1935年联合年会上荣获一等奖。

那时候,我国的工业非常落后,国家还很穷。对每个科学家很有吸引力的圣洁的纯粹科学,仿佛是一件奢侈品。顾毓琇坚信,"在科学研究上,中国人的资质和成就,并不会比世界上任何一国差"。搞纯粹科学,为中国科学在世界上争得荣誉固然有意义,但总是稍稍远一步的事。身处国家危难之时,顾毓琇说:

"我们总希望有许多的科学家,更注意于国家的实际问题,虽然他们或者因此而牺牲了在学术界更伟大的贡献,更崇高的地位。这种牺牲确实可惜,但实在是可歌可泣的。我常说中国的科学家现在的处境,几乎是悲剧的,因为明明有一条科学研究的大路,向前走有的是鲜花美果,而他们为了国家的危机和民族的前途,有时不得不忍痛牺牲他们未来的荣誉,而选择那平凡而未尝没有荆棘的科学救国的途径。"

但科学和救国完全是两回事,无所谓科学救国的问题,顾毓琇对这一点很清楚。他希望的是,能有更多的人来解决中国的实际问题。后来国难日深,顾毓琇本人投身政界,参加繁多的社会工作,就离纯粹科学更远了。

1950年,顾毓琇回麻省理工学院任客座正教授,在英、美发表多篇重要论文。1972年,美国里海大学工学院院长曾评论道:"顾氏与R.E.Doherty、C.A.Nickle、R.H.Park、W.V.Lym、G.Kron为对电机理论最有贡献者。"1959年,顾毓琇当选为台北"中央研究院"院士。1972年起,为宾夕法尼亚大学电机系兼系统工程系荣休教授。

◎文艺奇才

顾毓琇早在清华学校上学时,就显示出了过人的文艺才华。他广泛地参加了校内的各项文艺活动。1920 年秋，他才 18 岁时便开始翻译国外短篇小说，到 1921 年底共完成 12 篇。1921 年初翻译国外戏剧两篇，即柴霍夫的《悲剧者》和洛斯的《一个囚犯》。是年 12 月组织清华小说研究社。次年 11 月清华文学社成立后，任小说组组员兼戏剧组主席；清华戏剧社成立后，任社长。1922 年，他开始较多地写作白话散文。是年编成四幕剧《孤鸿》，后载于《小说月报》杂志上。1922 年秋至翌年初春，完成中篇小说《芝兰和茉莉》；经郑振铎推荐，由商务印书馆付印，为文学研究会丛书。1923 年 4 月，他编完三幕剧《张约翰》，同年 6 月由清华 1923 级公演，参加者有梁实秋、吴文藻等。

一个深好理工的少年，在当时人才济济的清华园能够脱颖而出，崭露头角，不是一件容易的事。而顾毓琇竟然做到了，足见他不是凭一时的侥幸出名，而是本身就具有很强的实力。

在美国求学期间，顾毓琇对文艺的爱好仍未稍减。他频频编剧，参与演出。那时候梁实秋、闻一多、冰心、余上沅、熊佛西等都在美国，大家往来十分频繁。"我国之国剧运动，此时实在纽约。"这一时期，他写作的主要剧本有《荆轲》、《苏武》、《项羽》、《西施》等，后来，这些剧本大多收入其《岳飞及其他》（新月书店 1932 年版）一书中。

这些剧本，反映了作者什么样的创作态度呢？还是让我们来看一看《新月》月刊为《岳飞及其他》一书作的介绍。

"本书系就本国历史上最富有爱国思想的 4 位人物——岳飞、荆轲、项羽、苏武的故事演绎而成。以顾一樵先生写戏剧的断轮的老笔手，写此 4 位伟大人物的爱国事迹，处处鼓舞读者油然迸发舍身报国的高尚精神。际兹外辱凭陵的时候，读了这本书，定可教我们获得许多有益的教训。"

从少年时代到 96 岁高龄，顾毓琇手中的这支笔还一直在写呀写呀。他晚年所写的，多是抒发性灵的旧体诗词。有些作品写得清幽闲适、自娱娱人，倒也不失为一件赏心乐事。

2002 年，顾毓琇老先生以 101 岁高龄在美国费城寓所逝世。

（吕文浩）

汤佩松

我国植物生理学的先驱

汤佩松(1903—2001)，生于湖北浠水，民国要人汤化龙之子。植物生理学家、生物化学家、教育家，中国植物生理学奠基人之一。1917年到清华学校学习，1925年毕业。留学美国明尼苏达大学，1927年获学士学位。翌年入约翰·霍普金斯大学研究院，1930年获博士学位。同年入哈佛大学普通生理学研究室，任博士后。1933年回国，任武汉大学教授。1938年任西南联大农业研究所教授。1945年任清华大学农学院院长。1948年选聘为中央研究院第一届院士。1950年任北京农业大学副校长。1952年任中国科学院植物生理研究所研究员兼复旦大学教授。1954年任中国科学院植物研究所所长，中国植物学会理事长兼北京大学教授。1955年成为中国科学院第一届学部委员。

◎求学：从清华到美国

这是我国科学界的一位奇人。以科学贡献说，他是我国植物生理学奠基人之一，在酶学、生理学和生物力能学方面的许多具体科研成果，得到了国际上的承认；从社会给予他的学术荣誉说，他是1948年中央研究院第一届院士，1955年中国科学院第一届学部委员，成为中国科学院资深院士。此外，他

汤佩松

图中数字为分枝所需核苷酸替换的最低数目

汤佩松碳酸酐酶

的文学、哲学和社会科学修养也很深，他的一些科学哲学观点也曾得到国内外学者的赞许和引用。

至于他的中文写作能力，可以举一个小小的事例来看：1947 年，从未写过抒情散文的汤佩松，应《清华旬刊》之约，手不停挥，洋洋洒洒竟写了一篇长 1 万余字的散文。朱自清先生看到后，从清华园本校步行几公里，来到他在颐和园对面的办公室，专程就是为了赞扬他的这篇文学作品！汤佩松晚年回忆起这件往事来，心里依然充满了感激和兴奋之情。

另外，汤佩松还是一名优秀的运动员，足球、棒球、网球以及田径方面都表现不凡。在近年出版的《清华大学史料选编》中，还可以看到汤佩松的若干比赛成绩。

这样一位科学界的奇人，其"慧根"在早年就已展露出来了。而留学美国时期，无疑是他毕生事业及各方面兴趣形成的最关键阶段。他的回忆录，从第三页就开始写留学生活。整个留学时期占全部回忆录篇幅超过 1/4。

汤佩松于 1903 年出生在湖北省浠水县的一个书香门第，父亲是后来曾任北洋政府教育总长的汤化龙，曾系清朝进士，后与梁启超等一起从事君主立宪活动。1917 年，汤佩松考进当时极难跻身的清华学校。清华学校是由美国退还的部分庚子赔款维持的。这笔近代中国最大数额的赔款，是中国老百姓的血汗钱！当时清华的学生，大都怀着一种特殊的心情，来享用校园内先进的设施，享受那看似安逸的生活。汤佩松后来曾多次谈及当年所受到的这种无形的心理鞭策。

"至今我为此感到不安和无限感激! 聊以自慰的是:我不但没有由于进了这所学校而感到踏上了'黄金之路',而是用国耻民仇之情鞭挞自己,许下了发愤图强,学成归国,以报答祖国人民的恩赐(我当时用的是'国恩'这个词)的心愿。"

1915年汤佩松的母亲去世,1918年父亲在加拿大被暗杀。因而从15岁起,他就走上了个人独立奋斗的道路。

1925年秋,汤佩松赴美留学,先后在明尼苏达大学、约翰·霍普金斯大学、伍兹霍尔海洋生物研究所、哈佛大学学习和从事科研工作。其致力于探究生命现象的奥秘这一志向,就是在此时期形成并确立的。

汤佩松先入明尼苏达大学农学院学习,次年转入文理学院,主修植物学,辅修化学和物理学。1927年底,他以全校第一名的优异成绩毕业,获文学士学位。

在明尼苏达大学读书时,有两件事对汤佩松的人生选择起了重要影响:一件事是物理化学教授Frank MacDougal的精彩讲课,引起了他对热力学的兴趣。这对他后来进入生物力能学的研究生涯,起了启蒙作用。另一件事是他在胚胎学教授的课上,突然问老师:"无组织的有机化合物,是以什么方式(化学、物理学)达到一个有形态结构的幼苗?"这个问题是当时学术上的前沿课题,超出了课程范围。全班经过几秒钟的窘默后,教授避开了回答,继续讲课。汤佩松很后悔,由于自己一时冲动,提出了可能是个"愚蠢的问题"而扰乱了课堂,心里很为不安。孰知由于一时冲动而触发的问题,竟成了他日后毕生探索的课题!

大学本科毕业时,汤佩松并没有立即进入研究院深造。他主要是想选择一个"名校",更想找一个"名师"。而在此之前,又有一个先决问题:打下了基础较为广阔的自然科学基础后,下一步该怎么办?是回到职业性学科,还是在这个广泛的理、化、生基础上,深入到自然科学的"引人入胜"的研究工作中去"成名成家"?

他的老师Cooper先生起初一定要他留在明尼苏达大学,改行进入该校医学院。理由是当时的中国需要的不是纯学术、纯科学家,而是需要能够为社会服务、为人民造福的实干家。但当时汤佩松执意要做一个带有Ph. D(博士、教授、研究员)头衔的"正统"科学家。经过几番争辩和自我斗争,他决心去攻读植物生理学的博士学位。

就这样,1928年夏天,汤佩松来到位于巴尔的摩的约翰·霍普金斯大学研究院,继续求学。他这次踏进了"三重名牌":名校(约翰·霍普金斯大学是美国著名学府)、名门(该校植物生理学研究室在美国乃至国际上声望很高)、名师(Burton Livingston教授)。但是,与明尼苏达大学相比,约翰·霍普金斯大学显得冷冷清清。其原因在于前者是以本科教学为主的万人大学,而后者是人数稀少的研究型大学。

汤佩松初来乍到,倍感"失望"、"冷清"、"孤独"、"不知所措"。由于对这个过渡缺乏足够的心理准备,头一两个月他十分苦恼,一度失去信心。他逐渐意识到,必须从"死读书"、"读死书"的被动学习,转到学用结合的主动学习方式。从一位同学精湛的手艺中,汤佩松认识到了自己只会读书、不会动手的缺点;还认识到一些"杂活"如吹玻璃、制备大量蒸馏水、做木工、金工和电器修理这些"力气活",实际上是任何一位科学工作者最起码的基本功。

到了研究中期,每次教授与他谈起国际上的科研的新进展时,汤佩松经常感到一无所知,十分尴尬。于是,他下班后立即到图书馆查阅最新期刊,到下次见面时再将问题谈清、补课以挽回面子。在约翰·霍普金斯大学两年的学习,主动的"补课",使汤佩松获益匪浅,真正把他带进了科学生涯,体会到了做学问的甘苦。

后来在伍兹霍尔海洋生物研究所、哈佛大学的持续研究,使汤佩松的眼界更加开阔。1933年,他出乎意料地收到刚成立不久的国立武汉大学理学院院长查谦教授的电报,聘请他到武大生物学系教学及做研究工作,并答应可给他拨款2000美元建立研究室。在当时国内,能提供这一条件是相当难能可贵的。他便毫不犹豫地回电应聘。

当汤佩松把即将回国的消息告诉他在约翰·霍普金斯大学的一位同学和挚友时,那位朋友特地从纽约赶来看他,劝他一定不要离开美国。而且,对方还愿意在纽约某大学设立一项基金,供他在该校进行长期研究和少量教学工作。汤佩松的妻子(加拿大人)因严重目疾而生活上不便,对方答应可护送她回加拿大娘家,而托人照顾、经济上的安排等一切由对方负责。汤佩松没有与任何人商量,十分感激也十分痛苦地回绝了朋友。1933年8月,他终于回到了阔别8载的祖国。

汤佩松回到的是父母已故、唯一的姐姐也早离人世的举目无亲的祖国。这究竟是为什么呢?他说:

"我对这些问题一直没有仔细地思考过,因为我一向的想法很简单:我是一个中国人,当然要回中国去,这是其一;其二是,我的成长教育,是由'四万万国民'的血汗(庚子赔款)哺育出来的,我对这个'国恩'一生也是报答不完的。但是这两点现在看来并不全面。中国人在国外仍能为国争光,何必一定要在国内?我现在得到了另一方面的回答:这就是我现在,以及过去在美国的时期,虽然在生活上是愉快的,但我内心一直有这一灵感:'这不是我的本乡本土'(I don't belong here),即'不如归去'的灵感。而生我之乡的山山水水总是最可爱的。"

◎事业：从武大到清华

回国之后，汤佩松考虑到国内的研究条件，独树一帜，找出了一条可以持续不断进行下去的研究路子。从武汉大学细胞生理研究室到抗战时期昆明大普集清华农业研究所，他克服种种困难，作出了值得注意的学术贡献，同时为本学科培养了一批骨干力量。

1933 年秋，汤佩松应聘到武汉大学生物系任教。除了教授生物化学课之外，他把主要精力花在准备和讲授第一次在我国开设的普通生理学这一门课程上。他在武大的另一项工作，是建立细胞生理学及普通生理学研究室。这可能是我国最早的以研究普通生理学为内容的研究室。起初只有他一个人，从一个人、一间房子开始设计、安装、制备器材，花了一年多时间。

这一时期，汤佩松研究的主题是"细胞呼吸作用的动力学研究"。从他个人的学术训练，更重要的是从当时国内的工作条件，不可能有其他选择，只有通过这一道路，才可能建立一个与众不同的体系。当时虽然已有个别人（包括他自己）在这方面做了一些工作，但因各种原因，都未能进一步深入下去。他说：

"不管命运如何，对我来说，除非放弃呼吸作用的研究，或者纳入当时呼吸作用几位大师的门下，拣些残渣碎屑，没有别的道路可走。我决然地选择了这条道路。"

在武大期间，汤佩松和同事林春猷、吴懋仪，系统地发表了 7 篇有关"细胞呼吸作用的动力学研究"的论文。正当汤佩松一手建立起来的研究室走向欣欣向荣的时刻，抗日战争爆发了。

1938 年 9 月，汤佩松在完成贵阳医学院的筹备工作之后，应母校清华之聘，乘卡车沿着崎岖的山路来到昆明。他在清华农业研究所任植物生理组主任，另外两组是植物病理组和昆虫组，分别由戴芳澜和刘崇乐任主任，全所各组在业务、经费和人员编制上独立，也不设所长。1940 年以后，该所搬到昆明北郊的大普集开展工作。因而，他把 1938 年至 1946 年在昆明度过的岁月，称为"大普集时期"。

在这一段难忘的岁月里，汤佩松主要做了 3 项工作。第一，为中国的实验生物学领域储备和培养了一批人才，特别是在植物生理学方面。这批人他光能记得起名字的就有 40 余人，还不算那些参加时间很短而未留下论文的。他们在战后都成为各自学科的骨干。第二，调查并开始利用云南一些丰富的植物资源，特别是油类植物资源。第三，以座谈、通信和访问的方式，与西南地区各生物学、生物化学教学及科研机构中的人员进行学术交流和国内外科学消息的传递。特别值得一提的,是自编自印了约60期油印刊物《Biochemical Bulletin》。

抗战期间,汤佩松完成了3篇有价值的学术论文。其中与王竹溪合作的关于"细胞吸水的热力学处理"的论文,于1941年发表,解决了一个重要问题,可惜长期没有受到注意。直到1985年,卡马尔(Kramer)在《Plant Cell and Environment》一书中写道:

"20年后的今天 (1985年), 当人们早已讨论并认为已经解决了这个问题(1960年)后方发现这篇文章","希望这篇短文(即卡马尔所写)……能弥补我们对汤和王关于细胞水分关系热力学的先驱性论文长期被忽视的遗憾。"

汤佩松把自己在抗战前及抗战期间的研究工作的心得,及对生命现象的一些基本观点和哲学思想,总结而成一本论文集《Green Thradom》(绿色奴役),后来带到英国出版。该书由他的同行、著名生物化学家与汉学家、剑桥大学教授李约瑟作序。

抗战结束以后,汤佩松便被内定为清华大学即将开办的农学院院长,负责筹备事宜。他在《筹备方案》中说:

"吾国现施农业教育偏重技术训练,缺乏研究倡导。而各农学院之研究工作,概凭个人兴趣分别发展,既少连(联)系,尤无同力研究共同问题之举。吾国农业发展滞缓,恐受此影响非浅。为补救是项缺点,吾校设立农学院性质应与他校稍有不同,即在教授一般农学课程之外,应以造就农业科学研究人才为主旨,研究则以少数问题为中心,除由各系在互相合作进行研究外,并力求与理工学院取得联系。"

汤佩松经常表示,清华农学院应当办成中国农学界的PUMC(当时的北京协和医院),既是一个高级的教学机构,又是一个致力于生物科学研究的基地。在训练学生方面,他认为应大致分为前、后两期。

"二至三年注重基本科学如生物、理化、算学等,使学生有良好科学基础。经此期训练后,一部分学生可转攻医学或生物科学。后期训练则按学生志趣分为二类:(甲)本科生(四年毕业),此期为二年,授以实用农业各课程,得受农学士学位;(乙)应用生物学科,五或六年修毕(前后期共计),与本校研究院取得联络可给予硕士学位。"

为达到以上的理想和目标,汤佩松在教师选聘、入学要求和课程安排方面,采取了一些有力措施。

可惜好景不长,当1948年秋第一批新生(1947年秋入学)刚刚到农学院进行专业学习、第二批新生到校学习后不久,北平就进入了围城时期;再不久就是北大和清华等几个农学院被合并到北京农业大学去了。

没有实现的理想,如同天际的云彩,总是那么美丽。后来,汤佩松还深情地说:"这是我一生中在从事职业工作以来,少有的几次美丽好景中的一个。"

回顾一生,汤佩松无怨无悔,他说:

"从 1933 年回国以来的 50 多年里,我的曲折、坎坷的经历还是十分丰富、美满的,而且可能是在别的任何其他国土上不可能得到的经验——无论是痛苦的或是美满的,痛苦有时更能衬托出美满的佳境! 当想到在这 50 多年的沧海桑田中,我也曾一砖一瓦地为我的国家作了哪怕一点微不足道的贡献,我的终生心愿就得到满足了。"

（吕文浩）

浦江清

严谨缜密的文学史专家

浦江清(1904—1957),祖籍浙江嘉善,生于江苏松江(今属上海)。著名文学史专家。曾先后就读于江苏省立三中和国立东南大学西洋文学系。1926年任清华研究院国学门导师陈寅恪教授助教,1929年转入国立清华大学中文系任教。1938年任西南联大教授。1946年联大解散,回清华。1952年院系调整后为北大教授。1957年病故。

浦江清在东南大学读书时,亲受恩师吴宓先生的教导,致力于西洋文学的研究。而在任清华研究院国学门助教期间,则深受陈寅恪教授的影响,对西方学界的东方学多所涉猎。转入中文系以后,又沉浸于中国古典文学,学识渊博,著于当时。他一向教授中文系学生的基础课程,曾担任大一国文教员多年。他教了近30年的中国文学史课程,可谓文学史大家。晚年体弱多病,使得他撰写《中国文学简史》的愿望没能实现。但他留下的文史论文,考据精当,论证严密,至今仍是古典文学研究者的重要参考资料。

◎求学生涯

浦江清的父亲浦嘉乐,字虞臣,出生在浙江嘉善世代读书的门第。由于自幼丧父,家境困苦而迁居松江,先做帽子手工业批发生意,后在松

浦江清

江县立布厂当职员,收入很少,入不敷出。像这样的家庭,原本是不大有可能培养出文史方面的人才的。但虞臣深知读书可以培养秉性,是立身处世的第一要著,因此立志要供孩子上学,而不是去做学徒。

在父亲的支持下,浦江清上了1年私塾,接着就进入松江县立第二初等小学,插入二年级。尽管这已经是新式学堂,虞臣仍嫌它的程度太低。房东沈柬之是府中学堂的毕业生,曾进宋教仁所办的农林大学求学1年,学识渊博。虞臣故请沈柬之为浦江清补习古文和英文。浦江清天资聪敏,刻苦好学,在沈柬之的课督之下,大有一日千里之势。

浦江清(左)与朱自清(右)合影

二年级第一学期结束后,浦江清得了第一名。按照规定,他可以享受免收学费的待遇。但他并未将此事告知父母,而把家中给的几元学费偷偷压在枕席之下。他的母亲贤惠温良,是一个传统妇女。在给浦江清整理床铺时发现枕席之下的钱。等浦江清放学回家,母亲赶忙问出了什么事,浦江清只好据实回答。母亲又问,这钱何以不交给父母。浦江清说,怕以后考不了第一,再要交学费怎么办? 所以要留下来准备着。江浙一带人谨慎是出了名的,浦江清的这种慎重态度,却多半是因贫寒的家境。

不过到后来,浦江清的担心完全是多余的。从小学一直读到初中毕业,他再不曾交过学费。

浦江清在松江县立第一高等小学时,体谅家中境遇,课本都用手抄。后来又接了一些抄写的活儿,勤工俭学,补贴家用。这固然耽误了他一些学习时间,但并未影响到他的成绩,反而更因此练出一笔好字。13岁时,浦江清就以第一名的好成绩考入江苏省立第三中学。

这个时候的浦江清偏好理科,尤其喜欢化学。江苏省立第三中学师资力量雄厚,学生素质也高。在浦江清的同学中,有后来驰名文坛的心理小说家施蛰存先生。学校为学生课外阅读提供了便利条件。浦江清爱看林译小说,林琴南典雅凝练的文笔深深吸引了他。浦江清对于文学的兴趣,就这样一点点地培养了起来。

但真正使他决意从文而不选择学习理工，首先是因为五四运动的爆发。《新青年》、《小说月报》、《时事新报》副刊《学灯》吹送的欧风美雨，使得少年浦江清对文学与哲学的兴味大增。而直接促成他报考东南大学西洋文学系、选择文学为终生职业的人，正是他幼年的严师沈柬之先生。

东南大学原为南京高等师范学校，为全国四大高师之一，1921年改称国立东南大学。该校主持者及教授均为留美学生，文、理科实施美国的通才教育。教师学识鸿博，思想前卫；校中同人筚路蓝缕，一心办学，使东南大学声名鹊起，社会声望较高，已俨然可与北京大学相抗衡。沈柬之先生曾去该校进修，读过其所办的暑期讲习班。回乡之后，对该校人情风物之佳大力赞誉。浦江清本人也被该校西洋文学系新鲜的课程设置所吸引，因而在报考3所大学都被录取的情况下，他最终还是选择了东南大学西洋文学系。

升学前夕，浦江清又面临着一个极为严峻的现实问题：父亲已经失业，再也无力供自己读书，怎么办？是不顾家中境况，决然升学；还是找一份工作，负担起家庭的开销？浦江清是个孝顺的孩子，他打算选择后者。所幸，这时松江县教育界的几位前辈，志在为家乡培养人才，愿以私人贷款的方式支持他读大学。开明的虞臣自然没有意见，于是浦江清告别家乡，告别亲人，也告别了他自己的少年时代，去往古都南京追寻他的理想。

东南大学当时的风格近于英美派大学，强调通识教育，注重人格陶冶。这一点，跟后来的清华大学办学方针很相似。浦江清在东南大学主修西洋文学，辅修国文及哲学。著名词曲学大家王季思先生，其时也在东大读书。王季思回忆他们的相识说：

"我最初认识江清，是20年代中期在南京东南大学跟他同学的时候。我读中文系，他读外文系，又比我高两年级，本来不易认识。当时东南大学实行学分制，学生可以选修或旁听外系课程，我是在吴梅先生的'词选'课里见到他的。他体质文弱，眉目之间有一种灵秀之气。课后好发议论，多牵涉中外文学比较的问题，我是插不上嘴的，因此一直没有交谈。但从同学口里知道，他是外文系高材生，还擅长诗词写作。他的姓名也有点特别，倒过来念是苏北著名口岸清江浦。中文系某同学曾出题征对：'浦江清到清江浦。'没有人对得上，因此就在同学中传开。"

浦江清擅长诗词创作，一是因为东南大学国文系教授多是"南社"词章人物及国故专家，多训练学生作校勘、训诂和文言诗词。二是有一帮志趣相投的同学，大家聚在一处，互相唱和。他对于昆曲的兴趣，也是在这个时候培养起来的。据说某年施蛰存劝他多写文章，以在学术上取得更大的建树，而他回答说，写文章太伤身体,不如吹笛子怡情养神。

在东南大学的 4 年,浦江清的主要精力,还是用在研读英国文学名著上。平时写作全用英文,又常参加英语演讲比赛,口语练得相当纯熟,再加之浦江清优异的成绩,颇受吴宓器重。正是因此,他一毕业即被吴宓推荐至清华学校研究院国学门工作,并分配做陈寅恪先生的助教。

◎清华岁月

当时清华尚称学校,隶属外交部,新设大学部和研究院。研究院由胡适帮助设计,先仅设国学门。吴宓任主任,教员 5 人:梁启超、王国维、陈寅恪、赵元任、李济。李济称讲师,其余 4 位称导师,以示地位尊崇,不同于一般教授。

陈寅恪先生是清末湖南巡抚、维新派著名人物陈宝箴之孙,著名诗人陈三立之子,家学渊源,又游学国外凡 18 年,刚刚回国。其时陈寅恪正治东方学、佛经考证之类。浦江清得与夫子同游,很有收益。在短短两三年之间,他研读了大量国学典籍和东方学书刊,掌握了梵文、满文,并帮助陈寅恪编出一本《梵文文法》。与此同时,他又补习法文、德文、拉丁文、日文,旁听功课。主要研究方向也由文学转到历史、考古、民俗等方面。他的学术名著《八仙考》、《花蕊夫人宫词考证》等,考据精当,剖析分明。

1928 年初,天津《大公报》增设几种副刊,其中《文学》副刊专聘吴宓教授总撰。吴宓又请清华研究院赵万里、张荫麟、王庸及浦江清襄助。其中,赵万里为王国维先生助教;张荫麟虽年岁未长,文章却早为梁启超所赏识;王庸也是少年才俊。不过,后来吴宓同他们几个闹了意见,两边各执一端,弄得彼此很不愉快。吴宓谨小谨微,而张荫麟年轻气盛。往往张荫麟写好文章,吴宓却嫌其气势太过,又嘱浦江清代为修改,浦江清深以为苦。张荫麟曾批评某国学大家文中错漏之处,而吴宓怕得罪人,不以为然。于是张荫麟声明,再不做批评文字。吴宓又坚持评论文章以编辑部名义发表,不得署名,也闹得大家很不愉快。

张荫麟可以使气,此时浦江清的心里则是另一番感受。

"与吴先生争《文学》副刊署名不署名问题,先生成见甚深,全不采纳他人意见,视吾侪如雇工,以金钱叫人做不愿意做之文章,发违心之言语。不幸而余在清华为吴先生所引荐,否则曷为帮他做文章耶。"

不过此事过后,浦江清回过头来看,还是很感激吴宓的,认为锻炼了自己的文笔,以后再写评论文章就得心应手了。

1929 年 9 月,经清华师生一致斗争、交涉,清华改属教育部,是为国立清华大学名称之始。此年梁启超逝世,而王国维先生也于两年前自沉于昆明湖,研究院国学门即就此撤销。浦江清转入中国文学系,教大一国文。

前曾提及,清华是仿英、美大学建制,实施通才教育。大一国文为各系所必修。这时,浦江清旁听钱稻孙先生日文课,新结交朱自清、叶公超、俞平伯、王力等同事,在城中及燕京大学又认识了钱穆、郭绍虞、贺昌群、向达等人。其时,向达打算邀集同志,组织一团体,"参观北平各学术机关作印象及批评文学"。钱穆认为,游历名胜名刹为上。浦江清则提议办个杂志,"以打倒高等华人,建设民族独立文化为目的,名曰《逆流》"。

所谓"逆流",是指逆欧化的潮流。这个时候,浦江清对于摩登主义越来越反感。他瞧不起徐志摩的为人和诗作,目之以"肉麻"二字。因徐志摩死后,北平《晨报》出了 1 个月专刊,海内青年男女都把徐志摩看成是诗神、爱神。浦江清觉得世风凋谢,莫甚于此,就更觉得应当出《逆流》了。但是后来因同人担心没有销路,这件事便搁浅了。

在清华,浦江清可有了机会过戏瘾。俞平伯时邀集同好,在工字厅东厅唱昆曲,浦江清自是座中常客。当时昆曲已相当凋零,北平专业演员仅韩世昌一人时时上演,但只能在"广德楼",而且不过唱一二星期,卖 3 毛钱的票,听众寥寥。

浦江清认为,昆曲衰亡的原因,第一是说白多用南方方言,第二则是明传奇篇幅太长,其势不能全演,每部仅演精彩之出,这样,没头没尾,难以受人欢迎。他认为,秦腔征服昆曲,皮簧又征服秦腔,为中国戏曲史上重大之变迁,"此事大类西洋史上条顿野蛮民族灭罗马帝国"。皮簧的发展,是中国戏曲的倒退,而皮簧本身的进步,又推动了戏曲向前发展。但是,西洋戏剧随西洋文化、思想、生活而俱来,不一定能让我国"土产"迟缓地发展下去。因此,保存国粹就很重要。他说:"庄严的、伟大的、美妙的历史剧,恐怕还得推中国剧。"所以,他才热心于延请著名票界人士溥西园先生来清华讲学、授课。

浦江清学问杂而不芜,博而能约。他体育一向不好,中年以后,关山万里,奔赴西南联大。到后来身体状况越来越糟糕,终致英年早逝。这样就使得他没有来得及将学问系统化。但是,即使他早年那些零散、短小的书评,其中也不乏真知灼见,闪烁着理性的光芒。

试举一例。上世纪 30 年代,已有清华研究院国学门毕业的陆侃如与其妻冯沅君合著《中国诗史》出版,学术界反响强烈。浦江清却认为:

"陆、冯两先生实际并没有写诗史,只写了一部中国乐府史。

"每个诗体的发展，必然经过3个阶段：一、民歌；二、乐府；三、诗。

"只认定可歌入乐的诗，是有生命的，是活文学；反之，都是无生命的，是死文学——这是现代中国少数学者莫大的偏见，是根本谬误的观念。"

这里所说的"中国少数学者"，是包括王国维先生在内的。王国维是浦江清一向崇敬的学者，但在学术问题上，浦江清的态度一点也不含糊。

浦江清多年任大一国文的课，教育的实践经验很丰富。他私下比较赞同闻一多的主张，即中国文学系、外国文学系应当合并，而另分为语言系和文学系。但是，这一设想在具体施行时困难重重。故此，他建议在中文系（侧重中国古代文学的研究）与外文系之外，另设一普通性质的文学系，以适应社会需要，目的在供给一个大学文科生的文学修养，辅导其创作能力。学生毕业，可以是作家、翻译家、编辑、新闻记者、秘书等应用人才。

浦江清一生淡泊名利，专注学问，教书育人，诲人不倦。为人师表的赞誉，他是当之无愧的。

（张　昭）

吴 晗

历史的沉降

吴晗(1909—1969),原名吴春晗,字辰伯,浙江义乌人。中国现代著名历史学家、社会活动家,是现代明史研究的开拓者和奠基者之一。11 岁时即读《御批通鉴》,其成为他学习历史的启蒙教材。17 岁毕业于省立金华中学,在本村湖山小学教书。1927 年考入杭州之江大学预科。翌年转入上海中国公学大学部预科。1930 年到北平,在燕京大学图书馆工作。次年被清华大学史学系破格录取,1934年毕业后留校任教。1937 年被聘为云南大学教授。1940 年到西南联大执教。1943 年在昆明加入中国民盟,参加共产党组织的西南文化研究会等活动。1945年帮助民主青年同盟建立秘密印刷厂,翻印中共文件和毛泽东著作。1949 年北平解放,参加接管北大、清华的工作,任清华校务委员会副主任、文学院院长、历史系主任等职,并参加第一届全国政协会议和开国大典,任北京市副市长。后任民盟中央副主席、北京市政协副主席、全国青联副主席等职,当选为中科院哲学社会科学部第一届学部委员。代表著作是《朱元璋传》、《三家村札记》等多部杂文集、《读史札记》等多部史学随笔集。完成于 1960 年的新编历史剧《海瑞罢官》,导致其在"文革"中被迫害致死。死后 10 年被平反。

吴 晗

◎ 上清华之前

1909 年 8 月 11 日,吴晗出生于浙江省义乌市上溪镇吴店苦竹塘村,父亲中过秀才,上过巡警学堂,当了十几年警佐,母亲是个渔家女。父亲在当地称得上是有些学问的人,他有个书斋名叫梧轩,3 间屋子里摆满了高达天花板的书架,架上多是线装书,内容则主要是文史方面的。童年时代的吴晗,在这里读了许多文史书籍。

吴晗 7 岁时,进入吴店附近的育德小学,经常从他的老师杨志冰和同学家里借书读,其中包括大量历史书和历史小说。他看得又多又快,被人称为"蛀书虫"。有一次,还把铺盖卷卖掉买书。回家后,被父亲打得浑身青紫。吴晗 11 岁时,父亲就让他读祖传的乾隆《御批通鉴》,有不少段落还指定他背诵。《御批通鉴》是吴晗学习历史的启蒙读物。

到吴晗 12 岁进入省立金华中学以后,家境越来越差。但他仍然爱读书,曾经靠妹妹的压岁钱和自己的节约买了前四史——《史记》、《前汉书》、《后汉书》和《三国志》,还读了宋明笔记和旧小说。这些阅读经历,对他以后决定治史有很大的影响,对他很早就有的较好的文史功底有很大的帮助。中学时,他一度学会了吸烟、打麻将,被学校发现,差点开除。但由于他国文和历史成绩好,老师出面为他讲情,才能够于 1925 年毕业。

到中学毕业时,吴晗家里已无力供他继续升学。他只好

吴晗全集

吴 晗

回到本村的椒峰小学教书,后来又到附近的湖山小学教高小。但他并不甘心于现状,曾欲投考广州黄埔军校,也曾准备到天台山当和尚。直到 1927 年夏天,靠着宗祠和朋友们的帮助,他考入杭州私立之江大学预科,1 年后因之江大学停办而考入上海吴淞中国公学大学部预科,次年进入社会历史系。正是在这儿,他见到了胡适,他当时正任中国公学校长。

吴晗选听了胡适讲授的中国文化史课,他的学年论文《西汉的经济状况》得到胡适的赏识,后来他还写信给胡适谈他自己对《佛国记》和《红楼梦》的一些研究心得。刚从农村出来的穷学生,突然遇到在中国学术界颇有声望的大学者,其崇拜之情油然而生,可谓合情合理。当时他一心想在文史方面有所成就,所以对胡适苦读古书、大胆假设、小心求证的考证治学之道极为推崇,并希望胡适能够在学业上给自己更多的帮助和提携。但时隔不久,两人即分别北上。吴晗回忆道:

吴晗与袁震

吴晗与袁震夫妇

　　"在中国公学的最后一学期,写了一篇论文《西汉的经济状况》,卖给大东书局,得了 80 元稿费……这学期结束,胡适之被迫离校……他一走,我想在中国公学再念下去也无聊。刚巧有了这笔稿费,就糊里糊涂跑到北平。"(吴晗《我克服了"超阶级"观点》)

　　1930 年 8 月,吴晗来到北平。由于原来准备转入的燕京大学嫌他的英文成绩是丙等,而没有允许他转入,且考期又已经过去,他只好在北京大学文理学院附近一个公寓里住了下来,每天步行到北平图书馆读书。不久,经燕京大学中国史教授顾颉刚介绍,到燕京大学图书馆中日文编考部做馆员。他利用工作之便,读了半年的线装书。

苏双碧与王宏志合著的《吴晗传》里写道:

"吴晗研究明史,具体地说,是从撰写《胡应麟年谱》开始的。在读线装书期间(即1931年2月至3月间),他在燕大图书馆找到一本《婺书》,其中有吴之器撰写的《胡应麟传》,'这篇传中说胡氏的卒年在万历三十年壬寅(1602),存年52岁。'这个发现,吴晗认为可以纠正顾颉刚在《〈四部正讹〉序》一文中认为胡应麟存年在60岁以上的说法。由于这个动机,吴晗又从燕大图书馆借来一部《少室山房全集》和《弇州四部稿》。他花费了将近半个月的工夫,在两部书中辑出关于胡氏生平的事迹。另外翻了一些和胡应麟同时代人的诗文集和地志,以及《明诗综》、《金华艺文志》、《全浙诗话》一类的书,和北海图书馆所藏的《太函集》、《二酉园诗集》诸书,草成了一篇3万到4万字的《胡应麟年谱》,论证了胡氏存年不是在60岁以上。"

吴晗将初稿寄给已经来到北平的胡适。由于其考证证明了自己曾经作过的"胡氏死时年约50岁"的推断,胡适对这个久已仰慕他的学生就更加器重了。他给吴晗写了第一封信,表示要亲自看看《胡应麟年谱》书稿,而且约吴晗"星期有暇请来谈"。此后,两人的交往就多了起来。《胡应麟年谱》决定了他和胡适的关系,也决定了他一生要从事有关明史的研究。

◎在清华期间

1931年初,吴晗辞去燕大图书馆馆员工作,集中时间准备大学的入学考试。他先是参加了北大的考试,文史和英文都是100分(满分),但数学却考了零分,所以未被录取,因而,他只好重新报考清华,结果考试成绩一样。虽然清华也有考生一门考零分不能录取的规定,但由于他文史成绩特别优秀,而破格录取了他。

据说,清华的这个决定,曾经轰动了北大。甚至连北大校长蒋梦麟、文学院院长胡适、法学院院长周炳琳等人,都认为北大这个规定不妥当,并准备加以修改。

1931年8月,当时清华大学代理校务的翁文灏和教务长张子高,收到北京大学文学院院长胡适的一封来信,信上说:

"清华今年取了的转学生之中,有一个吴春晗,是中国公学转来的。他是很有成绩的学生,中国旧文学的根底很好。他有几种研究,都很可观:今年他在燕大图书馆做工,自己编成《胡应麟年谱》一部,功力、判断都不弱。此人家境甚贫,本想半工半读,但他在清华无熟人,恐难急切得到工作的机会。所以我写这信,恳求两兄特别留意此人,给他一个工读的机会。他若没有工作的机会,就不能入学了。我劝他决定入学,并许他代求两兄帮忙。此事倘蒙两兄大力相助,我真感激不尽。附上他的《胡应麟年谱》一册,或可觇他的学力……他的稿本可否请清华史学系、中国文学系的教授一阅? 也许他们用得着这样的人作'助手'……"

翁文灏和张子高迅速让文学院院长冯友兰和史学系主任蒋廷黻办理此事,吴晗获得了每月25元大洋的工读机会。

是年9月12日,胡适写信给吴晗说:

"请你记得:治明史不是要你做一部新明史,只是要你训练自己做一个能整理明代史料的学者。你不要误会蒋先生(蒋廷黻)劝告的意思。"

胡适还详细指导吴晗:治明史要先读《明史》和《明史纪事本末》,并用《实录》来校勘,对重要人物的姓名字号、籍贯谥号随笔记出、列表备查,多作札记和"专题研究"之类的小论文,对倭寇、西洋通商、南洋和传教士等问题可参考日本和西方著述。吴晗完全接受了胡适的治学思想,而且的确开始全心致力于明史研究,并颇受顾颉刚、胡适、傅斯年等教授提携。

吴晗在清华上学时代的文章颇多,主要是发表在《清华周刊》上,包括考证文章、对史料的整理汇集和一些杂文,这些作品,受胡适的影响很是明显。如《〈清明上河图〉与〈金瓶梅〉的故事及其演变》、《西王母与西戎》、《〈绿野仙踪〉的作者》等,就是纯技术性的具体考证,在方法上就充分运用了胡适的"大胆假设,小心求证"做法。但他也并不限于仅仅弄清历史事实、解决具体问题。

《胡惟庸党案考》是吴晗考据类的代表作。他在《明史》中发现,关于明初宰相胡惟庸党案的记载,虽多却乱。朱元璋给胡惟庸定的罪名,有极大漏洞。于是他推断,此案是一疑案或冤案。接着,他搜集了更多有关资料,加以排比分析,终于得出所谓"胡惟庸叛国案"纯属捕风捉影,真正的原因,在于统治者内部的权力争夺这样的论断。他还进一步发现,朱元璋冤杀胡惟庸后不再设宰相,而使皇帝的权力空前加强。因此,明代封建专制的中央集权进一步加重。

而他另外一篇《〈金瓶梅〉的著作时代及其社会背景》,也是这样在考据的基础上兼有议论,并涉及到社会形态变更的重大问题。这引起了当时一些守旧学者的非议,但进步教授郑振铎却拍手叫好。吴晗的这些治学特点,是受了蒋廷黻、雷海宗和陈寅恪等清华教授的影响。

吴晗虽然受胡适"读书救国"思想的影响极深,但强烈的爱国心促使他不可能不关心时局。他在 1932 年 1 月 30 日给胡适的信中说:"翻开任何国、任何朝代的历史来看,找不到这样一个卑鄙无耻、丧心病狂的政府。"他初期的杂文,也表达了对日本侵略者的仇恨和对当时政府恶行的批判。

他还写过一首《感事诗》来抒发自己的想法。

> 阴风起地走黄沙,战士何曾有室家。
> 叱咤世惊狮梦醒,汤除人作国魂夸。
> 烦冤故鬼增新鬼,轩轾南衙又北衙。
> 翘首海东烽火赤,小朝廷远哭声遮。
> 将军雄武迈时贤,缓带轻裘事管弦。
> 马服有儿秦不帝,绍兴无桧宋开边。
> 江南喋血降书后,北地征歌虎帐前。
> 回首辽阳惊日暮,温柔乡里著鞭先。

由于吴晗在学生时代就发表了大量文章,并于 1932 年担任过《清华周刊》文史栏主任,还于 1934 年与汤象龙发起成立了以青年史学工作者为主体的史学研究会,故他毕业后就被留在清华当教员,直到 1937 年 9 月到云南大学任文史教授。《清华大学史稿》中说,清华在那些年里所开的历史课中,"陈寅恪的《魏晋南北朝隋唐史》、张荫麟的《清史》、吴晗的《明史》,有较高的学术水平"。

由于清王朝把明人记录的有关建州的史料篡改了,早期建州史几乎成为空白。当吴晗发现朝鲜《李朝实录》中建州初期的史料极为详尽时,决心将有关部分全部抄录下来。他跑了几年北平图书馆,足足抄了二三百万字。《关于东北史上一位怪杰的新史料》是他为建州史补白的第一篇论文,后来还有一篇《后金之兴起》。其间,他还和汤象龙等人在天津《益世报》上创办了《史学》专刊,在发刊词中提倡新史学:"但论是非,不论异同。""我们的目标只是求真。""新史当是属于社会的,民众的。"还将史料的范围推到正史以外。

1934 年下半年,吴晗结识了袁震。袁震也在清华史学系上过学,后来由于肺病而退学,但在老师们的照顾下一直住在学校。吴晗受人之托照顾袁震,两人经常在一起切磋学问,渐渐互生爱慕之情。袁震早年就加入了共产党,她使吴晗逐步接触到了唯物主义史观。据说有一次他们在讨论问题时,吴晗引证的"适之先生"的观点被袁震驳倒了。袁震知道吴晗崇拜胡适,就取笑他说:"你怎么老是在胡适面前矮三尺呢?"吴晗遂大笑着说:"那么,我在袁震面前就矮一丈了。"

袁震很快又被查出患了骨结核,吴晗得照顾她一辈子。两人的婚姻,遭到吴晗家人和朋友们的反对。但是,他们冲破了重重困难,终于在 1939 年 10 月如愿以偿。由于袁震的病情,他们始终没有过正常的夫妻生活,也没有孩子,但两人30年相濡以沫、始终不渝。

自1937年始在云南大学任教的3年里,吴晗写了《明代之粮长及其他》、《记明实录》、《明代汉族之发展》等许多有关明史研究的文章。但日寇的进逼、蒋氏的退让、清华的南迁和生活的危机,使他不能再安于埋头做学问了。正如他自己所说:"1940年以后,政治来过问我了。"(吴晗《自传》)1940年夏天,他回到西南联大。联大学生的爱国反蒋抗日斗争,开始对他产生越来越大的影响。

是年秋,吴晗来到联大叙永分校,主讲通史课。他讲通史,有自己独特的路子和方法,把从古至今的历史分为12个大题目:石器时代、殷商社会、春秋封建、战国七雄、土地制度(田制)、从募兵到征兵(兵制)、刑法制度、科举制度、鸦片战争、辛亥革命、抗战救国等。特点是重点突出,但系统性较差。讲各种制度时,他着重分析了各个朝代实行这些制度的得失。他的这一讲法,是受张荫麟的影响。张荫麟比吴晗长4岁。当吴晗还是清华的学生时,他就已是历史系教授了,两人关系密切。张荫麟在历史教育方面,主张对小学、中学和大学分别选取不同的侧重点;在逻辑上注意历史发展中的因果关系和内在的规律性。另外,他要求的通俗晓畅的文风和教风,也给了吴晗深远的影响。

1941年9月,吴晗回到昆明。不久,他在《中国社会史》课上,对中国社会史的研究者们公开表示不满,说道:

"中国历史学界真可怜,一种是支离破碎的考据,有什么用处?一种是乱套公式的空洞理论——他们所说的也许对,可是他们没有证据,怎能使人信服呢? "

这些议论,说明他对以考据为主的胡适学派开始产生怀疑。不过,他那几年的史学研究成果,却还是一些短小精悍的考据文章,诸如《明初之南京旅馆业》、《明初之杭州织工业》、《注籍》、《稿费》、《路引》、《当铺》等。且举《注籍》为例:

"陈良谟《见闻纪训》上:'凡京官俱书名籍上置长安门谓之门籍有病注,病字在名下,不朝参谓之注门籍。'刘继庄《广阳杂记》一:'明时群僚被劾者,自衙门归私宅,则下轿帘以障之于门揭,注籍二字,闭门以待命。'"

吴晗逐渐倾向于革命,并于1943年7月经周新民、潘光旦介绍正式加入民盟组织;此后积极参加昆明的民主运动,思想和形象有了极大转变。一个学生曾问过他:"吴先生,我初见您时,您和现在不一样啊! 究竟是什么力量使您转变的呢?"他沉默了几分钟,肯定地说:"不是我自己,是时代,是历史……"

此时吴晗在讲明史课时,充分揭露明王朝对劳动人民的残酷统治、统治者内部的相互倾轧、东西厂特务机构的恐怖手段和文字狱瓜蔓般的株连;最后还总要讲到农民起义军的兴起对明王朝风卷残云般的冲击。他和闻一多参加学生们的示威游行和罢课运动,进行爱国宣传的演讲,并以大量杂文如《论贪污》、《三百年前的历史教训》、《论"五四"》等,以古讽今,揭露和批判国民党政府的反动行径。还写了《由僧钵到皇权》(又称《明太祖》),用朱元璋影射蒋介石。

吴晗的民主革命活动,一方面使他对现实有了深刻的认识和对将来有了正确的预测,另一方面也使他更进一步有意识地将自己与现实、历史紧密地联系了起来。他参加共产党组织的西南文化研究会、协助党组织民主青年同盟、指导编印《渝风》、参与筹办地下印刷厂、翻印中共文件和毛泽东著作……1945年8月抗战胜利时,当闻一多欣喜若狂地剃掉蓄了8年的胡子时,吴晗却告诉他:"你把胡子剃得太早了!"

吴晗还认真收集各种小报、传单。他说:

"这就是将来研究中国近代革命史方面学生运动最珍贵的第一手资料,是那些亲身参加运动的人,写自己和反动统治者拼死斗争的事迹,是最可靠的。研究历史的人,搞社会科学的人,都得重视第一手材料啊!"

1946年5月到8月,吴晗和袁震经重庆、上海回到北平。

其间,李公朴、闻一多等民主人士先后被害。吴晗悲痛欲绝,奋笔疾书,写下《哭公朴》、《哭一多》、《哭亡友闻一多》、《闻一多先生之死》、《闻一多先生传》等文。

在上海,吴晗给胡适写信要求见他,胡适不理。到北平,他又亲自到北大去拜见胡适,但话不投机,只谈了一两句就走了。后来,当胡适听说他走了,叹息着说:"吴晗可惜,走错了路。"以后,两人就再也没有见过面。

此年9月,吴晗迁入清华园西院12号。后迫于形势,辗转多地,终于到达解放区。次年初回到清华,继续教学工作。

1949年北平解放,吴晗参加接管北大、清华的工作,任清华校务委员会副主任、文学院院长、历史系主任等职。

◎离开清华后

1949年9月,吴晗参加了中国人民政治协商会议第一届全体会议,并当选为全国委员会委员。10月1日参加开国大典。11月当选为北京副市长。他开始全身心地投入到新中国的行政和研究工作当中。

1953年5月,北京开始酝酿拆除牌楼,对古建筑的大规模拆除在这个城市蔓延。时任副市长的吴晗,担起了解释拆除工作的任务。为挽救四朝古都仅存的完整牌楼街不因政治因素而毁于一旦,梁思成与吴晗发生激烈争论。由于吴晗的言论,梁思成被气得当场失声痛哭。其后不久,在郑振铎组织的欧美同学会聚餐会上,林徽因又与吴晗发生一次面对面的冲突。同济大学教授陈从周回忆道:

"她(指林徽因)指着吴晗的鼻子,大声谴责。虽然那时她肺病已重,喉音失嗓,然而在她的神情与气氛中,真是句句是深情。"

但这事能完全怪吴晗吗? 又能完全不怪吴晗吗?

行政工作之外,吴晗还促成了明清之际的史学家谈迁撰写的编年体明史《国榷》的出版;主持《资治通鉴》的标点和清人杨守敬的《历代舆地图》的改绘工作;组织编写"中国历史小丛书"、"外国历史小丛书"、"历史常识问题"等历史普及性读物;成立北京市历史学会;与邓拓、廖沫沙一起,以"吴南星"为笔名在《前线》杂志上开辟《三家村札记》……

吴晗在新中国成立后的主要明史研究成果有《明初社会生产力的发展》、《关于中国资本主义萌芽的一些问题》、《元代的民间海外贸易》、《朱元璋的队伍和政权的性质》、《明初统治阶级内部的斗争》等。此外,他热心的几个主题,是历史剧、道德继承问题和历史人物评价问题。他对历史剧有自己的看法是。

"历史剧在主要方面,亦即人物、事件、时代背景方面,必须基本上符合历史真实……同时,历史剧……主要的还是戏。是戏就得按戏的办法写,有矛盾,有冲突,有情节,要收到艺术效果,还必须有所突出,集中,夸张,因之也就不能不有所虚构……"(吴晗《论历史剧》)

对道德继承问题,他认为对剥削阶级的道德中的合理成分如忠、孝、精打细算等,可以批判地继承。

吴晗在《从曹操问题的讨论谈历史人物评价问题》、《关于评价历史人物的一些初步意见》、《关于历史人物评价问题》等文中,对历史人物的评价问题作了深入讨论。

"1.评价历史人物,应当从当时、当地人民利益出发。2.要从生产斗争和阶级斗争出发。3.应从整个历史出发。4.应从政治措施、政治作用看,而不应单从私人生活方面看。5.要区别史料。6.要注意阶级关系;但是,也要指出阶级出身不是评价历史人物的根本条件,人是可以改变的。7.也不可以拿今天的意识形态强加于古人。8.实事求是,反对浮夸。"(吴晗《关于历史人物评价问题》)

他还反对当时"以论带史"甚至"以论代史"的情况,而提出"论从史出"的主张,批评那种"除了农民战争的领袖以外,大部分都采取否定的态度"的做法和

"认为所有历史记载都是封建史家写的……过去的历史记载全都是不可信"的错误观点。

吴晗还在 1954 年和 1964 年,对其代表性著作《朱元璋传》分别作了第二次和第三次修改。《朱元璋传》初稿即《由僧钵到皇权》,第一次修改是在 1948 年。虽然《朱元璋传》被认为是吴晗的代表作,但他最让人们熟悉也最难忘的,却还是他关于海瑞的写作。

鉴于"大跃进"期间出现的各级官员虚报成绩的现象,为响应毛泽东要宣传海瑞"刚直不阿、直言敢谏的精神"的号召,吴晗于 1959 年 6 月开始陆续撰写了《海瑞骂皇帝》、《海瑞》、《清官海瑞》、《海瑞的故事》等文章,其中较重要的一篇是《论海瑞》,这篇文章写于庐山会议之前,发表于庐山会议之后。毛泽东对这些文章曾大加赞许,并赠送自己亲笔签名的《毛泽东选集》给吴晗。吴晗也因此成为当时中国最有名的知识分子之一。

苏双碧与王宏志合著的《吴晗传》里写道:

"吴晗写文章时,不可能预料到庐山会议上会发生错误地批判彭德怀同志的事。庐山会议之后,吴晗把这篇文章送给参加过这次会议的一位领导同志看,这位同志把毛泽东同志说的是提倡真海瑞、不是假海瑞;是提倡左派海瑞,不是提倡右派海瑞的意思,对吴晗讲了。因此,吴晗在发表这篇文章前,画蛇添足地加了一段反对右倾机会主义分子假冒海瑞的文字。这段文字和全文毫不相干,也并非作者的原意,是迫于形势不得不加上去的一段话。"

1960 年,吴晗又开始写历史剧《海瑞罢官》。这是一部由史学家撰写的优秀京剧剧本,但它却给吴晗和中国人民带来了不曾预料到的灾难……

接下来的事情,人们再熟悉不过了。

1965 年 11 月 10 日,姚文元在上海《文汇报》发表《评新编历史剧〈海瑞罢官〉》。

1965 年 11 月 29 日,《北京日报》转载《评新编历史剧〈海瑞罢官〉》。

1965 年 11 月 30 日,《人民日报》转载《评新编历史剧〈海瑞罢官〉》。

1966 年 5 月 10 日,姚文元在《文汇报》、《解放日报》发表《评三家村》。

1966 年 5 月 16 日,中共中央发出《五一六通知》,"文化大革命"正式开始。

1966 年 7 月,吴晗开始被揪斗、毒打。

1967 年初,吴晗全家被扫地出门,轰到城南一隅。

1968 年 3 月,吴晗被逮捕入狱。

1968 年 4 月,吴晗妻子袁震被送进"劳改队"。

1969 年 3 月 18 日,袁震被迫害致死。

1969 年 10 月 11 日,吴晗被迫害致死。

1976 年 9 月 23 日,吴晗养女吴小彦在狱中含冤自尽。

1979 年 7 月,中共中央给吴晗平反,恢复名誉和党籍。

吴晗的一生,与历史结下了不解之缘。早年,历史吸引了他,他沉浸于文本历史而拒绝现实历史;中年,历史激发了他,他希望文本历史能够成为自己介入现实历史的丰肥土壤;晚年,历史埋葬了他,他虽然足以驾驭文本历史,却被现实历史所淹没。

他对生活有一种特别的执著、信任和热情;对治明史如此,对袁震如此,对国家和人民如此,对共产党也是如此。究其原因,恐怕就在于他的史学情结。历史论的是"是非",这一点胡适应该对他言传身教过,但胡适没有告诉他,政治论的是"利害",尽管胡适自己心知肚明。学者夏鼐在《我所知道的史学家吴晗同志》里说:

"有人以为吴晗同志的政治敏感性很强,实则他始终是个文人、学者,书生气很重。中年以后他喜欢谈政治,后来又投笔从政,但是并不懂得政治。"

吴晗曾经琢磨不透:"我实在想不通,彭德怀也是好人啊!即使为彭德怀说几句好话,也不能算是敌人啊!"他相信历史是公正的,因为他将自己的整个人生历程和心路历程,都与历史融合在了一起。然而,只有连续的历史才是公正的,但历史对每个个人来说却并不是连续的。他是一个政治阴谋的牺牲者,但他使历史的断层沉降,他将因此而被后人记取。

(李孔铸)

钱钟书

清华生涯数事

　　钱钟书(1910—1998)，字默存，号槐聚，江苏无锡人。中国现当代著名学者、作家。1929 年被清华大学外文系破格录取。1933 年毕业，在上海光华大学任教。1935 年赴英伦留学。2 年后获副博士学位，赴巴黎大学从事研究。1938 年回国，被清华外文系破格聘为教授。次年转赴湖南蓝田国立师范学院，任外文系主任，并开始写作《谈艺录》。1941 年被困上海，任教于震旦女子文理学院，完成《谈艺录》、《写在人生边上》。抗战结束后，任暨南大学外文系教授，《人兽鬼》、《围城》出版。1949 年回清华任教。1953 年调入中国社科院文学研究所，完成《宋诗选注》。1966 年在"文革"中受到冲击。1969 年被派往河南"五七干校"。1972 年回京，《管锥编》定稿。1982 年任中国社科院副院长。1998 年 12 月 19 日在北京逝世。

钱钟书

◎成绩单上所见

关于钱钟书在校时
的种种趣闻逸事,近年来
不断有人作过介绍。例如
说,他曾立志要"横扫清
华图书馆",即把当时清
华图书馆的一百三十余
万册藏书,从 A 字第一号
开始通览一过,有的还要
作出必要的批注;又如说
他平时上课,从来不做笔
记,有时还一面听课,一

钱钟书

面浏览随身带来的其他书刊,可是一到考试,他只要略加"复习",便可考出优异
成绩……

对于这些传说,绝非夸大之词。钱钟书毕业时的总成绩单,确实令人瞠目。他
在清华读书 4 年(1929—1933),一共上了大约 33 门课程(29 门必修、4 门选修),
其中包括英文、法文、伦理学、西洋通史、古代文学、戏剧、文学批评、莎士比亚作
品、拉丁文、文字学、美术史等。4 年下来,除第一学年体育和军训术科(第二学年
以后,这两门课获准免修)两门课吃了"当头棒"之外,其余绝大部分都是"金齿
耙"和"银麻花"。如其第二学年所修 6 门课程成绩如下。

第二年英语(温源宁教授讲授) 超

第二年法语(常安尔教授讲授) 超

西洋文学概要(翟孟生教授讲授) 超

西洋小说(瑞恰慈教授讲授) 超

英国浪漫诗人(吴宓教授讲授) 超

西洋哲学史(邓以蛰教授讲授) 超 +

"超"是表示最高分。当时清华记分法分成 5 等——超、上、中、下、劣,分别以
E(即最佳之一等,学生们戏称为"金齿耙")、S(优秀,"银麻花")、N(良好,"三节
鞭")、I(及格,"当头棒")、F(不及格,"手枪")表示,像钱钟书这样的成绩,当时在文
学院和全校都是罕有其匹者。

◎"批评的本色"

那时的清华园,不但人文荟萃,而且"弦歌鼎盛"。师生们在紧张的授课和攻读之余,还经常开展各种丰富多彩的文化、美育活动。钱钟书是业余诗文活动的积极分子之一,经常在校内外刊物上发表作品,或抒情怀,或赠诗友,而更多的则是进行批评。

钱钟书的批评,在当时就已是出了名的。一个了解他的人写道:

"他好批评,善批评,到处批评,逢人批评,随时批评。对书,他固然爱发表意见;对人,又何尝不是!对自然,对社会,都没有例外,他今身今世或许全盘要经营批评的事业了……

"他谈论一张诗笺的精致美丽,正如(谈论)某个不相识的女人一双眼的灵活生动那样兴奋;他开亚里斯多德的玩笑,好像形容一个教授讲课一样的严肃……

"老钱这人最可爱处是在他的本色,而且他从来不大肯委屈自己而隐藏那点本色。如果他说文学是贵族的,他决不说得扭扭捏捏,而一定是干干脆脆;如果他说文学是革命的,那也一定如此。装腔作势,他是不来的。他捧人,他自然也骂人,而且骂得厉害。曾经一次他受过尊大人严重的警告,警告当然也无效……

"捧也好,骂也好,捧骂俱全也好,他对于他的对象一视同仁。他最愿意读本色的书,也愿意写本色的文字,他是'语不惊人死不休'的那一路兄弟……

"他自己喜欢本色。他也求人本色,独特的人,独特的文字,独特的风格,独特的大小玩意儿,他都极喜欢,心里喜欢不算,不知不觉赞美,赞美过分了,人家或者不好意思起来,他却似乎更体味着一个光明的世界……

"兴奋里,严肃里,他总说出一个响响亮亮的理由。——此所以他是批评的,此所以他可以成为理想的批评的人。因为,他既有诚恳的热情,又有清澈的理智,批评少不了这两儿。"(见1937年《清华校友通讯》第四卷1、2、3期)

◎"多才多艺太伤廉"

钱钟书"批评的特色",不仅表现在文内,而且也表现在诗中。他在清华做学生时,曾在校刊上发表诗作,其内容,虽是"捧骂俱全",但绝大部分也是"批评的"。例如,1932年春,他曾在校刊上发表了一首批评陈衍(号石遗)的诗,题为《得石遗先生书并示人曰思家怀人诗敬简一首》,诗中充满了对这位近代诗人的仰慕之情。诗曰：

> 新诗高妙绝追攀，欲和徒嗟笔力孱。
>
> 自分不才当被弃，漫因多病颇相关。
>
> 半年行脚三冬负，万卷撑肠一字艰。
>
> 那得从公参律句，孤悬灯月订钝顽。

这期间，他还发表了系列的《论诗友绝句》，其中第三首是批评他的老师吴宓教授。诗曰：

> 亚槃欧铅意欲兼，闲情偶赋不妨禅。
>
> 南华北史书非僻，辛苦亭林自作笺。

（原注：亚槃欧铅，乃梁任公诗中八贤歌论严几道语。亭林事只见小仓山房尺牍与杨兰坡。吴师以学人而为诗人，又通天人之故，与宁人相似，又好自注，故云。）

把自己的恩师比做顾炎武，这当然是赞颂之词。但"南华北史书非僻，辛苦亭林自作笺"一句究竟何意？其实其中不无微词。因为对于吴宓先生的诗，当时即有不同看法。吴宓的好友浦江清就曾在日记里写道："吴先生天才不在诗，而努力不懈，可怪也。"吴宓先生本人很珍重这首诗。后来出诗集，特收录其中。

钱钟书还曾有诗《辰伯以诗见赠大佳调以二十八字》以答吴晗：

> 精研博览一身兼，每读高文意不厌。
>
> 余事为诗亦绝妙，多才多艺太伤廉。

"多才多艺太伤廉。"吴晗是这样，钱钟书自己又何尝不是这样！

◎"去留肝胆两昆仑"

抗战时期，钱钟书曾在西南联大任教半年，时间虽短，却在去留问题上发生过一些有意思的事情。一方是求才若渴、敦敦礼下的"伯乐"们；另一方是初驰文坛、八方争求的"千里马"，彼此间演奏出了一曲曲"高山流水"式的美妙的交响乐。在荐、聘、去、留问题上，他们是那样推心置腹、肝胆相见，有"私谊"、有"竞争"，但毫无商人气，许多地方是值得我们今人思考的。

1937 年，钱钟书在牛津得了"副博士"，这时他的名声已经蜚扬中外了。一位小有名气的英国诗人艾克敦就曾说过："像钱钟书君那样的批评的眼力和能力，简直使我惭愧而且惊倒。"这时，他已著有《诗集》、《中国文学小史》等专著，并已在《清华周刊》、《清华年刊》、《新月》、《人世间》、《学文》、《中国评论周报》、《天下》、《大公报》的《世界思潮》和《文艺》副刊等上面发表多篇论文和散文。是年自牛津毕业后,他又去法国巴黎大学,本想攻读博士学位,后又放弃。翌年他行将返国时,国内好多单位竞相争聘他,但清华昆明办事处占了上风。

1938年7月25日,清华文学院长冯友兰向校长梅贻琦(字月涵)先生递了这样一封呈函。

"月涵先生:钱钟书来一航空信,言可到清华。但其于九月半方能离法,又须先到上海,故要求准其于年底来校。经与公超、福田商酌,拟请其于十一月底来或下学年第二学期来。弟前嘱其开在国外学历,此航空信说已有一信来,但尚未接到。弟意或可即将聘书寄去。因现别处约钱者有外交部、中山文化馆之《天下月刊》及上海西童公学,我方须将待遇条件先确定与说。弟意名义可与教授,月薪三百。不知近聘王竹溪、华罗庚条件如何,钱之待遇不减于此二人方好……"

这又是一个破例!王竹溪、华罗庚都是归国时无博士头衔而直接为清华聘为教授者。(按校章,这样的资历至多只能给副教授)

钱钟书应聘来清华以后,却只在联大教了半年书。1939年暑假,他去上海探亲(他的母、妻、弟、妹均在上海),而他在湖南蓝田国立师范学院任教的老父钱基博先生(亦曾在清华任教),迭以函电命其至蓝田师范,一面任教,一面侍奉自己。蓝师校长廖茂如先生也亲临沪上劝驾。钱钟书从小事父至孝,眼见"孝"、"义"不能两全,只好遵父命舍清华而"去沪入湘"。

钱钟书原以为自己这样不告而退,清华方面定会愤然弃之,谁知梅贻琦校长"善才难舍",又演了一出"萧何月下追韩信",驰电挽留。钱钟书不免"背汗面热","六张五角",于此年12月5日分别与梅、沈(履)各致一信,情发肺腑,颇为感人,节录于下。

致梅校长

月涵校长我师道登,鉴七月中匆匆返沪,不及告辞,疏简之罪知无可追,亦以当时自意假满重来侍教有日,故衣物书籍均在昆明。岂料人事推排,竟成为德不卒之小人哉。九月杪屡欲上书,而念负母校庇荫之德,吾师及芝生师栽植之恩,背汗面热,羞于启齿。不图大度包容,仍以电致。此电寒家未收到,今日得妇书附苇斋先生电,方知斯事,六张五角,弥增罪戾,转益悚惶。生此来有难言之隐,老父多病,远游不能归,思子之心形于楮墨,遂毅然入湘,以便明年侍奉返沪,否则熊鱼取舍,有识共知,断无去滇之理。尚望原心谅迹,是幸。书不尽意,专肃即叩钧安。门人钱钟书顿首上。十二月五日。

致沈秘书长

苇斋哥道登(按:钱钟书与沈履是襟亲),十月中旬去沪入湘,道路阻艰,行李繁重。万苦千辛，然无可尽行，卅（廿？）四日方抵师院，皮骨仅存，心神交瘁，因之卧病，遂阙音书。十四日得季康书云，公有电相致，云虽赴湘，亦速复梅电云云。不胜惊悚。不才此次之去滇，实为一有始无终之小人，此中隐情不堪为外人道。老父病多，思子欲瘠，遂百计强不才来，以便明夏同归。其实情如此，否则虽茂如相邀，未必遽应。当时便思上函梅公，而怯于启齿。至梅公赐电，实未收到，否则断无不复之理，向滇局一查可知也。千差万错，增我之罪，静焉思之，惭愤交集，急作书上梅公道罪，亦烦吾兄婉为说辞也……

（黄延复）

陈省身

最美好的年华在南开与清华

陈省身(1911—2004),号辛生,浙江嘉兴人。著名美籍华裔科学家,国际数学大师,20世纪世界级几何学家,"走进美妙的数学花园"创始人。他在整体微分几何学上的卓越贡献,影响了整个世界数学的发展,被美籍华裔物理学家杨振宁誉为继欧几里得、高斯、黎曼、嘉当之后又一里程碑式的人物。早在少年时代即显露出过人的数学才华。1926年至1930年在南开大学数学系学习。1934年获清华大学理学硕士学位。1936年获德国汉堡大学理学博士学位。此后不久到法国巴黎大学深造,师从几何大师嘉当。1937年受聘于清华,翌年转入西南联大。1943年成为美国普林斯顿高级研究院研究员。1948年任中央研究院数学所代理所长,并入选第一届院士。1949年被聘为世界数学研究中心——芝加哥大学教授。10年后离开芝加哥到加州伯克利大学任教,将其建成世界几何学中心。1961年被美国科学院推举为院士,并加入美国籍。翌年任美国数学会副会长。1981年至1984年任美国伯克利国家数学科学研究所首任所长,获世界数学最高奖"沃尔夫奖"。1985年任南开数学研究所所长。1995年当选为首批中国科学院外籍院士。2000年定居南开。2004年获首届"邵逸夫奖"。

陈省身

陈省身 3 岁时与祖母合影　　　　　陈省身 5 岁时与父亲合影

◎基础奠定于南开

南开大学建立于 1919 年五四运动以后，校长是爱国教育家张伯苓。上世纪 20 年代中期，学校提出"理以强国、商以富国、文以治国"的教育方针，提倡通才教育，全校分文、理、商 3 个学院。那时，南开理学院有 4 个系：生物、物理、化学、数学，分别由李继侗、饶毓泰、邱宗岳、姜立夫主持。那些系差不多都是"一人系"，除了他们 4 位外，教授很少。新生入学第一年不选系，就读数学、物理、化学、国文、英文 5 门课。

1926 年秋天，15 岁的陈省身考入南开理学院。在这里，他遇上中国现代几何学的开山祖师、南开算学系主任——姜立夫教授。

但是，陈省身刚入学时，觉得物理似较切实际，所以倾向于物理系。一年级的微积分、力学都由钱宝琮教，他读得轻松自在。这一年，陈省身常常看一些小说、杂书；也时常替别的同学写作文以消磨时间。

大学的课余生活可谓丰富多彩。据陈省身回忆，当时南开只有三百多名学生。因为学生少，地方大，因此在"思源堂"楼上，专门拿出一间很大的房间来作为游戏室，供学生休憩。年少的陈省身，每天跟着一群哥哥、姐姐在那里玩耍，觉得很有意思。他们弹棋子、打牌，往往乐不思蜀。有一次，他跟同学在宿舍里打牌，被素来严厉的物理大师饶毓泰先生逮了个正着。他们都有点担心受罚。饶先生当时开的理论力学班上，有陈省身、吴大任、吴大猷等栋梁之才，"他对这个班级很满意,所以也没怎样发作"。

1927 年,陈省身的读书生活和对学业的态度有了很大的改变。

由于当时的人们对数学、物理、化学、生物等这些学科了解甚少,陈省身不知道自己毕业以后可以做什么,加上是连跳两级后考的大学,故对于自己的目标实在是很茫然。在大学一年级的一次化学实验课上,内容是"吹玻璃管"。陈省身对着手中的玻璃片和用来加热的火焰,一筹莫展。后来由实验老师帮忙,总算勉强吹成了。但他觉得吹成后的玻璃管太热,就用冷水去冲,瞬间玻璃管哗啦啦全碎了。

陈省身

这件事对陈省身触动很大,他发现自己缺乏动手能力,于是作出人生第一个至关重要的抉择——放弃物理、化学,专攻数学。那一年,算学系主任姜立夫由厦门大学讲学回来。陈省身成了姜立夫的学生。姜立夫 1919 年毕业于哈佛大学并获博士学位,次年到南开大学并一手创办南开算学系(当时是全国第二个数学系)。高徒遇名师,姜立夫循循善诱,将陈省身领入了数学王国。陈省身曾经风趣地说:

"学数学并不是我刻意的选择,实在是因为我除了数学之外,什么都学不好。"

姜立夫在人格、道德、学术上,被认为是近代的一位"圣人"。他教书极其认真,每课必留习题,每题必经评阅。陈省身和另一位数学家吴大任,都是姜立夫的得意弟子。他特意为他们两人开了许多当时被认为高深的课,如线性代数、微分几何、非欧几何等。他教学态度严正,循循善诱,使人感觉到读数学有无限的趣味和前途。

陈省身对数学有天然的兴趣,班上他的年纪最小,但天赋颇高,又很勤奋,成绩总是出类拔萃。姜立夫尤其喜欢和器重这个弟子。当时南开初建,系里人手少,于是姜立夫就叫正念三年级的陈省身做他的助手,帮他改卷子。一开始让他改一、二年级的,后来三年级的卷子也让他改。他也帮张希陆老师改卷子。这样每月他还能拿到 10 块钱,比一个报贩的钱还多一点,能改善一点学习和生活条件。多

年以后,陈省身早已是名扬天下的数学大师,当他追忆恩师姜立夫时说:

"我从事于几何,大都亏了我的大学老师姜立夫博士。"

陈省身的南开岁月相当充实。当时南开学风优良,而且,在姜立夫的努力下,其数学藏书在国内首屈一指。陈省身博览群书,阅览了大量数学书籍,在段茂澜教授的指导下,等到1930年毕业时,陈省身已经能读德文、法文的数学书籍了,对美国的文献尤其熟悉。他还曾在1929年当选为南开大学理科科学会委员,也是《南开大学周刊》学术组的骨干。这一切都为他的数学事业打下了良好的基础。他后来曾不止一次满怀深情地说过:

"我最美好的年华在南开度过,她给我留下了许多美好的回忆。"

◎腾飞起点在清华

在南开四年级时,陈省身开始有了自己明确的努力方向。他闻知清华大学理科研究所算学部招收研究生,3年毕业后授予硕士学位,成绩优异者可派送出国留学两年。于是,他和吴大任经多次商讨,便一起报考了清华,并且都被录取。

那时,清华经费充裕,一片兴旺气象。数学系主任是熊庆来,教授有孙光远、杨武之(杨振宁之父),还有后来成为陈省身岳父的郑桐荪等;教员有周鸿经、唐培经等。清华数学系也陆续吸引了许多像华罗庚、许宝、柯召一样的青年才俊。

1930年秋季,陈省身到清华时,才知道只有他一人来报到。原来,这时吴大任因父亲失业,不得已去了广州中山大学担任助教。而当时清华数学系只有他们两名学生,因此无法开班,于是学校决定暂缓1年开课,改聘陈省身为助教。翌年,吴大任经过艰苦奋斗,得以复学,再次与陈省身同窗。

陈省身去清华,还有一个重要的目的,是想跟孙光远做一点研究。孙光远是芝加哥大学博士,专攻投影微分几何学。孙光远天真、率直,陈省身与之相处甚欢。1932年,在孙光远的指导下,陈省身在清华发表了第一篇有关"投微"的研究论文:《具有一一对应点的平面曲线对》,刊于《清华大学理科报告》上。以后,又继续写了两篇这方面的论文,都发表在日本东北大学主办的数学杂志上。

在孙光远的指导下,陈省身用了许多时间研究投影微分几何。投影微分几何是数学的一个旁支,但那时"投微"的研究已到结束阶段。当时国内数学界还没有人了解数学研究的主流所在,这几篇论文,据陈省身后来说,都是他做不出难题目时用来调剂心情的结果。

在清华,陈省身确定了微分几何为自己的研究方向。微分几何的出发点,是微积分在几何学上的应用,有 300 多年的历史。自从爱因斯坦提出相对论以后,大家想从几何里找物理的模型,不少几何学家在这个领域奋斗,可惜成就不大。微分几何的正确方向是所谓"大型微分几何",即研究微分流形上的几何性质,它与拓扑学密切相关。其系统研究,那时才刚刚开始。这是陈省身在清华始终憧憬着的方向,但未曾入门。陈省身描述那时候的心情时说,像是远望着一座美丽的高山,还不知如何可以攀登。

1932 年春天,20 世纪最伟大的数学大师之一、德国汉堡大学数学教授布莱希特到北京大学讲学,题目是《微分几何的拓扑问题》。19 世纪的德国数学执世界牛耳,到了 20 世纪初仍势头不减。6 场讲座,让陈省身与吴大任这两个痴迷于数学的年轻人一场也未落。演讲的内容深入浅出,使陈省身大开眼界。就是这次演讲,使陈省身深受布莱希特的影响。他放弃了去美国留学的机会,而萌动了申请去德国汉堡大学留学的念头。

清华大学规定,学业成绩好的学生,校方可以资助出国留学。不过,这经费是美国退回的庚子赔款,所以一般都须去美国。陈省身成绩优异,自然是选派对象。但是,他认准当时世界数学的中心在欧洲,几何学研究的重镇则在德国与法国,因此他选择了德国汉堡大学。

1934 年夏,陈省身毕业于清华研究院,以优异的成绩获得公费留学的资格。陈省身显示了他"喜欢自由与独立,不肯随俗"的个性,用留美的公费留学德、法。这是一次重要而关键的选择。他主动放弃了已经熟习的投影微分几何,到德国去开垦新的沃土去了。

（朔之北）

第三辑

清华的骄子们

胡 适

"具有纯正的学者气息"

　　胡适(1891—1962),原名洪骍,字希疆,后改名胡适,字适之,笔名天风、藏晖等,安徽绩溪上庄村人。现代著名学者、历史学家、文学家、哲学家、"尝试派"代表诗人。1910年考取清华庚子赔款第二期官费生赴美国留学,于康乃尔大学先读农科,后改读文科。1914年往哥伦比亚大学攻读哲学,师从杜威,发表《文学改良刍议》。1917年通过博士论文考试,同年夏天回国,任北京大学教授,参加编辑《新青年》杂志,因提倡文学革命而成为新文化运动领袖之一。1920年出版《尝试集》。1923年与徐志摩等人组织新月社。次年与陈西滢等人创办《现代评论》周刊。后任北京大学文学院院长、中央研究院院士。1932年与傅斯年等人创办《独立评论》。1938年任国民政府驻美国全权大使。1946年任北京大学校长。1948年离开北平,后转赴美国。1958年任台湾中央研究院院长。1962年在台北病逝。一生共获得36个荣誉博士学位,在哲学、历史学、文学史与文艺理论、古典文学考证、诗文创作诸方面都有很大成就。著有《五十年来之中国文学》、《胡适文存》、《白话文学史》、《中国章回小说考证》等。

胡 适

◎"胡说"白话文

新文化运动中,胡适反对文言文,提倡白话文。他以创作白话诗歌实践着自己的文学主张。1917 年 2 月,胡适的第一首白话诗《朋友》发表于《新青年》杂志上。他后来将诗题改为《蝴蝶》。

> 两个黄蝴蝶,双双飞上天。
>
> 不知为什么,一个忽飞还。
>
> 剩下那一个,孤单怪可怜。
>
> 也无心上天,天上太孤单。

胡 适

这首诗意象清新、诗意浅露,是一次大胆的尝试。后来,胡适把他的白话新诗集命名为《尝试集》,打响了中国白话文运动的"文化解放第一枪"。

胡适还写过一首关于文字方面的白话打油诗。

"文字没有雅俗,却有死活可道。古人叫做欲,今人叫做要;古人叫做至,今人叫做到;古人叫做溺,今人叫做尿;本来同一字,声音少许变了。并无雅俗可言,何必纷纷胡闹?至于古人叫字,今人叫号;古人悬梁,今人上吊;古名虽未必佳,今名又何尝少妙?至于古人乘舆,今人坐轿;古人加冠束帻,今人但知戴帽;若必叫帽作巾、叫轿作舆,岂非张冠李戴,认虎作豹?"

这样深入浅出、诙谐幽默地介绍古今文字知识,将文言文与白话文对照,确实妙趣横生。

1934 年秋,胡适在北大讲课时,大讲白话文的优点。那些醉心文言文的同学不免萌生了抵触情绪。正当胡适讲得得意时,一位同学突然站起来,声色俱厉地提出抗议:"胡先生,难道说白话文就没有缺点吗?"胡适冲着他微笑着说:"没有的。"那位同学更加激愤地反驳道:"白话文语言不精练,打电报用字多,花钱多。"胡适扶扶眼镜,柔声道:

"不一定吧!有位朋友给我打来电报,邀我去做行政院秘书。我不愿从政,决定不去,为这件事我复电拒绝。复电是用白话写的,看来也很省字省钱。请同学们根据我这一意愿,用文言文编写一则复电,看看究竟是白话文省还是文言文省?"

几分钟过去,胡适让同学们自动举手,报告用字数目,然后从中挑选一份用字最少的文言电稿,电文是这样写的:"才学疏浅,恐难胜任,不堪从命。"胡适说,这 12 个字确实简练,但我的白话电报却只用了 5 个字:"干不了,谢谢。"接着他解释道:"干不了"就含有才学疏浅,恐难胜任之意;"谢谢"既对友人费心介绍表示感谢,又暗示拒绝之意。由此看来,语言的精练与否,不在白话与文言的差别,在于能否恰如其分地选用字词。

◎ 两本"半部书"

1919 年 2 月,正在北京大学教书的胡适,将他的一份讲义加以整理,出版成一部引起很大反响的著作——《中国哲学史大纲》。此时,胡适因发表《文学改良刍议》等鼓吹白话文学的文章而"暴"得大名。挟此气势,他又抛出这部观念、写法与先前研究全然迥异的著作,引起震动自然不言而喻。

时任北大校长蔡元培,在序文中对这部著作大加赞誉,认为该书有几个特点:"第一是证明的方法","第二是扼要的手段","第三是平等的眼光","第四是系统的研究"。对于此书撇开当时无人不尊崇的尧、舜、禹、汤、文、武、周公,直接从老子、孔子讲起,蔡元培说作者"有截断众流的手段";认为此书讲时代、辨真伪、考方法的研究,足以"为后来学者开无数法门"。

顾颉刚后来回忆起,当他们在课堂上,听到胡适讲中国哲学史时的震动情形。

"这一段把我们一班人充满着三皇五帝的脑筋骤然做一个重大的打击,骇得一堂中舌挢而不能下。许多同学都不以为然,只因班中没有激烈分子。还没有闹风潮。"

冯友兰当时也在北大读书。他回忆说:

"胡适给一年级讲中国哲学史,发的讲义称为《中国哲学史大纲》。给我们三年级讲中国哲学史的那位教授,拿着胡适的一份讲义,在我们课堂上笑不可抑。他说:'我说胡适不通,果然就不通。只看他的讲义的名称,就知道他不通。哲学史本来就是哲学的大纲,说中国哲学史大纲,岂不成了大纲的大纲了吗?'"

胡适后来总结此书,认为有两条贡献:一是从老(子)孔(子)讲起;二是将孔子与诸子平列。"从思想上,甩开尧舜禹汤文武周公,在当时思想、文化界都的确是一件惊天动地的事。"

可惜,这么一部惊世骇俗的著作,只有上卷,实为思想史上的一大憾事。

1921 年,教育部举办国语讲习所,请胡适讲"国语文学史"。他用了不足 2 个月,编成 15 篇讲义。讲义也有"截断众流"的表现,开始于"汉朝的平民文学",连

《中国哲学史大纲》起始的《诗经》也未入列,截止到"南宋的白话文"。这大约与当时讲课的时间有关。

当时,梁实秋、徐志摩等一干胡适的朋友办起新月书店。胡适入了100元,成了股东。见有人翻印胡适著作,同人们不满意,便大力催促,让他将著作修改出版,甚至早早就在报刊上打出广告。广告中说到"国语文学史的上卷,曾经钱玄同先生在北京印行了一千部",并无其事。钱玄同不过题一签而已。胡适于是便托朋友借书,又据自己游历巴黎、伦敦时搜集的资料,更借重当时的研究成果,包括鲁迅的《中国小说史略》等,对这部旧讲义进行大规模修订。

这次修订,原稿几乎全推翻。原讲义15讲,除第一讲、第二讲稍有删改,三、四讲得以留一部分外,后面几讲完全重写。胡适本打算将书写到唐末五代,作为上卷,不料愈写愈长,收不了尾,只得在白居易处打住。胡适后来说:"依这样的规模做下去,这部书大概有70万字至100万字。"何时完工,自然难料。

这部以《白话文学史》为名的著作,就这样以上册面貌问世。之所以称"白话",胡适说了3个意思:

"一是戏台上说白的'白',就是说得出,听得懂的话;二是清白的'白',就是不加粉饰的话;三是明白的'白',就是明白晓畅的话。"

1928年6月19日,胡适以《白话文学史》为名,又出了半部著作。梁实秋回忆说:"胡先生的《白话文学史》是新月书店的第一本书,也是最畅销的一本书。"

◎丘吉尔式的演讲作风

胡适的演讲式教学,在学生中很受欢迎。他讲课从不发讲义,自己也没有讲稿。讲课内容也很有特点,如讲中国文学史(宋元明清部分)时,先从文学评论的角度,介绍王若虚的《滹南遗老集》;讲《红楼梦》的作者曹雪芹时,给学生们介绍曹寅写给康熙皇帝的奏折。但学生们最喜欢的,还是他的演讲。柳存仁在其《记北京大学的教授》文中写道:

"胡先生在大庭广众间讲演之好,不在其讲演纲要的清楚,而在他能够尽量地发挥演说家的神态、姿势,和能够以安徽绩溪化的国语尽量地抑扬顿挫。并因为他是具有纯正的学者气息的一个人,他说话时的语气总是十分的热挚真恳,带有一股自然的傻气,所以特别的能够感动人。"

张中行回忆胡适时说:

"有那么一次,是关于佛学某问题的讨论会,胡适发言比较长。正在讲得津津有味的时候,一个姓韩的同学气冲冲地站起来说:'胡先生,你不要讲了,你说的都是外行话。'胡适说:'我这方面确是很不行。不过,叫我讲完了可以吗?'在场的人都说,当然要讲完。因为这是红楼的传统,坚持己见,也容许别人坚持己见。"

胡适信奉的格言是"大胆假设,小心求证;认真做事,严肃做人"。他既治学严谨,一丝不苟,又潇洒儒雅,从容优游。1949 年 7 月 10 日,他在美国西雅图进行"中美文化使用会议"演讲,一位美国学者称赞他具有"丘吉尔作风"。他语言浅显易懂,振聋发聩,具有强烈的感染力,一句"我相信人道主义及理性主义的中国传统,并未被毁灭",为中国传统文化发出了醒狮般的怒吼。

1960 年 6 月 18 日,胡适在台湾成功大学演讲《防身的三味药》。他以一位长辈的殷殷之心,在同学们即将毕业之际,热诚真挚、推心置腹地指导大家怎样走向社会,提出以"问题丹"、"兴趣散"、"信心汤"当做"防身药方";将读书、做学问、树立起追求理想的信心和勇气,出神入化、行云流水似地宣示出来,且跌宕得方、起伏有致、张弛有度、文白相间、警语迭出,如"努力不会白费","撑起自己的肩膀来挑自己的担子","只要功夫深,铁杵磨成针"等。胡适主张,"文学有三个条件:第一要明白清楚,第二要有力能动人,第三要美",要有"高远之思想","真挚之情感"。

(李沐紫)

梁实秋

雅人深致

　　梁实秋(1902—1987),原名治华,字实秋,号均默,笔名秋郎等,祖籍浙江杭县(今余杭),出生于北京。著名散文家、翻译家、学者、文学批评家。1915 年秋考入清华学校留美预备班。1919 年与闻一多等人成立清华文学社。1920 年 9 月翻译第一篇小说《药商的妻》,发表于《清华周刊》增刊第六期。1923 年 8 月赴美国科罗拉多大学、哈佛大学留学,专攻英语和欧美文学,受到白壁德的新人文主义影响,获哲学博士学位。1926 年回国,先后任教于上海暨南大学、南京东南大学、青岛大学、北京大学、北京师范大学等地。是新月社主要成员之一。1948 年到达香港,次年移居台湾,先后任国立编译馆馆长、台湾省立师范学院英语系主任、国立台湾师范大学文学院长、大同大学董事等职。他是国内第一个研究莎士比亚的权威,又曾与鲁迅等左翼作家笔战不断。他一生给中国文坛留下两千余万字的创作与翻译作品,其散文集曾创造中国现代散文著作出版的最高纪录。代表作有《雅舍小品》、《英国文学史》、《莎士比亚全集》等。

梁实秋

◎从清华到哈佛

梁实秋从小就是一名天资聪颖、读书用功的学生。他于1915年以优异成绩进入清华学校中等科学习4年，后又进入高等科学习4年。8年的清华生活，使他耳濡目染了庚子赔款的耻辱与五四运动的蓬勃兴起。清华校内崇洋贬华的风气与"吃教的洋人，昏聩的官吏，这一连串的联想，如何能使我对此毫不保留地感到骄傲呢？"（《清华八年》）

青年时代的梁实秋，一直是很活跃的。他很快接受了新文化

梁实秋

运动的影响，大量地阅读西洋文学作品。这一时期的他，萌生了对西洋文学的好感。

"这期间，凡是文艺性质的出版品，我无不搜来读，如饥似渴。学校里的功课，尤其是老师指定的课外读物，我常常不屑一顾。同学们每天傍晚挤在图书馆门前，等着大门一开，纷纷抢占座位。这中间从来没有我，我总是躲在寝室里看一些新出版的文艺作品。"（《梁实秋论文学·序》）

于是，受到新思潮鼓动的梁实秋，也想在文坛中小试身手了。他首先于1920年和同班同学组织了一个小说研究社，并在学长闻一多的建议下，举办了一些重大活动，扩充了更多的新会员，改名为清华文学社。在这里，他结识了许多在当时文坛中已颇有声望的作家、诗人，如徐志摩、郭沫若、郁达夫、成仿吾等。与这些人的接触，为他文坛起步时作品风格的形成起了催化作用。

年少气盛的他，脑子中装满了各种文学观念，但他更倾向于热烈的、批判的作品风格。他对郭沫若的诗集《女神》（想象丰富大胆、风格铺排张扬、激情澎湃、热血沸腾）十分赞赏，却对俞平伯等人质朴清淡的诗句不大欣赏。他自己的诗，也往往要写出一些形象突露的色彩浓艳的意象来。如他的《早寒》。

遭了秋蝉谪贬的红叶，

　　　漫天地飞舞起来,

　　　空剩

　　　那瘦骨嶙峋的干树枝

　　　收敛着在世荣华的梦。

　　　宇宙像座斑驳的废堡。

　　　处处显露以往的遗痕。

　　　诱使载满悲哀的诗心,

　　　痛哭命尽途穷的黄昏!

　　虽然因着五四新文化运动的鼓舞,许多青年人身上的诗情与浪漫迸发出来,但他性格中的冷静与稳健却一直没有消失,直到他进入哈佛之后,才开始觉出自己不该像以前一般冒失了。于是自幼在旧文化熏染中形成的保守、传统的心理积淀,渐渐苏醒过来。

　　1923 年,梁实秋自清华毕业,离开中国,来到大洋彼岸的美国。他先是在科罗拉多大学攻读英美文学,但在这里,他发现中国人是受歧视的。中国留学生陈长桐要理发,却被理发师公然拒绝,因为只要这个理发师为黄种人服务,白种人就会拒绝来这里。在科大的校刊《科罗拉多之虎》上,有一首题名《支那人》的匿名诗,诗中以一种调侃的口吻来讽刺中国人。

　　这种歧视的方式,激怒了梁实秋及与他一同在此就读的闻一多。两人分别写了一首诗,登在下一期的校刊上,题目分别是《一个支那人的回答》与《另一个支那人的回答》。这两首诗分别阐述了诗人自己崇高的民族自豪感,文辞优美,意境高雅,使美国学生不禁为之折服。此后,校园内便很少有如此轻视中国人的话语了。

　　后来到了哈佛大学,梁实秋遇见了白璧德。这位当时在欧美颇具影响的新人文主义代表,在哈佛教授 16 世纪以后之文学批评。他对于西方近现代物质文明所导致的利欲横流的社会感到惋惜,希望传扬古典文化,恢复往昔的社会秩序,主张以"人的法则"去制约"物的法则",以圣贤所推崇的道德自我完善来抵御物质世界对人的心灵侵毒。这种带有复古主义的文艺思想,引起了梁实秋深刻的思考。这些观念,引发了他潜意识中的保守意识与古典主义,使他"逐渐明白人文思想在现代的重要性"。(《文学因缘·关于白璧德先生及其思想》)从此以后,他抛弃了崇尚个性、情感激昂的浪漫主义,开始走一条正统、中庸、保守的古典主义道路。

　　其实,五四中的相当一部分新文学作家,都有梁实秋这样对于传统的复归,如郁达夫最喜写古典诗词,郭沫若潜心文字训诂之学,闻一多评《诗经》、《楚辞》,俞平伯议《红楼梦》,这些都是一种新文化冲击后对于旧式文化的重新认同。而走到另一个极端,便是吴宓、梅光迪那样,成为五四的对立面。

西方的物质生活固然令人艳羡,而初次渡洋留美的梁实秋,似乎更怀念那早已让他熟识的中国。他曾自比为一棵大树,"从土里挖出来,移到另一个地方去,都不能活,何况人?人在本乡本土的文化里根深蒂固,一挖起来总要伤根,到了异乡异地水土不服是意料中的事"。(《槐园梦忆》)

而且,他喜旧厌新的情感,在对于上海、北京的选择上,也表现出来了:

"上海受西方化的程度,在国内要首屈一指了。就我的观察所及,洋服可以说是遍处皆是,并且穿的都很修洁可观。真糟,什么阿猫阿狗都穿起洋装来了!我希望我们的中国也长出几个甘地,实行提倡国粹,别令侵入的文化把我们固有的民族性打得片甲不留……

"嘉善最令我不能忘掉两件事:便桶溺缸狼藉满街,刷马桶淘米洗菜在同一条小河里举行。这倒是丝毫未受西方文化影响的特征。二条街道,虽然窄小简陋,但是我走到街上心里却泰然自若,因为我知道我身后没有汽车电车等等杀人的利器追逐我。小小的商店,疏疏的住房,虽然是很像中古世纪的遗型,在现代未免是太无进步,而我的确看出住在这里的人,精神上很舒服,'乐在其中矣'……我在嘉善虽然只住了一天,虽然感受了一天的物质供给不便利的情形,但是我在精神上比在上海满意多了。"(《南游杂感》)

北京在他的印象中,就是黄沙漫天、灰暗陈旧的,有种颓败之感。而人力车夫质朴的脸容,与上海高楼林立、车水马龙之中的艳艳微笑相比,要强不知多少倍。

他就是这样一个急于听到乡音、体会乡情,以满足他那羁旅漂泊的心的人。

◎教学、创作与翻译

回国以后的梁实秋,正好碰上国内局势紧张,北伐军进逼南京。梁实秋携家眷进入上海,在那里出任暨南大学教授,并被介绍到《时事新报》编辑《青光文艺》副刊。当时,闻一多、徐志摩、丁西林等人也从北平来沪,再加上一些刚回国的留学生——潘光旦、刘英士,这些人在上海聚在一起,创办了名为新月的文学社、书店与杂志。梁实秋也是其编委之一。有一次,梁实秋与以鲁迅为首的左翼文艺界,展开了一场著名的论战。其"导火索"是梁实秋 1927 年 11 月在《复旦旬报》创刊号发表的《卢梭论女子教育》一文。文中讲到了他对于"人"的看法。

"'人'字根本的该从字典里永远地注销，或由政府下令永禁行使。因为'人'字的意义太糊涂了。聪明绝顶的人，我们叫他做人；蠢笨如牛的人，也一样的叫做人。弱不禁风的女子，叫做人；粗横强大的男人，也叫做人。人里面的三教九等，无一非人。"

对于这种用近于调侃的语调来谈论一个关系传统、等级、尊卑的问题，激起了左翼派的强烈反感。但从中也不难看出，梁实秋传统观念中的贵族意识及其西方绅士的幽默滑稽。

由于遭到国民党的查禁，两年后《新月》被迫停刊。此时，梁实秋受到国立青岛大学校长杨振声的邀请，前往山东担任教授。1934 年，他在青岛大学担任图书馆馆长兼外文系主任，与闻一多、陈西滢、徐志摩、叶公超 5 人合作，准备翻译莎士比亚全集。但在进行期间，由于徐志摩飞机失事身亡，闻一多等人又相继离开，只有梁实秋一人在继续进行这项工作。1939 年，其《哈姆雷特》、《李尔王》等几部莎翁译作出版。可见，梁实秋的确是一位非常用功且很有恒心的人。1968 年，他的《莎士比亚译作全集》(40 卷)在台湾正式出版。

经过多年的文学创作，梁实秋渐渐形成了自己的文学观。而他的文学观，似乎在抗战时期并不怎么受到欢迎。他在 1938 年 12 月 1 日《中央日报》的《编者的话》中，写了这么一段让人诟病的话：

"现在抗战高于一切，所以有人一下笔就忘不了抗战。我的意见稍为不同。于抗战有关的材料，我们最为欢迎；但是于抗战无关的材料，只要真实流畅，也是好的，不必勉强把抗战搭上去。至于'空调的抗战八股'，那是对谁都没有益处的。"

当时，很多人都把这段话当做"抗战无关论"或"要求无关抗战的文字"，但这其实也正是梁实秋对于"文学是人学"这一主题的解释。他认为：

"酒的歌颂，和神仙思想差不多，也是脱离人生的表现……刘伶的酒德颂，可以代表中古时代之极端浪漫的情调。'何以忘忧，唯有杜康'，是以酒为忘忧之具。但是所要忘的是什么忧呢？简单地说，所要忘的即是人生之忧。曹孟德《短歌行》、曹子桓《善哉行》、曹子建《箜篌引》，一方面表现对于人生短促之悲哀，一方面发挥纵欲享乐的愿望，其目的仍在于离去现实。"(《偏见集·现代文学论》)

这种求仙求道的超现实想法，是老庄思想的一种消极表现。真正的文学应该关注人，要"严正地批评老庄思想！这才是新文化运动第一件要做的事"。

梁实秋对政治很感兴趣，但他一直对国民党的政治心存戒备，曾有人说他"一身傲骨，断难仕进"。他自己也说过：

"政治与做官不同，政治是做学问，做官是职业。对于政治，我有兴趣，喜欢议

论……至于做官,自惭不是那种材料。大概用不了一年,我会急死,我会闷死,我会气死。"(《岂有文章惊海内》)

抗战胜利以后,有人劝梁实秋到南京国民党政府从政,但他觉得"气氛不对",宛然拒绝。而1949年迁入台湾后,他却因才学被举荐到国立编译馆就职,并替杭立武代理馆长之职。然而,官场中的奢华与阿谀,使素来一生傲骨的他极其厌恶。他决定以后不再涉足官场。有一次,某政府官员打电话找他,说他们准备招待一个外国人,想请梁实秋作陪。梁实秋立即拒绝:"难道我是陪酒的人吗?"

梁实秋的散文《雅舍小品》,奠定了他在中国现代散文史上的地位。他目睹现实政治几乎完全失望,一种沉重的失落与幻灭感充塞心头。他开始渐渐地不自觉地向老庄靠拢,在恬淡闲适中享受人生的乐趣。正是由于这种心境,使他的《雅舍小品》及之后的大部分散文,都成为这种心境的产物。他写牙签,写握手,写下棋,无不带有魏晋人的闲适与洒脱。于是,他开始越来越喜欢周作人的文章了。周作人在《现代散文导论》中说:

"现在的小文与宋明诸人之作在文字上固然有点不同,但风雅实是一致的,或者又加上一点西洋影响,使他有一种新的气息而已。"(《中国新文学大系·导论集》)

晚年的梁实秋寓居台岛,相继出版《秋室杂文》、《实秋杂文》等合集。他的晚年很孤独,所以在寓所里养了3只猫,成天与之嬉戏。

1987年,梁实秋在台湾逝世,享年84岁。

(吴　静)

朱 湘

永远的漂流

    朱湘(1904－1933),字子沅,原籍安徽太湖,生于湖南沅陵。现代诗人、散文家,被鲁迅誉为"中国的济慈"。父母早逝。1920 年入清华学校,参加清华文学社活动。1922 年开始在《小说月报》上发表新诗,并加入文学研究会。与饶孟侃、孙大雨和杨世恩并称为"清华四子"。翌年被清华开除。1924 年和刘霓君在南京举行婚礼。此后专心于诗歌创作和翻译。1925 年出版第一本诗集《夏天》。同年回到北平,次年再入清华学习 1 年。自办刊物《新文》,但只发行两期。1927 年出版第二本诗集《草莽集》。此年 9 月至 1929 年 9 月留学美国,先后在劳伦斯大学、芝加哥大学、俄亥俄大学学习英国文学等课程。回国后,应聘到安庆安徽大学任英国文学系主任。1932 年夏天去职,漂泊辗转于北平、上海、长沙等地,以写诗卖文为生。因生活窘困,愤懑失望,于翌年 12 月 5 日晨在上海开往南京的船上投江自杀。

朱 湘

朱湘和刘霓君　　　　　　　　　朱湘和刘霓君

◎一梦湖湘

朱湘祖籍安徽,祖父半世行医,父亲朱延熙以翰林外放。朱湘降生时,父亲正在湖南盐漕道的任上。朱湘的母亲张氏,在产后第三年就不幸撒手人寰;其父又忙于公务,无暇顾念,朱湘的童年在抑郁、孤独中度过,虽无衣食之忧,却有寂寞之苦。这种封闭式的生活,固然为他抵挡住了外面世界的喧嚣,但也使得他过早走向纤弱、敏感的内敛型人生。朱湘的一生,总是以易受打击的受伤害者姿态出现在世人面前。在其易怒的面孔下,一颗感触丰富、敏锐而近乎病态的心,悬游于社会主流之外。他永远是一个纯洁的孩子。

朱湘自幼天资聪颖,6 岁发蒙,7 岁学作文,所受教育是纯中国传统式的。先是《龙文鞭影》,然后《诗经》、《四书》、《左传》。虽然终其一生,朱湘都是处在同外界的毫不妥协的坚决对立当中,但从其后他的文章中,看不到太多他对这样的读书生活的叛逆和抗拒。或许,这正是诗人天分中对中国文化的那种天然亲附力。不过,伴随读书而来的,是有如先定的命运漂移。

1911 年辛亥革命的爆发,宣告其宁静而孤寂的童年生活就此结束。他像贾宝玉被逐出大观园一样,目睹了一个封建王朝的寿终正寝,又亲历了父亲如何在一夜之间由堂堂朝廷大员沦落为命如草芥的一介布衣。1913 年春,他们一家由湘江北上洞庭,穿过城陵矶进入长江,然后顺江而下,来到故乡安徽太湖。1914

年初,朱延熙寂寞地死在家乡。朱湘尚未从一连串的家庭变故中喘过气来,又不得不随其大哥前往金陵(今南京)。这时候他刚 10 岁。

南京是朱湘童年的终点,他的孩提梦想以"湖湘—金陵"的模式告终。但他想不到的是,许多年以后,在画了一个更大的圈子后,他又将回到这里。这一模式,又将被用来诠释他的生命。

1915 年入读江苏省立第四师范附属小学,是朱湘接受新学之始。1919 年附小毕业以后,受实业救国思想的影响,他又考入江苏省立第一工业学校预科学习 1 年。但是,学工的诗人,却暴露出对古诗文的兴趣和学习英语的天赋。于是,在二嫂薛琪瑛的主张下,朱湘报考了清华学校。因为他良好的英文基础和中文修养,根本没费什么周折,就被录取了。

考入清华,显然是朱湘一生的转折点。他并没有意识到,他的另一个梦又开始了。历史已为他准备好位置,中国新一代的白话诗人呼之欲出。

◎两入清华

朱湘从容地步入清华中等科三年级,时值 1920 年。这一年,文学史家一般将之作为近代文学的终极。而其时新文化运动已蓬勃兴起,整个知识界处在新与旧、中与西的激烈冲突之中。对中、西文化均有所了解的朱湘,起先无法轻易作出选择,但因阅读了刘半农的《答王敬轩书》、周作人的《人的文学》、《平民文学》等著作,且受《新青年》的影响,而开始醉心于新文学。

他于是介入到了新文化运动中去。1921 年 6 月,朱湘以"朱幼街"的名字,在《晨报》副刊上连续发表 3 首诗歌,从而迈出他创作白话诗的第一步。同年,清华文学社在闻一多的领导下成立,时有梁实秋、谢文炳(废名)、孙铭传、时昭瀛、饶孟侃等人,可谓英才济济。文学社请来梁启超、周作人、郁达夫、徐志摩等人到校讲演,并每月一次举办让社员自由发言的例会。朱湘浸淫其间,加快了前进的步伐。次年开始在《小说月报》上发表新诗,并加入文学研究会。与饶孟侃(字子理)、孙大雨(字子潜)和杨世恩(字子惠)并称为"清华四子",成为著名的校园诗人之一。

从这一时期的作品来看,朱湘基本上处于一种宁静的状态。无论是对清华园风物的描述,还是纯粹自我内心的流露,都表现出诗人在文学殿堂里邀游的一种满足。风格纤细清丽,技巧还较为幼嫩。

> 有风时白杨萧萧着,

无风时白杨萧萧着；

萧萧外更不听到什么。

——《废园》

我仿佛坐在一只船上，

摇过了布白单调的荒岸，

现在淌入一片鸟语花香的境地。

——《等了许久的春天》

这些诗作，本身读来有一些清冷和荒凉，但不难判断出，诗人以这种柔和的笔调来写，是因为他自己深深地沉醉其间。

当然，"生年不满百，长怀千岁忧"。朱湘生命深处的悲凉，是无法排解的。他在《寄一多基相》里写道：

我是一个愈殆的游人，

蹒跚于旷漠之厚中，

我行影孤单，

挣扎前进，

伴我的有秋暮的悲风。

诗中展示了他精神上的毫无依着与茫然失措，是一种呈现上的漂泊感。

1923 年，朱湘被清华开除。关于开除的原因，有诸多解释。不过从总体上看，最根本的是诗人自己对清华旧有制度和生活气氛的抵触。也难怪在离开清华以后，朱湘反而有一种重见天日的轻松与解脱。

我久废的羽翼复感到晨飔，

五彩的朝云在我身边后驰，

万里长空都是供我飞的，

崇高的情绪泛溢了我的心地。

翌年 3 月，朱湘和刘采云（即刘霓君）在南京举行婚礼。但婚后随即与其封建家长式的大哥断绝了关系，依靠教书来维持生计。半年后又移居上海，编定他的第一部诗集《夏天》。同时用"天用"的笔名在《文学周报》开辟"桌话栏"发表批评短文，包括对鲁迅《呐喊》、闻一多《红烛》的书评。他还同时从事外国小说和诗歌的翻译工作，译著先后有《路曼尼亚民歌一斑》、《英国近代小说集》、《番石榴集》等。这一段生活，对诗人而言是窘迫却又充实的。他和"清华四子"中的饶孟侃、孙大雨共同参与的文坛辩论，使其原本就丰富的生活波澜迭出。

完全因为和清华朋友的友情，1925 年 6 月朱湘再度北上回到北平。次年 9

月,在其友罗念生的帮助下,清华园二度向诗人敞开大门。朱湘的返校,促成了清华文学社的再度复兴。他创办刊物《新文》,只刊载自己创作的诗文及翻译的诗歌,自己发行,但因经济拮据,只出版了两期。

朱湘在清华前后 4 年的学习生活并不顺利,曾因记满 3 次大过而受到开除的处分,1926 年复学后又读了 1 年才毕业。但这并不意味着他的学习成绩不好,他"中英文永远是超等、上等,一切客观的道德樊篱如嫖赌烟酒向来没有犯越过。只因喜读文学书籍时常跷课,以至只差半年即可游美的时候被学校开除"。他在给清华文学社顾一樵的信中说,他离校的原因是"向失望宣战。这种失望是多方面的"。但他又对清华园无限留恋:"清华又有许多令我不舍之处。这种两面为难的心情是最难堪的了。反不如清华一点令人留恋的地方也无倒好些。"他之不满意清华在于:"人生是奋斗的,而清华只有钻分数;人生是变换的,而清华只有单调;人生是热辣辣的,而清华只是隔靴搔痒。"严格的校园生活,对一个浪漫主义的诗人来说,不免感到拘囿;但清华的自然人文环境,毕竟给过他熏染和陶冶,使他后来的创作道路走得更为扎实。

1927 年 8 月,在远渡重洋之前,朱湘一生中影响最为深广的诗歌力作——他的第二部诗集《草莽集》出版。从诗中可以看出,作者对东方传统色彩的追求,讲究新诗音韵格律的整饬,以及对西洋诗歌本土化的尝试。

> 我骑着流星,
> 度(渡)过虹桥与天河,
> 向月宫走近,
> 想瞧不老的嫦娥。
>
> ——《月游》
>
> 小船呀轻飘,
> 杨柳呀风里颠摇;
> 荷叶呀翠盖,
> 荷花呀人样娇娆。
>
> ——《采莲曲》

不再是过去那种对雪莱、济慈诗歌的模仿和移植;无论是在语言、意境还是题材的选择上,诗人都在有意识地向中国传统文化靠拢。或许越是本土的就越是优秀的,《草莽集》宣告了朱湘成熟期的到来。两入清华的经历,也许并未使朱湘依旧敏感和脆弱的心灵有所改变,但在创作上,却赋予他更深层次的体悟,他不再是那个盲目崇拜新文化的伤感青年,笔下日趋丰富。

◎三易美校

1927年夏,朱湘和清华丁卯级的同学登上"杰克逊总统号"轮船,并于9月10日抵达美国旧金山,以此开始了他的留学生涯。为了3年能读得博士,朱湘选择了名气与规模都很小的位于威斯康辛州阿普尔顿镇的劳伦斯大学。

起初的生活还算顺畅,朱湘和清华同学柳无忌在阿普尔顿安了家。除了"每周上课17小时外,每天平均还要读8小时的书"。他和柳无忌有课上课,没有课也不出去,就坐在屋里读书、写诗。书读得累了,两人便开始背诵英诗的比赛,从乔叟、斯宾塞、蒲伯,一首一首地往下背,直到柯勒律治。朱湘还在一个学季中译出了3部叙事长诗,包括济慈的《圣亚民节之夕》、华兹华斯的《迈克》、柯勒律治的《老舟子咏》,统编为"三星集"交付出版。

不久,朱湘却感受到了身在异乡的中国人所遭受的歧视。事情本身并不复杂。一次法文课上,学到法国作家都德一篇小说中说中国人像猴子,引起美国同学的哄堂大笑,朱湘感到自尊心受到了莫大的伤害,当即退出课堂以示抗议,并向清华留美监督处申请退学。几经周折后,他被转到芝加哥大学。这样,圣诞节还没有过,朱湘就匆匆离开了阿普尔顿小镇。

在芝加哥大学的困境,又是朱湘所始料不及的。此间学术环境固然很好,但物价比阿普尔顿要高得多。朱湘一方面自己要糊口,一方面又要读书,同时还要攒钱寄作家用。刘霓君的家信,固然成为朱湘的精神支柱,但无疑更带来沉重的思想和心理负担。原先就不堪操劳的诗人,此刻更处于一种极不稳定的心态里,以至于因为财政问题,后来几度在信中和霓君发生争吵。

待家事稍稍平静以后,又碰上在劳伦斯大学相同的问题。弱国子民在这里寄人篱下地读书,必须学会忍受一些屈辱。但对朱湘而言,这是绝对办不到的。他和德文教授、法文教授多次冲突(对方怀疑他借书未还),最后又因为一位美国同学(据说是位美女)不愿与其同座,使他达到无课可选的地步。

放逐又一次开始了。一方面是继续深造的千载难逢的机会,另一方面却是自己无法受伤害的自尊心。斟酌再三,朱湘选择了后者。"思九州之博大兮,岂惟是其有女? 及余饰之方壮兮,周流观乎上下。"(屈原《离骚》)

诗人最后来到俄亥俄大学。不过对他而言,这似乎仅仅是重新启程的一个落脚点而已。

1929年9月,朱湘为家庭生计,无奈放弃学位,乘船回国。短短两年内,他三易美校。美国不属于他,他也不属于美国。但他绝不是空手而归,虽无学位,却有满满一腔的西洋文化。他幻想回国后开"作者书店",使一班文人可以"更丰富更快乐地创作"。

◎失路金陵

从 1929 年 1933 年,朱湘的人生道路,只剩下了最后短短的 4 年。鸟瞰此 4 年时间,不可能不让后人产生一种紧迫感。

1929 年 10 月,朱湘在上海登陆。随后在友人的引荐下,前往安庆安徽大学教书,任英国文学系主任。安大给予的薪水颇高(月薪 300 元),一家 4 口(他已有了两个孩子)终于过上了舒适又安稳的日子,这是他一直梦寐以求的。事实上,外界的纷乱早已令他厌烦。从 1911 年辛亥革命开始,18 年来朱湘从未寻到一个能从容休息一下、喘一口气享受生活的落脚点。但这也许预示着,又一次更大的放逐即将来临。朱湘想不到,那将是如何无穷无尽的一次放逐。

随着时光的流逝,朱湘对安大的种种现象,如把英文文学系改为英文学系等越来越不满,与校方关系不和。"当时,安大内部派系纵横,有的背后还有政客、军阀势力的支持!"遂大骂"教师出卖智力,小工子出卖力气,妓女出卖肉体,其实都是一回事:出卖自己"。朱湘虽欲努力置身于人事纠葛之外,却无法不直视现实的丑恶。逐渐地,物质生活上的美满已不能代替一切,隐藏在诗人心灵内部的漂流因素开始蠢蠢欲动。

1932 年初夏,朱湘的第三个孩子因为消化不良而夭折,这更把他逼到茫然失措的境地。安徽大学在几经瘫痪后恢复正常运转,但是没有再给朱湘下聘书。最后的漂流正式开始了!朱湘生活动荡,为谋职业到处奔走,刘霓君"只好靠缝纫和刺绣来维持生活",家庭矛盾也日渐激化。

朱湘以屈原式的漫游,来抗议命运和现实的不公平。漂流是一种寻找,但更是一种选择,这个残酷的世界使朱湘失望又无能为力,他显然已隐隐地预感到命运之不可更改,以及他的终点之所在。

> 并不曾征求同意
>
> 生到世上……
>
> 号码已经印好的一张彩票
>
> 便是遗传
>
> 环境呢已经排好——多半的时候

　　命运有车在将

　　　　　　　　　　——《意体十四行》

　　诗人又向这个美丑并立的时代发出自己的愤吼。

　　造物!

　　你不该放虫在花朵,

　　如其你要的是好花

　　硕果——

　　如其你的心里也有矜怜……

　　　　　　　　　　——《巴俚曲》(之三)

　　在上海、南京、长沙三地的漫游中,承载着生活的窘迫和裂变,朱湘却走向最后精神上的完美统一。

　　说人生开始于美丽的攘夺。

　　说人生终结于另一种美丽……

　　在屈原的身上,朱湘寻找到了自己人生的答案。最后他终于全然明白,这位忧愤沉江的先人,是为自己所设定的宿命。

　　你留下了"伟大的源泉"

　　我庆贺

　　我更庆贺你能有所为而死亡

　　好比

　　向了大湖

　　蜿蜒着这波浪

　　目标总不复

　　虽说途中有顿挫……

　　1933 年 12 月 5 日早晨,在上海开往南京的一条船上,朱湘在金陵城下的长江水道上自沉,悄悄地结束了自己不满 30 岁的生命,追随着他的精神先祖——屈子大夫。据目击者说,他在自杀前还朗诵过德国诗人海涅的诗。对于他来说,生的漂流已经完成。至于死后要到哪里去,用不着再去思考了。

　　朱湘是五四运动造就的一位诗人,但他没有屈身于政治运动,而是从个人体验出发,以本性的善良来弥合现实的苦痛。他采取的面对现实的姿态,显然是不够强大的。但以其一生的不妥协,又可以看到那颗执著追求光明和美的心灵。因此,他一生的漂流,也正是那一代中国知识分子心灵的印证。他为了证明生命而采取的极端方式,也自然能激起所有正直中国人心灵的共鸣。

依旧用《离骚》来完成对他一生的叙述吧。

"国人莫我知兮，又何怀乎故都？即莫足与为美政兮，吾将从彭咸之所居。"

次年，多家出版社为朱湘结集出版了多部著作，如商务印书馆的诗集《石门集》，北新书局的评论集《文学闲谈》、书信集《海外寄霓君》，生活书店的散文与评论集《中书集》等。他还另著有长诗《猫诰》与《王娇》等。

（何　图）

穆 旦

丰富和丰富的痛苦

　　穆旦(1918—1977),原名查良铮,曾用笔名梁真,生于天津,祖籍浙江海宁。著名爱国主义诗人、翻译家,"九叶诗派"代表诗人。20世纪80年代以后,许多现代文学专家推其为中国白话诗歌第一人。1929年入南开学校读书。1935年考入清华大学地质系,半年后改读外文系。1937年转到长沙临时大学,翌年转到昆明西南联合大学。1940年毕业并留校担任助教,负责叙永分校新生接收及教学工作。1942年2月投笔从戎,参加中国入缅远征军。次年回国,经历了几年不安定的生活。1945年在沈阳创办《新报》,任主编。1947年参加九叶诗派活动。1948年在联合国世界粮农组织救济署和美国新闻处工作。次年8月底赴美国芝加哥大学英国文学系留学,1952年获文学硕士学位。1953年初任南开大学外文系副教授。1958年被指为"历史反革命",调图书馆和洗澡堂工作,先后十多年受到管制、批判、劳改,停止诗歌创作,但坚持翻译。1975年恢复诗歌创作,翌年右腿股骨颈折断,1977年心脏病突发逝世。1979年被平反。

穆 旦

穆 旦

穆旦夫妻

◎年少显英才

1918 年 4 月 5 日,穆旦(查良铮)生于天津市西北角老城内恒德里 3 号。查家本是浙江省海宁市袁花镇的名门望族,明、清两代中举入仕者甚众,尤其是查慎行曾作过康熙皇帝的文学侍从并以《敬业堂集》传世,系清初代表诗人之一。香港著名武侠小说家、政论作家、新闻出版家金庸(查良镛),与穆旦还是同族的叔伯兄弟。穆旦的祖辈在清末来到北方做官,这一支就在天津定居。

穆旦 5 岁时,进入天津市北马路 573 号的城隍庙小学读书。他二年级时的习作《不是这样的讲》,被选登在天津《妇女日报》的"儿童花园"副刊上。此作记述了一个名叫珍妹的小女孩,与母亲在大街上看见一辆汽车驰过的情景,全文虽仅一百余字,语言稚气,却真切地写出了一个儿童第一次看见汽车时的天真想法,并隐含着对能坐汽车的有钱人的讥讽。

穆旦的妹妹这样回忆了当年的生活:

"处在旧封建大家庭中,父亲因没有本事,这一房人就受气,哥哥从小就不服气。每天晚上是我们最愉快的时刻。母子们围坐在小煤油灯下,互相谈心、互相安慰。哥哥总是把一天学校的见闻当故事讲给母亲听,母亲也最感到安慰。他有时也讲《三国》、《水浒》、《西游记》等书里的故事,讲得津津有味。我更是缠着非讲出一个结果不成,他都能耐心地讲完。他还善于画画,三笔两笔就能画出一个人物。

穆 旦

查氏兄弟1947年在清华大学工字厅
门口合影(右一是穆旦)

画大马更突出,因为他属马。讲到孙悟空时,他说,他也会变,飞出去,为国家,为
爸爸争口气,让母亲享福。"(查良铃《怀念良铮哥哥》)

1929年9月,11岁的穆旦考入南开学校。在南开,他对文学产生了浓厚的兴
趣,开始写诗。在1934年和1935年的《南开高中生》上,他发表了10余篇诗歌和
散文,其中《梦》一文是他第一次署名"穆旦"。

上世纪30年代中期,正值内忧外患的灾难岁月。还是高中生的穆旦,就已经
开始关心国事,忧患现实。他这时的作品,也都表达了对劳动人民的同情、对现实
社会的批判、对民族命运的关切和对人生理想的追求。他对现实有敏锐的思考,
在浓烈抒情的同时却又有显著的理性成分。在《两个世界》一诗中,他对比了富家
女与缫丝女工的生活,对不合理的社会提出强烈的控诉。

美的世界仍在跳跃,炫目,

但她却惊呼,什么污迹染在那丝衣?

同时远处更迸出了孩子的哭——

"妈,怕啊,你的手上怎么满铺了血迹?"

穆旦在那时就已经显示了他之所以能够成为诗人的一些品质。也正是在这
种意义上,有些人称他是早慧、早熟的诗人。

◎从清华到联大

自从 1935 年 9 月考进清华大学以后,(先入地质系,半年后改读外文系)穆旦就真正步入了诗歌的殿堂。抗日战争全面爆发前夕,他写了 3 首新诗。他在其中的《玫瑰的故事》的序中说:

"英国现代散文家 L.P.Smith 有一篇小品《The Rose》,文笔简洁可爱,内容也非常隽永,使人百读不厌,故事既有不少的美丽处,所以竟采取了大部分织进这一篇诗里,背景也一仍原篇,以收异域及远代的憧憬之趣。至于本诗能够把握几许原文的美,我是不敢断言的,因为,这诗对于我本来便是一个大胆的尝试。"

这是穆旦在学习西方文学后,进行自觉的新诗创作的开始。英国文学专家王佐良先生后来回忆道:

"我们是同班。从南方去的我,注意到这位瘦瘦的北方青年——其实他的祖籍是浙江海宁,在写诗,雪莱式的浪漫派的诗,有着强烈的抒情气质,但也发泄着对现实的不满。"

但不久之后,"平津沦陷,北大不堪纷扰,清华园听到枪声了,八里台南开挨炸了。于是三座北方最高学府决定南迁,在湘江畔联合建立了国立长沙临时大学"。(赵瑞蕻《南岳山中,蒙自河畔》)

1937 年 10 月,穆旦同三校的其他师生一同来到湖南长沙。这次南行也是他诗歌创作的转折点。临时大学文学院设在南岳圣经学院。那时候,英国现代派诗人和新批评派文论家燕卜荪开始给他们讲英国诗歌。在这位"当时年纪很轻,身材高大,总是醉醺醺的红光满面"却又"一句中国话都说不上来,生活琐事一切都得叶公超为他招呼"(赵瑞蕻《南岳山中,蒙自河畔》)的讲师的影响下,穆旦对英国诗人布莱克产生了特别的兴趣,并在布莱克《老虎》一诗的启发下写出了《野兽》——这是穆旦第一篇成熟的诗,也是他第一本诗集《探险队》的开篇之作。

> 黑夜里叫出了野性的呼喊,
>
> 是谁,谁嗤咬它受了创伤?
>
> 在坚实的肉里那些深深的
>
> 血的沟渠,血的沟渠灌溉了
>
> 翻白的花,在青铜样的皮上!
>
> 是多大的奇迹,从紫色的血泊中
>
> 它抖身,它站立,它跃起,

风在鞭挞它痛楚的喘息。

然而,那是一团猛烈的火焰,

是对死亡蕴积的野性的凶残,

在狂暴的原野和荆棘的山谷里,

像一阵怒涛绞着无边的海浪,

它拧起全身的力。

在暗黑中,随着一声凄厉的号叫,

它以如星的锐利的眼睛,

射出那可怕的复仇的光芒。

诗人表现了民族的觉醒、反抗和同仇敌忾的情感,也显示了个体生命的迸发和自我意识的激发。但是时隔不久,日本侵略者肆虐的铁蹄,使临时大学不得不离开长沙,西迁昆明。自 1938 年 2 月到 4 月,穆旦参加"湘黔滇旅行团",与 3 校的 200 多名师生,从长沙步行到昆明,全程 3500 华里,历时 68 天,跨越湘、黔、滇3 省。这就是当年抗战后方著名的知识分子小"长征"(或者叫做"文军长征")。

但是,穆旦还有另一个壮举:

"他每天从一本小英汉词典上撕下一页或几页,一边'行军',一边背单词及例句,到晚上,背熟了,也就把那词典的一部分丢掉。据说,到达目的地昆明时,那本词典也就所剩无几了。"(杜运燮《穆旦著译的背后》)

途中,他写下组诗《三千里步行》,感叹道:"这不可测知的希望是多么固执而悠久,中国的道路又是多么自由而辽远呵!"

临时大学改名为国立西南联合大学,文学院暂时设在蒙自县南湖边上。蒙自是云南东南角上的一个古老的小城,学校所在地海关大院旧址相当大,像是一座花园,里面有各种各样的热带植物;而旁边的南湖,山水相映,风光优美,是师生们常去的地方。穆旦在那儿写下了动人的抒情诗《我看》和《园》。

翌年初,文学院迁至昆明,与本部到了一起。

◎成熟的诗人

1940 年 8 月,穆旦毕业并留校担任助教,负责叙永分校新生接收及教学工作。在这段时间里,他开始系统而深入地接触和了解英美现代派诗歌与文论,并且产生了强烈的兴趣。他大量阅读惠特曼、叶芝、艾略特、奥登等英、美现代主义诗人的作品,自己也开始进入现代派诗歌写作的黄金时期。《蛇的诱惑》、《玫瑰之歌》、《还原作用》、《五月》等诗篇,是诗人对理想与现实、传统和现代、感情与理性、个人与世界等诸多问题思考的结果;而《我》这首奇绝的断章,则揭示出了少见的"自己"的形象。当时就有人评论说:"去爬灵魂禁人上去的山峰,一件在中国几乎完全是新的事。"(王佐良《一个中国新诗人》)

> 从子宫割裂,失去了温暖,
>
> 是残缺的部分渴望着救援,
>
> 永远是自己,锁在荒野里,
>
> 从静止的梦离开了群体,
>
> 痛感到时流,没有什么抓住,
>
> 不断的回忆带不回自己,
>
> 遇见部分时在一起哭喊,
>
> 是初恋的狂喜,想冲出樊篱,
>
> 伸出双手来抱住了自己,
>
> 幻化的形象,是更深的绝望,
>
> 永远是自己,锁在荒野里,
>
> 仇恨着母亲给分出了梦境。

梁秉钧在《穆旦与现代的"我"》一文中评价道:"虽然诗名叫做《我》,穆旦却利用了中文的特质,省略了这个文法上的主词,一开始就强调了个体的被动性和易感性。"他用他的肉体、他的感官、他的情感去重新思想,离开母体的痛苦并不能因为新的遭遇而解脱。

"对母亲的'仇恨'反射了对母体的留恋,这种子宫情结既是个体生命的孤独与不安,又是对文化割断的回归渴望——五四新文化运动以来,中国传统文化遭受粉碎性震荡,处于一种虚位状态,而西方文化的移植永远不可能取代中国本源文化……《我》正是这种文化虚位的隐喻。"(张同道《带电的肉体与搏斗的灵魂:穆旦》)穆旦在思考这个问题,所有的中国诗人都在思考这个问题,至今仍然如此。"穆旦的真正的谜语却是:他一方面最善于表达中国知识分子的受折磨而又折磨人的心情,另一方面他的最好的品质却全然是非中国的。"(王佐良《一个中国新诗人》)

然而在那时,这只是穆旦思考的诸多问题之一。中国的灾难深重的现实,让他更进一步地认识我们的民族和人民。他在1941年12月写的《赞美》中,以史诗般的气概出色地塑铸了中国农民的"浮雕"。

> 一个农夫,他粗糙的身躯移动在田野中,

他是一个女人的孩子，许多孩子的父亲，

多少朝代在他的身边升起又降落了

而把希望和失望压在他身上，

而他永远无言地跟在犁后旋转，

翻起同样的泥土溶解过他祖先的，

是同样的受难的形象凝固在路旁。

在大路上多少次愉快的歌声流过去了，

多少次跟来的是临到他的忧患；

在大路上人们演说，叫嚣，欢快，

然而他没有，他只放下了古代的锄头，

再一次相信名词，溶进了大众的爱。

坚定地，他看着自己溶进死亡里，

而这样的路是无限的悠长的

而他是不能够流泪的，

他没有流泪，因为一个民族已经起来。

这是该诗第二节。全诗诉说了抗日战争时期中华民族的深重苦难：饥饿里的忍耐，不可知的恐惧，干枯的眼睛期待着涌泉的热泪，佝偻的人民在耻辱里生活。但正是这样的人民是那样坚韧，这坚韧也就是民族的力量所在。

它在形式上也很有特点：每一行都比较长，语句自由奔放，而且每一节都用"因为一个民族已经起来"结尾。"这个复句给了全诗一种秩序，也是意义的重点所在。"（王佐良《论穆旦的诗》）他赞美一个极度忍辱负重的民族的潜在力量，这个力量必将或者已经推动这个民族起来。但是这个民族起来所经过的过程，却包含了太多的灾难、痛苦和等待……它的基调是沉重的、深刻的、有力的。

强烈的爱国主义，使他不再仅仅用笔来表达情感了。1942 年 2 月，穆旦胸怀"国家兴亡，匹夫有责"的激情，响应国民政府"青年知识分子入伍"的号召，投笔从戎，参加中国远征军，以随军翻译身份出征缅甸战场。临行前他写了《出发》。

告诉我们和平又必需杀戮，

而那可厌的我们先得去欢喜。

知道了"人"不够，我们去学习

蹂躏它的方法，排成机械的阵式，

智力体力蠕动着像一群野兽，

……就把我们囚进现在，呵上帝！

> 在犬牙的甬道中让我们反复
>
> 行进，让我们相信你句句的紊乱
>
> 是一个真理。而我们是皈依的，
>
> 你给我们丰富，和丰富的痛苦。

"为假象、欺诈、阴谋和罪恶所支撑的世界，与其说是上帝的杰作，不如说是人类的自戕。"（张同道《带电的肉体与搏斗的灵魂：穆旦》）诗人开始思考整个世界的荒谬，并已经决定用自己的生命去探索。

穆旦在杜聿明任军长的第五军司令部，以中校翻译官的身份随军进入战场。此年5月至9月，他亲历与日军的战斗及随后的大撤退。在震惊中外的野人山战役中，他从死亡线上挣扎起来，历尽艰险撤到印度。这段经历让人惊心动魄。

"日本人穷追。他的马倒了地。传令兵死了。不知多少天，他给死去战友的直瞪的眼睛追赶着。在热带的豪雨里，他的腿肿了，疲惫得从来没有想到人能够这样疲惫，放逐在时间——几乎还在空间——之外，胡康河谷的森林的阴暗和死寂一天比一天沉重了，更不能支持了，带着一种致命性的痼疾，让蚂蟥和大得可怕的蚊子咬着，而在这一切之上，是叫人发疯的饥饿，他曾经一次断粮达8日之久……"（王佐良《一个中国新诗人》）

穆旦据此写出的《森林之魅——祭胡康河上的白骨》，被称为中国现代诗史上直面战争与死亡、歌颂生命与永恒的代表作。

次年穆旦从印度回国后，为接济家中父母、姐妹的生活，几年里多次变动工作，生活极不安定。1945年在沈阳创办《新报》，任主编。1947年参加后来被称为九叶诗派的创作活动。1948年在联合国世界粮农组织救济署（FAO）和美国新闻处工作。

但是，他始终没有停止过写诗。丰富的生活经历，使穆旦有了更多的思考和诗作：

"《幻想底乘客》……是对人生经验的观感和思考。《诗二章》写对社会人生一种很悲观的观察……《裂纹》也是很悲观的……穆旦一方面是悲观的、压抑的、失望的，感染了不少虚无主义；另一方面，他又随时在挣扎，现实的困扰反过来又激发了他对自己的嘲讽，激发起他萌生坚忍的念头……于是，他喊出了'活下去'的呼声……在《线上》中，他以嘲讽的同情来对待忍耐、爬行和由痛苦转为安分的人生。《被围者》表现一种要冲出平庸生活的渴望……"（蓝棣之《论穆旦诗的演变轨迹及其特征》）

抗战胜利后的混乱局面，使他既写了《旗》、《先导》、《森林之魅》之类的英雄颂歌,也写了《通货膨胀》、《时感四首》、《荒村》之类的时事讽刺诗。

"曲折的跋涉和反复的辨识,使'被围者'对茫然的前途有着超常的清醒。"(李方《悲怆的"受难的品质"》)穆旦自己一直有着"被围者"的感觉,但他是一个勇敢而睿智的探路者。尽管他"诗里的悲观气氛与动摇怀疑色彩表现得特别显著",但他用全部心灵去感受广阔的社会现实,"并由时代的转进与抒情主人公自身命运的刻画中,向历史中介物的使命做出了自觉体认"。(李方《悲怆的"受难的品质"》)而《三十诞辰有感》就是诗人悲壮而明确的自觉体认。

> 时而巨烈,时而缓和,向这微尘里流注,
> 时间,它吝啬又嫉妒,创造时而毁灭,
> 接连地承受它的任性,于是有了我。
> 在过去和未来两大黑暗间,以不断熄灭的
> 现在,举起了泥土,思想和荣耀,
> 你和我,和这可憎的一切的分野。
> 而在每一刻的崩溃上,看见一个敌视的我,
> 枉然的挚爱和守卫,只有跟着向下碎落,
> 没有钢铁和巨石不在它的手里化为纤粉。
> 留恋它像长长的记忆,拒绝我们像冰,
> 是时间的旅程。和它肩并肩地粘在一起,
> 一个沉默的同伴,反证我们句句温馨的耳语。

在这种自觉体认的同时,穆旦的诗歌写作更加成熟,成为当时最受欢迎的青年诗人。像《阴险》、《暴力》、《牺牲》、《世界》等集中主题的深刻思考和《城市的舞》、《绅士和淑女》、《诗四首》等具有独特风格的描述,都显示了他的与众不同。它们在香港《大公报》副刊等刊物连续发表,产生了较大的社会反响。

"他特别意识到自己是一个现代人,具有现代知识分子的特有的思想和感情,对许多新问题进行思索。他想得深,对生活开掘得深,对灵魂深处的痛苦和欢欣进行细致剖析,但又竭力把内容压缩在尽可能少的字里行间,以获得强烈的效果"。(杜运燮《忆穆旦》)

此时,穆旦总共出版了3本诗集——这也是他生前诗集出版的全部,其余两部分别是:1945年1月由昆明文聚社出版的《探险队》;1947年5月在沈阳自费出版的《穆旦诗集(1939–1945)》;1948年2月由上海文化生活出版社出版的《旗》。

◎由彼岸而此岸

1949 年 8 月底,穆旦赴美留学。由于其女友周与良坚持在芝加哥大学攻读生物学博士学位,他亦放弃哥伦比亚大学而进入芝大英国文学系就读,1952 年 6 月 30 日获文学硕士学位。

周与良是穆旦在南开和西南联大时的同学周珏良的妹妹,他们是 1946 年在清华园工字厅的周末舞会上相识的。穆旦当时的追求是比较主动的,他对周与良的生活和爱好很关心,向她介绍自己的经历和家庭情况,后来还向她要一张相片。周与良对他的印象也颇好——"一位瘦瘦的青年,讲话有风趣,很文静,谈起文学、写诗很有见解,人也漂亮"。(周与良《永恒的思念》),她在临去美国前送给他一张相片;而穆旦在送她上船时,还送给她几本书和一张相片,相片背面写着:

> 风暴,远路,寂寞的夜晚。
> 丢失,记忆,永续的时间,
> 所有科学不能祛除的恐惧
> 让我在你的怀里得到安憩。

此年 12 月 23 日,穆旦与周与良在美国佛罗里达州一个小镇上举行了简朴的婚礼。

留学期间,穆旦除了上英国文学的课程之外,还选修了俄国文学的课程,每天背单词,继续他从云南蒙自就已开始的俄语学习。由于他返回新中国的决心已定,在等待周与良念博士学位的过程中,他"不找工作,只是在邮局干临时工"。

那时,"他写的一些英文诗已在刊物上发表。有位外国友人和我(周与良)说:'你丈夫的诗写得非常好,他会成为大诗人。'"(周与良《永恒的思念》)1951 年,他写了《美国怎样教育下一代》和《感恩节——可耻的债》。1952 年由克里克·莫尔编的《世界名诗库》,收进两首穆旦的作品。一首名为《饥饿的中国》,另一首如下。

> 再没有更近的接近,
> 所有的偶然在我们间定型;
> 只有阳光透过缤纷的枝叶
> 分在两片情愿的心上,相同。
> 等季候一到就要各自飘落,
> 而赐生我们的巨树永青,

它对我们的不仁的嘲弄

（和哭泣）在合一的老根里化为平静。

这是穆旦写于1942年2月的《诗八首》中的最后一首,在此之前就已广为传诵。

穆旦夫妇二人谢绝了去台湾和印度任教的聘请,经过两年的努力才办理好回国手续,经由香港回到祖国。1953年5月,他被分配到母校南开外文系任副教授。他在完成教学工作之余,大量翻译出版了季摩菲耶夫、别林斯基的多部文学理论著作以及普希金和拜伦的诗歌。

◎厄运二十载

然而,不幸也很快地降临到了他的头上。1958年,穆旦被定为"历史反革命",历尽千辛万苦,直到1972年才落实政策。

"1958年后父亲受到无端迫害,诗作译著从此无望出版。但父亲并未从此搁笔,社会对他的不公并未能摧毁他的意志。正是在'劳动管制'期间,他译出了俄国诗人丘特切夫的诗100多首。1962年起,又开始翻译拜伦的不朽名著《唐璜》……"(查英传等《言传身教,永世不忘》)

而此时,《唐璜》手稿的封页上记有:"1972年8月7日起第三次修改,距初译约11年矣。"

"良铮译诗,是全身心投入,是用全部心血重新创作,经常为一行诗,甚至一个字,深夜不能入睡。他常说,拜伦和普希金的诗,如果没有注释,读者不容易看明白。他的每本译诗,都有完整的注释……为了一个注释,他要跑到天津、北京各大学图书馆,北京图书馆等。他跌伤腿以后,还拄着拐杖去南开图书馆找注释……去医院进行手术前,他曾对我说:'我已经把我最喜爱的拜伦和普希金的诗都译完,也都整理好了。'他还对最小的女儿小平说:'你最小,希望你好好保存这个小手提箱的译稿,也可能等你老了,这些稿件才有出版的希望。'他最关心的是他的译诗,诗就是他的生命,他去世前没给家人留下遗言,这些就是他的遗言。"(周与良《永恒的思念》)

1975年,穆旦在《鲁迅杂文集》的扉页上写道:"有一分热,发一分光,就像萤火虫一般,也可以在黑暗里发一点光,不必等候炬火。"自从回国以后,穆旦在译作方面硕果累累:普希金短诗502首、长诗10首,拜伦短诗74首、长诗1首,雪莱诗74首,济慈诗65首,布莱克诗21首,朗费罗诗10首,丘特切夫诗128首,艾略特诗 11 首,奥登诗 55 首,斯彭特诗 10 首,路易斯诗 3 首,麦克尼斯诗 2 首,叶芝诗 2 首。

也许,下面这段评述,能够准确而明晰地概括出穆旦诗歌的成就。

"他在整个创作趋向于整齐一律的规格化的进程中,以奇兀的姿态屹立在诗的地平线上,他创造了仅仅属于他自己的诗歌语言:他把充满血性的现实感受提炼、升华而为闪耀着理性光芒的睿智;他的让人感到陌生的独特意象的创造,极大地拓宽和丰富了中国现代诗的内涵和表现力;他使疲软而程式化的语言,在他的魔法般的驱遣下变得内敛、富有质感的男性的刚健;最重要的是,他诗中的现代精神与极丰富的中国内容有着完好的结合,他让人看到的不是所谓'纯粹'的技巧的炫示,而是给中国的历史重负和现实纠结以现代性的关照,从使传统中国式的痛苦和现代人类的尴尬处境获得了心理、情感和艺术上的均衡与共通。"(谢冕《一颗星亮在天边》)

1977 年 2 月 26 日凌晨,穆旦在延迟 1 年的腿部手术将要进行之前,由于心脏病突发而结束了辉煌但凄惨的一生。死前,他在《尽头》一诗中道出了自己的内心独白。

> 而如今突然面对坟墓,
> 我冷眼向过去稍稍四顾,
> 只见它曲折灌溉的悲喜,
> 都消失在一片亘古的荒漠。
> 这才知道我全部的努力,
> 不过完成了普通生活。

(李孔铸)